쏭내관의 재미있는 왕릉 기행

쏭내관의 재미있는
왕릉 기행

송용진 글·사진

지식프레임

| 들어가는 말 |

쏭내관과 함께 조선의 왕을 만나다

넓고 시원한 잔디밭 위로 펼쳐진 전경, 고즈넉한 몇 개의 전각, 무덤과 주위의 다양한 석물들. 한번쯤 왕릉에 가보신 분들이라면 기억하고 있는 왕릉의 풍경입니다. 그리고 이 풍경은 다른 왕릉에 가보아도 별반 차이를 느끼지 못합니다. 얼핏 보면 모두가 같은 모양, 같은 구조를 갖고 있는 형세입니다.

맞습니다. 전체적인 왕릉의 기본 구조와 주변 환경은 거의 흡사합니다. 홍살문을 지나 신도를 따라 걸으면 정자각이 나오고, 그 뒤로 흙더미를 쌓아 올린 듯한 작은 동산(사초지)이 조성되어 있고, 그 위에 문인석, 무인석 등의 호위를 받는 봉분이 있지요.

그런데 기본적인 구조와 배치가 같다고 해서 모든 왕릉이 정말 같은 걸까요? 소인 쏭내관은 그렇게 생각하지 않습니다. 이렇게 같아 보이지만, 실제로는 다른 것이 바로 조선의 왕릉입니다. 각각의 왕릉은 어느 것 하나 온전히 같은 게 없다는 뜻입니다.

1408년 조성된 태조 이성계의 건원릉과 1926년 조성된 순종의 홍릉을 보면 '왕릉'이라는 겉모습은 매우 흡사합니다. 하지만 거기에는 엄연히 500년이라는 역사의 시간 차가 존재합니다. 즉 시대가 다르고, 사람들이 다르고, 가치가 다릅니다. 이처럼 조선의 각 시대를 대표하는 예술적, 문화적, 정치적 가치가 조선왕릉에 숨겨져 있답니다.

물론 모든 왕릉이 무조건 다른 것은 아닙니다. 조금씩 역사적 차이가 있는 조선왕릉이지만, 자연을 거스르지 않는 자연 친화적인 미학, 왕릉을 검소하게 조성해 백성들의 피해를 최소화하려는 통치철학, 태조의 건원릉이 조성된 이후 오늘날까지 이어져 오는 왕릉제례의 전통 등은 500년 동안 끊이지 않고 이어져온 공통점입니다. 그래서 같아 보이지만 다른, 또 달라보이지만 같은 것이 바로 조선왕릉이랍니다.

대한제국기를 포함해 조선왕조는 27명의 임금이 있었습니다. 그렇다면 왕릉도 27기가 있어야 하겠지요? 하지만 그렇지 않습니다. 왕릉의 수는 그보다 훨씬 많습니다. 역대 임금의 숫자대로 27기의 왕릉이 존재하면 되겠지만, 현존하는 조선왕릉은 총 42기의 능과 2기의 묘가 있답니다.

이는 역대 국왕의 능 이외에도 왕비의 능 그리고 추존왕의 능까지 존재하기 때문이랍니다. 대표적인 분이 정조의 아버지인 장조(사도세자)입니다. 또한 2기의 묘는 한때 임금이었지만 폐위가 되어 능으로 조성되지 못한 연산군과 광해군의 묘를 말합니다. 그래서 조선왕릉은 42기의 능과 2기의 묘가 있고, 그중 북한에 위치한 조선 제2대 임금인 정종의 후릉과 제릉(제1대 태조의 정비 신의고황후릉)을 제외하고 우리나라에는 40기의 능과 2기의 묘가 조성되어 있습니다.

그런데 소인 쏭내관은 왕릉을 알기에 앞서 먼저 궁금한 것이 있었습니다. 많고 많은 세계의 문화유적 중에 어떻게 조선왕릉이 세계문화유산으로 시정될 수 있었을까? 그리고 왕릉은 정말 모두 같은 구조로 조성되는 것일까? 왕릉에 가면 무덤 속에는 정말 임금의 시신이 있는 것일까? 있다면 어떤 모습일까? 임금이 죽으면 바로 왕릉에 안장되는 것일까? 일반 사가와 달리, 왕실의 장례 절차는 무엇이 다를까?

↑ 우리가 후손에게 물려주어야 할 왕릉은 보이는 것만이 아니라, 진정으로 백성을 사랑했던 임금의 마음, 임금을 존경했던 백성의 마음, 그리고 그들을 추모하는 정신이 아닐까 한다.

이런 고민 끝에 1부에서는 우리가 유심히 살펴보지 않았던 왕릉의 구조를 비롯해, 왕릉의 종류와 봉분 내부의 석실 조성 과정, 그리고 임금이 승하하면 어떤 과정을 거쳐 왕릉에 안장되는지까지의 전 과정을 소개했습니다. 이를 알고 왕릉에 참배를 간다면 그 의미가 더욱 남다를 테니까요.

2부와 3부에서는 조선 전기와 후기로 구분하여 왕릉에 영면해 계신 주인공들, 즉 27대 임금들의 이야기를 풀어보았습니다. 무엇보다도 해당 왕릉에 잠들어 있는 임금의 시대나 업적을 아는 것이 바로 진정한 왕릉 답사가 될 수 있겠지요.

소인 쏭내관이 어렸을 적만 해도 아무런 생각 없이 나들이를 갔던 조선왕릉은 이제 수십 년이 지난 지금, 세계인이 인정하는 최고의 문화유산이 되었습니다. 하지만 아쉽게도 왕릉을 보는 지금 우리의 마음은 그다지 달라지지 않은 것 같습니다. 더욱이 일제치하 36년을 거치면서 조선왕릉 또한 궁궐처럼 공원화되고 일반인들의 휴식공간으로 전락한 지 오래되었습니다.

조선왕조 519년간, 왕릉은 어느 누구도 감히 쳐다볼 수 없는 신성한 공간이었습니다. 물론 시대가 바뀌고 사람이 바뀌었으니 휴식공간으로써의 왕릉은 당연할지 모릅니다. 하지만 우리가 후대에 전해줘야 할 조선왕릉은 단지 많은 돈을 들여 잘 가꾸고 보존하는 일만은 아닐 것입니다. 우리 선조들이 경건한 마음으로 왕릉을 참배했던 그 마음 역시 우리가 후대에 전해야 할 진정한 문화유산이 아닐까 합니다.

지은이
쏭내관 송용진

차례

들어가는 말 | 쏭내관과 함께 조선의 왕을 만나다 · 4

1부 — 쏭내관의 재미있는 왕릉 이야기

1· 세계가 감탄하는 조선왕릉 — 조선왕릉의 가치 · 12
2· 조선왕릉은 어떻게 설계되었을까? — 조선왕릉의 구조 · 17
3· 봉분 안에는 지금도 돌아가신 임금이 있을까? — 왕릉의 종류와 비밀 · 28
4· 임금의 승하부터 부묘까지 — 임금의 국상 과정 · 38

2부 — 조선 전기 왕릉

제1대· 태조 | 건원릉 — 조선 최고의 명당에 자리잡다 · 64
제2대· 정종 | 후릉 — 오랜 세월 방치된 처량한 임금의 능 · 76
제3대· 태종 | 헌릉 — 왕권 강화의 상징 · 84
제4대· 세종 | 영릉 — 정치9단 세종, 문화강국 조선을 만들다 · 92
제5대· 문종 | 현릉 — 50년 만에 부인과 재회한 임금 · 102
제6대· 단종 | 장릉 — 어린 임금의 한이 맺히다 · 110
제7대· 세조 | 광릉 — 최초의 동원이강릉 · 118
제8대· 예종 | 창릉 — 뜻을 피지 못하고 젊은 나이에 지다 · 126
제9대· 성종 | 선릉 — 세력의 균형을 꿈꾸다 · 134
제10대· 연산군 | 연산군묘 — 묘호가 없는 임금의 묘 · 144
제11대· 중종 | 정릉 — 신하들에게 휘둘린 임금 · 154

제12대・인종 | 효릉 — 하늘이 내린 성군・164
제13대・명종 | 강릉 — 문정왕후의 치마폭에 휩싸인 임금・170

3부 — 조선 후기 왕릉

제14대・선조 | 목릉 — 후궁 소생의 첫 임금・180
제15대・광해군 | 광해군묘 — 왕이 되지 못한 왕・190
제16대・인조 | 장릉 — 명분 약한 반정의 주인공・200
제17대・효종 | 영릉 — 청나라에 대한 복수를 불사르다・206
제18대・현종 | 숭릉 — 큰 사건사고가 가장 없었던 시대・212
제19대・숙종 | 명릉 — 환국을 통해 강해진 왕권의 시대・218
제20대・경종 | 의릉 — 장희빈의 아들, 임금이 되다・230
제21대・영조 | 원릉 — 비극이 많았던 애민군주・238
제22대・정조 | 건릉 — 조선의 희망이 되었던 문화군주・246
제23대・순조 | 인릉 — 망국의 기운이 감돌다・256
제24대・헌종 | 경릉 — 어린 임금의 수난・262
제25대・철종 | 예릉 — 농사꾼에서 임금이 되다・268
제26대・고종 | 홍릉 — 대한제국의 제1 황제・274
제27대・순종 | 유릉 — 마지막 황제・282

나오는 말・288

부록 | 조선왕릉 위치도・290

| 1부 |

쏭내관의 재미있는
왕릉 이야기

세계가 감탄하는 조선왕릉
| 조선왕릉의 가치 |

'왕릉' 하면, 여러분은 무슨 생각이 떠오르시나요?

소인 쏭내관은 무엇보다도 어렸을 때 갔던 소풍이 떠오릅니다. 쏭내관의 초등학교 시절만 해도, 소풍 장소로 가장 많이 갔던 곳이 아마 왕릉이 아닐까 싶습니다. 또 왕릉으로 소풍을 가면 가장 많이 했던 놀이가 바로 보물찾기였지요. 그래서일까요? 소인 쏭내관에게 왕릉은 추억이 담긴 매우 친숙한 공간입니다.

물론 지금도 많은 사람들에게 나들이 장소, 데이트 장소, 그리고 조깅하는 장소로 애용되는 곳이 왕릉이죠. 그런데 이처럼 너무 친숙해서일까요? 한편으로는 많은 사람들이 진정한 왕릉의 가치에 대해 너무 무관심하지 않은가 하는 생각이 듭니다.

왕릉에 대한 이런 우리들의 무관심을 일깨우듯, 2009년에는 반가운 소식이 있었습니다. 바로 조선왕릉이 유네스코 세계유산으로 지정된 것이지요. 그 소식 이후 더 많은 사람들이 왕릉을 찾고 있고, 또 더 많은 사람들이 이전보다 관심을 갖고 우리의 보물, 아니 세계의 보물인 조선왕릉을 바라보고 있습니다.

 그런데 이런 생각이 듭니다. 전 세계에는 대단한 유적들이 정말 많을 텐데 딱히 볼 것 없는 조선왕릉이 왜 세계유산이 되었을까? 차라리 웅장한 신라 왕릉이 더 가치 있지 않을까?

 자, 그럼 조선왕릉이 왜 세계문화유산이 되었는지, 도대체 어떤 점이 그렇게 뛰어난 것인지 살펴볼까요?

■ 세계에서 유례를 찾기 힘든 자연과의 조화

 문화유산이 되려면 문화적 전통 또는 살아 있거나 소멸된 문명에 관한 독보적이고 특출한 증거가 되어야 합니다. 그 점에서 조선왕릉은 다른 나라, 또 우리나라의 다른 왕릉들과 분명한 차이를 보입니다.

▼ 자연과 하나가 되는 예술 문화의 결정체 조선왕릉

신라왕릉만 봐도 왕릉 자체에 힘이 들어가 있어 자연과의 조화는 쉽게 찾아볼 수 없습니다. 이는 고구려왕릉도 마찬가지고요. 하지만 조선왕릉은 다릅니다. 웅장하지는 않지만 자연을 거스르지 않고 자연친화적으로 조성되었지요. 그래서 조선왕릉에 가면 마치 산 속을 거닐고 있는 듯한 느낌이 듭니다.

지하에 인위적으로 거대하게 조성된 중국의 진시황제 무덤, 인간의 힘으로 만들어졌다고는 믿기지 않을 만큼 장대한 이집트의 피라미드, 그곳에 없는 자연미가 바로 우리 조선왕릉에 있는 것입니다. 바로 그 점이 세계인들의 눈을 사로잡은 것이지요.

■ 500년을 이어온 역사의 현장

유네스코에서 정하는 세계문화유산의 기준 중에는 "인류 역사의 중요한 단계를 보여주는 건조물 유형, 건축적·기술적 총체 또는 경관의 탁월한 사례이어야 한다"라는 항목이 있습니다. 이 항목은 마치 조선왕릉을 일컫는 말처럼 딱 맞아떨어집니다.

조선왕릉은 1408년 조성된 태조대왕의 건원릉을 비롯해 1926년 순종황제의 유릉까지 거의 완벽한 상태로 지금까지 보존되고 있습니다. 게다가 조선왕릉은 조선왕조의 시대적 사상과 정치사, 예술관이 압축적으로 반영되어 있으며, 공간 구성과 석물 등이 갖고 있는 예술적 독창성이 뛰어난 건축물입니다. 더욱이 한 조형물이 500년의 역사를 지나며 계속해서 보존된다는 것은 수백 층의 건물을 짓는 일보다 더 경이로운 일이 아닐까요?

■ 아직도 현재진행형인 조선왕릉의 가치

특히 유네스코에서 높이 평가하고 있는 조선왕릉의 가치는 지금까지 이어져 오고 있는 조선왕릉의 제례입니다. 전 세계 많은 문화유적들의 시계는 이미 멈춰 있는 경우가 많지요. 말 그대로 과거의 유산일 뿐입니다. 하지만 조선왕릉에서는 지금도 매년 후손들에 의해 제례가 행해지고 있습니다. 일테면 세조대왕의 광릉에서는 1468년 조성된 이후 지금까지 매년 제례를 지내고 있습니다. 무려 540년이 넘는 기간 동안 이어져온 전통입니다.

조선왕조가 막을 내린 1910년 일제시대 때에는 왕릉의 제례가 더 이상 지속되기 어려운 여건에 처하기도 했습니다. 그러나 전주이씨 종친회가 힘든 여건 속에서도 계속해서 제례를 지내왔으며, 이는 오늘날까지도 이어지고 있습니다.

우리가 후손들에게 이런 제례 의식을 계속 물려준다면 왕릉 제례는 백 년이고 천 년이고 계속해서 이어나갈 수 있는 문화유산이 되는 것입니다. 즉, 조선왕릉의 시계는 과거에 멈춘 것이 아니라 지금도 가고 있고 앞으로도 갈 수 있는 진행형이 되는 거지요. 이는 유네스코의 기준인 "탁월한 보편적 중요성을 보유한 사건 또는 살아 있는 전통, 사상, 신념, 예술적·문화적 작품과 직접 또는 가시적으로 연계되어야 한다"와도 일치합니다.

→ 건원릉에서 열리는 태조 이성계의 제례

■ 풍부한 기록물을 간직한 조선왕릉

마지막으로 우리가 관심을 가져야 할 것은 조선왕릉과 관련된 풍부한 기록물입니다. 이는 모든 것을 기록으로 남겨 후대에 전해주려 했던 우리 선조들의 철학이 있었기에 가능한 일이 아닐까 싶습니다. 그래서일까요? 우리나라는 아시아에서 유네스코 기록문화유산을 가장 많이 보유한 나라랍니다.

왕릉을 조성하면서 작성한 〈산릉도감의궤〉에는 석물의 배열이나 정자각의 조성 과정은 물론 산릉 조성을 위해 흙을 지어 나르는 데 참여한 단순 노역자의 이름까지 기록되어 있습니다. 이는 왕릉 중 일부가 불의의 사고로 훼손되거나 본래 모습을 상실한다고 해도 이 의궤를 통해 원래 모습으로 복원하는 데 결정적인 근거가 될 수 있습니다.

이보다 값진 보물이 또 있을까요? 어쩌면 세계문화유산 지정이 너무 늦은 것은 아닌가 할 만큼 그 가치가 하늘을 찌릅니다.

세계문화유산 지정은 상상도 못할 만큼 엄청난 경제적 효과와 우리나라의 문화적 가치를 알리는 데 큰 역할을 한다고 합니다. 그러니 이런 우리의 보물, 바로 조선왕릉은 우리의 관심이 많아질 때 그 가치가 더욱 높아질 것입니다.

조선왕릉은 어떻게 설계되었을까?

| 조선왕릉의 구조 |

알면 보이고, 보이면 느껴집니다. 왕릉을 제대로 알기 위해서는 왕릉의 구조와 각각의 기능들을 먼저 살펴볼 필요가 있습니다. 지금부터 저 쏭내관과 함께 왕릉이 어떤 구조로 이루어져 있는지 알아볼까요?

↓ 왕릉의 설계 구조(왕릉박물관)

1 • 매표소

왕릉의 첫 관문은 매표소입니다. 그런데 매표를 하고 입장을 하기 전에 한번쯤 생각해볼 것이 있습니다. 이제 곧 입장하게 될 조선왕릉은 무려 500년의 시간 동안 조성된 공간이라는 점입니다. 왕릉은 어느 한순간

만들어져 지금까지 전해져온 단순한 유적이 아닙니다. 다시 말해, 태조의 건원릉은 1408년에, 선조의 목릉은 1608년, 고종의 홍릉은 1919년에 각각 조성되었습니다. 능에 따라 조성 시기가 다르기 때문에 각 능별로 소소한 부분들은 약간씩 다른 형식을 취하기도 합니다. 또 현대에 이르러 왕릉 주변이 개발되면서 금천이나 소나무숲 등이 훼손된 경우도 있습니다.

2 • 재실

모든 왕릉의 초입에는 반드시 재실이 있습니다. 재실이란 능에서 지내는 제사와 관련된 전반적인 준비를 하는 곳입니다. 이곳에는 능참봉(왕릉 관리 총책임자)이 상주하여 일을 했다고 합니다.

3 • 금천교

입장료를 내고 왕릉 안에 들어가면 가장 먼저 우리를 맞이하는 금천교가 나옵니다. 금천은 보통 궁궐에 있는데, 어느 궁궐을 가

든 천(川)이 나오고, 금천교를 이용해 그 천을 건너면 비로소 왕의 공간이 되는 것입니다. 왕릉 역시 승하하신 왕이 계시는 곳이기 때문에 이렇게 작은 금천과 금천교가 조성되어 있습니다.

4 • 홍살문

금천교를 건너면 공간적으로 왕릉의 영역 안에 들어오는 것이지만, 그래도 아직까지는 인간의 세계입니다. 그러나 이 홍살문을 통과하면 그때부터 왕릉의 주인인 왕(또는 왕비)의 공간이 됩니다. 홍살문은 붉은 칠을 한 둥근 기둥 두 개를 세운 뒤 위에 태극문양이 있는 살을 박아놓았으며, 신성한 공간임을 알려주는 역할을 합니다.

5 • 배위

홍살문 오른쪽 옆으로는 배위가 있습니다. 넓이는 가로 세로가 3미터 정도인 작은 단입니다. 배위는 '망릉위', '판위' 등으로도 불리는데, 그 기능은 제향 행사 때 망릉례(제사를 지내러 왔음을 알리는 의식) 등을 행하던 곳이라 합니다.

6 • 참도

살아 있는 임금은 한 나라의 최고 위치에 있습니다. 하지만 그런 임금도 홍살문을 통과하는 순간 두 번째 지위가 되어버립니다. 왕릉 공간에서의 최고 위치는 바로 왕릉의 주인인 승하하신 왕이기 때문이죠. 살아 있는 임금이 사는 궁궐에는 왕의 길을 '어도'라 하여 주변보다 약간 높게 길

을 만들었습니다. 왕릉 역시 마찬가지인데, 그 길을 '참도'라 부릅니다. 참도는 왼쪽이 오른쪽보다 높게 형성되어 있습니다. 높은 곳은 돌아가신 임금의 혼령이 걷는 곳이고, 낮은 곳은 참배를 간 임금이 걷는 길입니다.

7 ✦ 수복방

홍살문을 지나 걸어가다 보면 바로 오른쪽에 집 한 채가 있습니다. 왕릉에 있기엔 다소 초라해 보이는 작은 집이죠. 수복방이라 불리는 이 집은 능을 지키는 관리인(수복)이 머무는 곳이었습니다.

8 ✦ 정자각

참도를 따라 조심스레 발걸음을 옮기면 정자각이 보입니다. 위에서 보면 'ㅜ' 모양이기 때문에 '정(丁)자각'이라 불리는 이곳은 왕릉에서 가장 중요한 건물입니다. 바로 제사를 올리는 곳이기 때문이죠.

일반 사가는 무덤 앞에 있는 제단을 이용해 제사를 지내지만, 왕릉은 이곳

정자각에서 제사를 지냅니다. 그런데 재미있는 점이 있습니다. 정자각은 참배자가 동쪽(오른쪽)으로 올라가 제사를 지내고 서쪽(왼쪽)으로 내려오도록 설계되어 있습니다. 이는 참배자가 정자각 뒤 봉분을 정면으로 보지 못하도록 해 왕릉의 위엄과 권위를 배가하는 효과를 낸다고 합니다.

▲ 정자각에서 봉분 쪽으로 난 신도

또한 동쪽의 올라가는 계단이 두 개인 반면 서쪽의 내려오는 계단은 하나밖에 없죠. 누군가는 올라갈 수만 있고 내려올 수 없다는 뜻입니다. 아마도 다음과 같은 상황을 상상해 보면 쉽게 이해가 될 것입니다.

살아 있는 임금과 돌아가신 선대왕이 함께 정자각을 오릅니다.

"아바마마, 그럼 소자는 이만 궁궐로 돌아가겠습니다."

"그래, 잘 가거라. 나도 이만 능으로 돌아가야겠다."

두 부자는 작별을 한 뒤 임금은 정자각 서쪽으로 내려오고, 돌아가신 선대왕은 정자각을 바로 통과해 구릉 위쪽의 능으로 올라가는 것이지요. 그래서 정자각에서 봉분 쪽으로 향하는 신도는 잔디 속으로 자연스럽게 사라지는 형상을 하고 있습니다. 어쨌든 이런 이유로 정자각 계단은 동쪽에 두 개, 서쪽에 한 개만 존재하게 되는 거죠.

그리고 정자각 기둥엔 흰색 띠가 둘러져 있습니다. 이것도 이유가 있답니다. 아침 일찍 또는 날이 흐려 안개가 끼어 있는 왕릉을 상상해 보세요. 저기 정자각이 있는데, 기둥 아래가 흰색이에요. 어떨까요? 마치 정자각이 공중에 떠 있는 느낌이 들 수 있겠죠. 이처럼 이 흰색 띠는 왕릉의 신비로움을 높이는 효과를 줍니다.

9 • 비각

정자각의 정면 오른쪽에는 돌아가신 왕의 업적 또는 생애를 새겨놓은 비각이 있습니다. 잠시, 성종께서 영면하고 계신 선릉의 비각 내용을 볼까요?

"성종대왕은 1457년 7월 30일 탄생하셨다. 1461년 처음으로 자산군에 봉해졌고, 1468년 자을산대군으로 다시 봉해졌으며 1469년 11월 즉위하셨다. 1494년 12월 24일 승하하시어 1495년 4월 6일 광주 서학당동(현 서울시 강남구)의 남남동향 언덕에 장사 지냈다. 재위 25년 보령 38세이셨다."

10 • 예감

예감은 정자각 뒤 서쪽에 있는 작은 돌을 말합니다. 지금도 집에서나 텔레비전을 보면 간혹 제사를 지낸 뒤에 종이를 태우는 장면을 보신 적이 있을 겁니다. 이 종이를 축문이라 하는데, 정자각에서 제사를 지내고 축문을 태우는 곳이 바로 예감입니다. 예감은 '소대' 또는 '망료위'라고도 합니다.

11 • 산신석

정자각 뒤 오른쪽에는 예감과 마주보는 위치에 산신석이 있습니다. 산신석은 장사 후 3년간 땅의 신(후토신后土神)에게 제사를 지내는 곳으로 사용됩니다.

12 • 사초지

이제 주인공이 누워 있는 봉분 쪽으로 올라가 볼까요? 이 구릉지는 모두 자연의 지형 그대로이지 인위적으로 만든 곳이 아닙니다. 풍수에서는 이곳을 '사초지'라고 하는데 모든 기운을 품는 에너지원으로서의 기능을 한다고 합니다. 엄밀히 얘기하자면

이곳부터가 실질적인 왕릉인 셈이죠. 그래서 함부로 밟으면 안 되는 곳이기도 합니다. 사초지는 크게 상계, 중계, 하계로 구분하는데, 하계에는 무인석, 중계에는 문인석, 상계에는 봉분, 즉 돌아가신 임금이 계십니다. 문인석이 무인석보다 위에 있는 것으로 보아 조선왕조는 무인보다 문인을 더 중시했다는 것을 알 수 있습니다.

13 • 문인석, 무인석, 석마

조선왕조를 이끌어가는 시도층은 임금을 중심으로 문인, 무인 등입니다. 임금은 태어나서부터 그들에게 교육을 받고 나중에 임금이 된 후 그들과 함께 나라를 이끌어가게 되지요. 그러니 죽어서도 그들이 곁에 있어

야 하지 않을까요? 그래서 모든 왕릉에는 이렇게 문인석과 무인석이 임금을

지키고 있습니다. 또한 문인석은 일반인들의 무덤에도 세울 수 있지만, 무인석만큼은 오직 왕릉에서만 볼 수 있는 석물입니다. 그리고 문인석과 무인석을 태우고 왔던 말(석마)들도 서 있지요.

14 • 장명등

문인석과 무인석 가운데에는 장명등(長明燈)이 있습니다. 이는 왕릉의 장생(長生, 오래 삶)과 발복(發福, 운이 트이어 복이 닥침)을 기원하는 뜻으로 세웠습니다. 그만큼 왕릉의 자리를 선정하는 일은 매우 중요합니다.  왕릉 장소를 잘못 선택하면 후대 사람들이 불행해진다고 믿었기 때문이죠. 또 반대로 좋은 곳을 선택해 왕릉을 조성하면 후손들에게 좋은 일이 가득하다고 여겨집니다.

15 • 혼유석

조선왕릉의 봉분 앞에는 음식을 놓게끔 되어 있는 돌상이 있습니다. 바로 혼유석이죠. 가끔 사극을 보면 임금이 왕릉을 찾아 제사를 지내는데, 음식을 이 돌상에 올려놓는 장면이 나오곤 합니다.  하지만 이 돌상은 제사상이 아닙니다. 왕릉의 제사는 앞에서 언급한 정자각에서 행해지죠.

혼유석(魂遊石)이란 '혼령이 노는 돌' 이란 뜻입니다. 즉, 봉분 아래 잠든 영혼이 나와 쉬는 장소입니다.

혼유석은 북 모양을 닮은 네 개의 돌이 받치고 있는데, 이 돌에는 잡귀를 잡아먹는다는 귀신의 얼굴이 새겨져 있습니다. 그리고 그 모양이 북과 같다고 해서 북 '고(鼓)' 자를 써 '고석(鼓石)'이라 합니다.

혼유석의 표면은 마치 기계로 자른 듯 매끄럽습니다. 혼유석의 석재는 화강암인데, 그 표면을 다듬어 광택을 내는 것은 현대의 기술로도 힘들다고 하네요. 그만큼 정교하고 오랜 작업 기간이 필요했겠지요. 실록을 보면 조선 제6대 임금인 단종 비 정순왕후의 사릉 조성 과정에 무려 석장 40명이 열흘간 혼유석에만 매달렸다는 기록이 나옵니다.

그런데 영혼들이 쉴 수 있게 만들었다는 이 혼유석의 쓰임새가 단지 영혼들이 쉬는 곳 정도였을까요? 여기엔 더 중요한 기능이 숨겨져 있습니다.

8톤 가까이 되는 혼유석 밑에는 박석이 깔려 있습니다. 이 박석 밑으로 회격(구덩이에 관을 넣고 사이를 석회로 메운 것)이 있고 그 안에 재궁(임금의 관)이 있으니, 엄밀히 말하면 이 박석은 재실로 들어가는 유일한 통로랍니다.

16 • 망주석

혼유석 양쪽으로는 긴 돌기둥 두 개가 보입니다. 이를 망주석이라 하는데, 이는 육신에서 분리된 혼이 육신을 찾아올 때 멀리서 봉분을 찾을 수 있도록 표지판 기능을 한다고 합니다. 예를 들어, 헌릉에 있는 태종의 혼이 아들 세종의 영릉을 방문하고 돌아왔

다고 합시다. 그런데 돌아가야 할 곳을 찾지 못한다면 참으로 난감한 일이겠

지요. 하지만 망주석이 있으면, 봉분 옆에 있는 기둥을 보고 찾을 수 있는 겁니다. 또한 이 망주석은 음양의 조화를 이루는 기능도 하며, 왕릉의 풍수적 생기가 흩어지지 못하도록 한다는 설도 있습니다.

17 • 능침, 병풍석, 난간석

능침은 왕릉 영역에서 가장 중요한 중심부입니다. 임금이 잠들어 있는, 말 그대로 능(무덤)이기 때문이죠. 그러니 지금껏 살펴본 모든 시설들은 모두 이 능침을 중심으로 형성된 것입니다. 봉분은 병풍석으로 둘러

쳐 있는데, 이 병풍석은 12곳의 방향을 나타내는 12개의 돌로 구성되어 있습니다(병풍석은 능에 따라 있는 곳도 있고 없는 곳도 있음). 그리고 봉분 안으로 들어오지 못하도록 난간이 형성되어 있는데, 이는 난간석이라고 합니다.

18 • 석양, 석호

석양은 양의 돌 조각상, 석호는 호랑이 돌 조각상입니다. 용맹한 호랑이가 능 밖을 향해 늠름하게 앉아 있습니다. 혹시 모를 악한 기운을 막기 위해서지요.

그런데 양은 좀 약해 보이지 않나요? 순

한 양이 임금을 지킬 수 있을까 하는 생각도 들고요. 그런데 이 양은 죽은 이의 명복을 비는 힘이 있는 동물이라고 합니다. 그래서 이렇게 호랑이와 함께 임금의 명복을 빌며 자리를 지키고 있습니다. 석양과 석호는 그렇게 수백 년

동안 그 자리에서 그 자세로 늘 자신의 역할과 임무에 충실하고 있는 모습입니다.

19 • 곡장, 잉

곡장은 왕릉을 보호하기 위해 양쪽 측면과 후면을 둘러친 담장입니다. 풍수학적으로 왕릉 주변은 지나가는 바람도 멈출 만큼 땅의 기운이 좋은 곳이라고 합니다. 그래서인지 곡장은 마치  아기를 포근히 감싸고 있는 어머니의 손길처럼 왕릉을 보호하고 있습니다.

곡장 바깥쪽으로는 언덕이 있습니다. 이를 '잉'이라 하는데 왕릉이 조성된 산의 기운이 왕릉으로 전달되는 역할을 한다고 합니다. 왕릉을 답사할 예정이라면 이곳 잉에 가서 좋은 정기를 받아보는 것도 좋겠지요?

봉분 안에는 지금도 돌아가신 임금이 있을까?

| 왕릉의 종류와 비밀 |

앞에서 우리는 눈에 보이는, 그야말로 왕릉의 겉모습을 살펴보았습니다. 그런데 이 대목에서 정말 궁금한 것이 있습니다. 봉분 안에는 정말 임금의 시신이 그대로 있을까요? 있다면 어떤 모습일까요? 정말이지 궁금하지 않을 수 없습니다. 그래서 쏭내관이 준비했습니다! 봉분 속 비밀, 과연 그곳은 어떤 모습일까요? 또 다양한 형식의 왕릉 종류에 대해서도 알아보겠습니다.

1. 봉분 안에는 아직도 돌아가신 임금이 있다

조선왕조를 이끈 철학은 성리학입니다. 특히 부모님께 효도하고 임금께 충성을 다하는 '효'와 '충'은 최고의 덕목 중 하나입니다. 여기서 효는 단지 부모님을 잘 모시는 일만이 아니랍니다. 부모님께서 주신 육신을 건강히 지키는 것 역시 매우 중요한 일이었지요.

지금이야 손톱을 깎으면 바로 버리지만, 조선시대에는 이마저도 모두 모아두었다고 합니다. 그만큼 자신의 몸을 아꼈지요. 그래서 비록 자신이 죽더라도 자신의 육신을 썩지 않게 보존하는 일은 양반들 사이에서 매우 신경을 쓰는 일 중 하나였습니다. 이를 위해 선조들은 죽어도 썩지 않는 방법을 고안해 냈습니다. 바로 석회혼합물을 이용한 방법이었습니다.

석회혼합물(모래, 황토, 고운 모래를 느릅나무 삶은 물과 반죽한 혼합물로 옛날엔 삼물이라 하였음)은 시간이 지날수록 압축 강도가 강해져 나중에는 콘크리트 이상의 강도가 생깁니다. 이 석회로 관 주변을 에워싸고 그 위에 숯가루까지 덮습니다. 석회혼합물은 시간이 지나면 점점 견고해지면서 동시에 외부로부터 공기를 차단시킵니다. 공기가 통하지 않으니 관 안의 미생물은 더 이상 번식할 수가 없게 되는 것이지요. 게다가 해충 방지에 탁월한 효과를 보이는 숯가루까지 덮으니 무덤 속 시신은 미라 형태로 보존이 가능했던 것입니다.

▲ 조선시대 사대부 묘인 회격묘의 회격은 중장비가 동원될 만큼 강도가 높다.

실제로 우리나라에서 발굴된 미라는 모두 조선시대의 것이고, 그 미라는 석회층이 둘러쌓여 있는 회격묘 형태에서 발굴된 것이라고 합니다. 또 회격묘는 석회층이 워낙 강해 발굴 당시 중장비까지 동원해야 했다고 합니다.

일반 사대부의 묘가 이러한데 왕릉은 얼마나 더 신경을 썼을까요? 이제 세종 때 발간된 〈국조오례의〉의 기록을 살펴보면서 본격적으로 왕릉을 파헤쳐 보겠습니다.

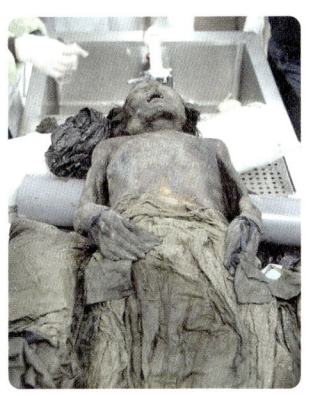
▲ 조선시대 회격묘에서 발견된 미라

1446년 5월 13일, 세종실록의 기록을 보면 태종의 헌릉 조성 과정이 매우 자세히 기록되어 있습니다.

> 산릉도감(왕릉 조성 총괄 책임부서)이 아뢰기를,
> "석실 밑에 흙을 파서 평평하게 하고… 삼물로 두께가 30cm쯤 되게 채워서 다진 뒤, 지석 사이에도 역시 삼물로 메워 쌓고, 그 위에 박석을 놓고 또 석실 바깥 사면에 삼물을 써서 둘레를 빙 돌려 … 두께를 1.2m 쌓고, 또 숯가루를 써서 두께 15cm으로 둘러 쌓을 것입니다……" 하니, 그대로 따랐다.

조금 복잡해 보이나요? 위의 내용을 압축해 그림으로 보면 다음과 같습니다.

▲ 석실로 조성된 조선왕릉의 내부(왕릉박물관)

▲ 장경왕후의 옛 능터에서 발굴된 회격과 회격을 둘러싼 숯가루 층이 뚜렷하다.

땅을 판 뒤 석회혼합물로 바닥을 다지고 그곳에 화강암의 석실(임금의 관인 재궁을 안치하는 방)을 만듭니다. 그리고 석실 주변에 1.2m 두께의 석회혼합물이 둘러지고 그 위에 다시 15cm 두께의 숯가루가 덮이죠(세조의 유언으로 세조 이후에는 화강암 석실을 쓰지 않고 석회혼합물의 회격만 사용했다고 함). 이 상태에서 흙을 쌓고 봉분을 만들고 주변에 병풍석과 난간석을 둘러 완성합니다.

이 상태로 시간이 지나면 석회혼합물의 강도가 콘크리트 수준으로 강해지니, 감히 어느 누가 도굴을 할 수 있을까요? 이것은 조선왕릉이 500년의 시간 동안 거의 도굴당하지 않았던 비결이기도 했습니다(선릉과 정릉은 제외).

또한 이런 이중, 삼중의 장치는 외부 공기를 차단하게 되니 왕릉 안 시신은 미라 상태로 남아 있을 확률이 매우 높을 것입니다. 일개 사대부의 묘에서도 수많은 미라가 나오는데, 왕릉은 더욱 그렇겠지요. 아마 영릉의 세종대왕도, 헌릉의 태종대왕도 모두 미라 상태로 남아 있지 않을까요? 왠지 모를 호기심이 발동하기도 합니다.

2. 도굴당한 왕릉 – 선릉, 정릉

임진왜란과 병자호란, 일제치하 36년 그리고 한국전쟁 등 한반도의 역사는 그야말로 전쟁의 역사나 다름없었습니다. 그러니 왕릉은 언제든 도굴당할 수도, 또 폭격을 당할 수도 있었습니다. 그러나 다행히도 두 곳을 제외한 나머지 조선왕릉은 지금까지 온전히 보존되어 있습니다.

도굴을 당한 두 왕릉은 바로 서울의 지하철 2호선 선릉역으로 잘 알려진 선정릉입니다. 선정릉은 선릉과 정릉을 합쳐 부른 이름으로, 제11대 임금 중종과 조선 초 찬란한 문화를 꽃피웠던 제9대 임금 성종이 잠들어 계셨던 곳입니다. 두 능은 임진왜란 당시 서울로 진격하던 왜군들에 의해 철저히 도굴당했습니다.

임진왜란이 일어나고 1년 후인 1593년, 선조는 경기도 감찰사에게 선릉과 정릉의 광중(무덤 안)이 비어 있고 주변에 시신이 탄 재만 남아 있다는 보고를 받습니다. 이에 시신을 찾기 위해 많은 이들이 노력했지만, 결국 시신을 찾는 데 실패하고 주변에서 시신이 탄 재만을 수습해 다시 무덤을 조성하게 되죠. 그래서 불행히도 선정릉은 조선왕릉 중 유일하게 시신이 없는 빈 무덤이 되었습니다.

▲ 왜군의 도굴이 힘들었던 것은 바로 회격 때문이다.

여기서 왕릉 도굴이 얼마나 힘들었는지를 보여주는 일화가 있습니다.

당시 조정에서는 왜군의 선정릉 도굴에 끌려와 그들을 도왔다는 사람들을 잡아 문초했었다고 합니다. 당시 조사관인 윤승훈은 "신이 당초에 적이 능침을 범했던 이야기를 듣건대 처음에 도굴을 시도했으나 너무 견고하여 부술 수 없자 용광로를 만들어 적합한 철기도구를 만든 후에야 비로소 도굴을 했다고 합니다. 그러니 이는 한두 명의 소행이 아닙니다……"라고 보고를 했습니다. 견고하게 만들어진 조선왕릉도 대단하지만, 대장간까지 만들어 어떻게든 도굴을 하려 했던 왜병도 참 대단한 듯합니다.

3. 무덤에도 종류가 있다 – 능, 묘, 원의 구분

지금의 서울 지도를 살펴보면 조선 왕실과 분명 관계가 있는 무덤인데 어떤 곳은 '능', 어떤 곳은 '묘' 또 어떤 곳은 '원' 등 그 명칭이 조금씩 다르다는 점을 알 수 있습니다. 그 구분은 어떻게 되는 걸까요?

조선 왕실은 42기의 능과 13기의 원 그리고 64기의 묘가 있습니다. 영릉, 광해군묘, 그리고 영회원의 예를 통해 무덤의 종류를 살펴보겠습니다.

영릉은 세종과 그의 부인인 소헌왕후의 무덤이죠. 이렇게 왕과 왕비의 무덤을 '능'이라 부릅니다. 그런데 연산군이나 광해군처럼 왕위에서 쫓겨나 일반 왕자(군)의 신분으로 강등된 인물들의 무덤은 '묘'라고 합니다. 광해군은 임금 재위 시절에는 주상전

▲ 연산군묘

하라고 불렸겠지만 반정으로 인해 쫓겨나 광해군(임금이 되기 전에 불리던 이름)으로 불리게 되고 그의 무덤 역시 능이 아닌 묘가 되어 광해군묘가 되는 것입니다. 또한 왕의 자손들(대군 또는 공주, 옹주)이나 후궁들의 무덤도 이처럼 묘를 붙이게 됩니다.

영회원은 조선 제16대 왕인 인조의 왕세자였던 소현세자의 세자비 강씨가 잠들어 있는 곳입니다. 소현세자는 다음 왕위를 물려받을 왕세자였지만 왕이 되기 전에 생을 마감한 비운의 주인공입니다. 이처럼 왕이 되지 못하고 일찍 세상을 뜬 세자와 세자비의 무덤을 '원'이라고 합니다(소현세자의 묘는 '소경원').

4. 왕릉의 다양한 형식

조선에는 27명의 왕과 그들의 정비 27명, 그리고 정비가 일찍 승하할 경우 맞이하는 계비(두 번째, 세 번째 왕비)의 수까지 더하면 50명이 훌쩍 넘습니다. 그렇다면 지금 있는 조선왕릉의 수가 42기(1기는 북한에 있음)이니, 나머지 분들은 어디에 계신단 말일까요?

50명이 넘지만 무덤 수가 42기인 이유는 이렇습니다.

왕릉에 따라 어떤 왕릉에는 왕과 첫째 왕비, 둘째 왕비 등 여러 명이 각각의 능으로 안치되는 경우도 있고, 때로는 하나의 봉분 안에 두 명이 합장되는 경우도 있습니다. 그러니 왕릉의 수는 실제 왕과 왕비의 수보다 적을 수밖에 없는 것이지요. 자, 그럼 왕릉이 어떤 형식으로 조성되는지 한번 살펴보겠습니다.

1 • 단릉

제11대 임금인 중종은 정릉에, 정비 단경왕후는 온릉에, 제1계비 장경왕후는 희릉에, 제2계비 문정왕후는 태릉에 모셔져 있습니다. 이 세 왕릉 모두 각각 하나의 봉분에 한 명씩만 안치되어 있습니다. 이렇게 왕과 왕비의 능이 단독으로 있는 형식을 '단릉'이라 합니다.

▲ 왕비들과 떨어져 혼자 안치된 중종의 정릉

2 • 합장릉

합장릉은 하나의 봉분 안에 두 분을 모시는 형식입니다. 인릉을 보면 제23대 순조와 순원왕후께서 하나의 봉분 안에 합장되어 있습니다.

▲ 하나의 봉분 안에 두 명의 시신이 안장되어 있는 인릉

3 • 동봉삼실릉

조선의 마지막 왕인 순종황제의 유릉은

▲ 하나의 능 안에 세 분의 시신이 안장되어 있는 유릉

순종, 정비 순명효황후, 계비 순정효황후 등 세 분이 함께 영면하고 계십니다. 이런 형식을 동봉삼실릉 형식이라고 합니다.

4 • 쌍릉

조선 제3대 태종의 헌릉은 하나의 곡장 안에 두 개의 봉분, 즉 태종과 원경왕후의 봉분이 조성되어 있는데 이를 쌍릉이라고 합니다.

▲ 하나의 곡장 안에 두 기의 능이 모여 있는 헌릉

5 • 삼연릉

경릉을 가면 제24대 헌종과 원비 효현왕후, 계비 효정왕후의 능이 하나의 곡장 안에 세 개의 봉분으로 조성되어 있습니다. 이런 형식을 삼연릉이라 하는데 경릉이 유일합니다.

▲ 하나의 곡장 안에 세 기의 능이 모여 있는 경릉

6 • 동원이강릉

조선왕릉 중 가장 울창한 숲을 자랑하는 광릉은 하나의 정자각을 중심으로 V 모양으로 세조와 정희왕후의 능이 조성되어 있습니다. 이처럼 하나의 울타리 안에 두 개의 능이 존재하는 형태를 동원이강릉이라고 합니다. 또한 선조의 목릉은 선조와 정비 의

▲ 정자각을 중심으로 양쪽에 세조와 정희왕후의 능이 조성되어 있는 광릉

인왕후, 계비 인목왕후의 능까지 세 개의 능이 정자각을 중심으로 조성되어 있는데, 이는 동원이강릉의 변형 형태라고 볼 수 있습니다.

7 • 동원상하릉

조선 제17대 효종의 영릉은 하나의 곡장 안에 위에는 효종릉이, 바로 아래에는 효종의 비인 인선왕후릉이 조성되어 있습니다. 이는 당시부터 풍수학적으로 많은 논쟁이 있었는데, 지금도 정확한 이유는 밝혀지지 않고 있습니다.

▲ 효종릉 바로 아래 조성되어 있는 인선왕후의 능

5. 왕릉은 궁궐로부터 30km 이내에 조성된다

유교 국가 조선에서 왕릉 참배는 임금에겐 빼놓을 수 없는 국가적 행사입니다. 하지만 왕릉 참배는 정치적으로 매우 민감한 문제가 될 수도 있었습니다. 그 이유는 임금이 궁궐을 잠시 비우는 상태가 되기 때문이죠. 이 같은 이유 때문에 왕릉은 반드시 80리(약 30km) 안에 조성을 해야 합니다. 비상시에 언제든 궁궐로 돌아올 수 있는 최대의 거리를 감안한 것입니다.

그런데 그렇지 않은 왕릉도 있습니다. 개성에 있는 제2대 정종의 후릉과 영월에 있는 제6대 단종의 장릉 그리고 수원에 있는 제22대 정조의 건릉이 그렇습니다.

조선 초 정종은 실제 고려의 수도에 있는 고려궁궐인 수창궁(당시엔 수도를 잠시 한양에서 개성으로 이전하기도 함)에서 많은 시절을 보냈기 때문에 그렇게 조성된 듯하고, 강원도 영월에서 생을 마감한 단종은 당시 왕이 아닌 대군(노산군)의 신분이었기 때문에 사망한 그곳에 능이 조성되었습니다. 또 정조는 자신이 꿈꾸던 신도시 화성으로 아버지 사도세자(장조)의 능을 이장하면서 80리보다 먼 곳에 능을 조성할 수 없다는 신하들의 반대에도 불구하고 결국 지금의 수원에 묻히게 됩니다. 하지만 대부분의 능은 궁궐로부터 30km 안에 조성되었고, 이는 후대 임금을 위한 조치라고 할 수 있습니다.

▲ 왕릉은 한성으로부터 80리 안에 만들어져야 했다.

그렇다면 왕릉은 어느 곳에 조성이 될까요? 당연히 명당자리겠지요? 그럼 명당이란 어떤 곳일까요?

▲ 숙종과 숙종 비의 왕릉 위치(국립고궁박물관 소장)

여러분, 서울의 5대 궁궐의 위치를 한번 보시겠어요? 모든 궁궐은 북악산(경복궁), 응봉산(창덕궁) 같은 산의 끝자락에 위치하고, 앞쪽으로는 물(청계천)이 흐릅니다. 서울에서 최고의 명당자리에 궁궐이 위치해 있듯 왕릉도 마찬가지랍니다. 아무 곳에나 왕릉을 조성하는 것이 아니니, 산맥이 뻗다가 앞에 강이나 물줄기를 만나 더 이상 뻗지 못하는 곳, 그러면서 주변이 산으로 에워싸인 곳이 왕릉 터가 됩니다.

위의 그림은 숙종이 승하한 뒤 왕릉 터를 조성할 때 만든 그림이라고 합니다. 얼핏 봐도 명당자리죠? 이곳이 지금 경기도 고양시에 있는 명릉입니다.

임금의 승하부터 부묘까지

| 임금의 국상 과정 |

하루가 다르게 변해가는 세상을 살고 있는 지금의 우리들에게 '임금'은 그저 교과서나 사극에 등장하는 인물일 뿐입니다. 심지어 그들의 죽음에 어떠한 감응도 느낄 수 없는 경우가 많을 것입니다. 하지만 불과 80여 년 전까지만 해도 임금의 죽음으로 온 나라가 슬픔에 잠겼던 시절이 있었습니다. 또 마지막 왕비의 죽음은 고작 40여 년 전의 일이랍니다. 마지막 임금인 순종이 1926년에, 그리고 순종의 비인 순정효황후가 1966년에 승하하셨으니 나이가 지긋하신 어르신들은 당신들이 직접 경험한 역사이기도 합니다.

우리 역시 불과 몇 년 전에 두 분의 전직 대통령을 떠나보낸 적이 있습니다. 많은 시민들이 거리를 메웠고 슬픔을 함께했습니다. 왠지 나와는 전혀 관계가 없어 보였고 거리가 먼 사람처럼 느껴왔지만, 대통령이란 한 인물의 죽음에 온 나라는 울음바다가 되었지요.

1. 임금의 죽음을 맞다

지금 우리에게 대통령이 있다면 조선시대에는 임금이 있었습니다. 조선시대 임금은 지금의 대통령과 다르게 얼굴조차 감히 볼 수 없었던 신과 같은 존재였죠. 온 백성들의 아버지 같았던 임금의 죽음 앞에서 백성들은 부모를 떠나보내는 듯 통곡하며 울고 또 울었지요.

동방예의지국이란 말이 있습니다. 예(禮)는 조선왕조 500년 동안 왕조를 유지하는 최고의 정치 수단이자 종교와도 같았고, 그중 충성의 '충(忠)'과 효성의 '효(孝)'는 조선이란 나라를 상징하는 최고의 덕목이었습니다. 그 풍습과 문화는 지금까지 전해져 대한민국은 세계 어느 나라와도 비교할 수 없을 만큼 예의 바른 민족으로 인정받고 있습니다. 따라서 조선시대에 있었던 임금의 장례는 백성과 신하들이 마지막으로 효와 충을 보여주는 가장 중요한 사건이며 행사였던 것입니다.

1 • 임금의 죽음이 임박하다

임금은 24시간 내내 내의원의 진찰을 받기 때문에 급서할 경우는 거의 없습니다. 측근들은 임금의 심태를 어느 정도 인지하고 마음의 준비는 물론 정치적으로도 준비를 하기 마련입니다. 그래서 임금의 죽음이 가까워오면 내의원 어의들과 임금을 가까이 모시던 내관들, 세자, 그리고 삼정승 등이 매우 분주해집니다.

당시의 상황이 얼마나 급박했을까요? 조선왕조실록 속으로 조용히 소인을 따라와 보시죠.

이곳은 1649년 5월 8일 창덕궁 내 침전인 대조전입니다. 조선 제16대 인조 임금은 생사의 기로에 서 있고 훗날 효종이 되는 세자와 신하들이 다급히 움직이고 있습니다.

> 1649년 5월 8일 오후 2시경, 임금의 병이 위독하므로 세자가 의관에게 명하니 의관들이 약을 받들고 달려 들어갔다. 영의정 김자점 등이 희정당 동쪽에 들어와 앉고, 이윽고 좌의정 이경석도 들어왔는데, 내의원 어의들이 모두 증후가 위독하다고 하였다.
> 오후 4시쯤 세자가 명하기를,
> "전하의 증후가 이에 이르렀는데 중전마마(장렬왕후)께서 현재 경희궁에 계시니 서둘러 모셔왔으면 한다." 하니, 대신이 함께 아뢰기를,
> "하령(왕세자의 명령)이 매우 마땅하십니다." 하고는 목메어 울었는데, 사관과 의관 등도 모두 눈물을 흘렸다.
> 드디어 도승지(임금의 비서실장 격) 박장원이 가서 중전을 맞이하여 오게 하였는데, 내시가 안에서 잇따라 나와 매우 급하게 재촉하니, 궐 안의 분위기가 매우 황급하였다.

임금이 위독해지면 혹시 그 기회를 노려 반란이 일어날 수도 있기 때문에 궐 안팎의 경계가 매우 강화됩니다. 즉, 지금의 국방부 격인 병조는 평상시보다 몇 배 많은 군사들을 투입하여 궁궐을 수비하게 됩니다. 그래서 일반 백성들은 갑자기 궁궐 주변에 병사들이 많아지면 궁궐 내에 무슨 변괴나 일이 터졌구나라고 생각했습니다.

▲ 임금이 위독해지면 궁궐에 계령이 내려진다.

2 • 고명 – 임금의 마지막 말을 듣다

세자가 임금의 귓가에 대고 말하기를,
"들리십니까? 신이 누구입니까?" 하기를 세 번 하였으나, 임금이 답하지 못하였다.
김자점, 이경석도 말하기를, "신들이 여기 왔습니다." 하였으나, 임금이 또한 답하지 못하였다. 대신들이 다 물러나왔는데, 김육이 밖에서 들어와 말하기를,
"고명을 빨리 거행해야 하겠습니다." 하니, 김자점이 그렇다고 하였다.
이경석이 말하기를,
"빨리 고명을 받아 적어야 합니다." 하였으나, 그때 조경이 불가하다 하며 말하기를,
"별다른 말씀이 없으셨는데 굳이 고명을 거행하려 한다면 이는 곧 임금의 명을 사칭하는 것이니 그만두십시오." 하자, 김자점도 그렇다고 하여 드디어 그만두었다.

고명은 임금이 돌아가시기 전에 세자와 측근들에게 뒷일을 부탁하는 말을 남기는 것인데 지금의 유언과도 같은 것입니다. 그런데 불행히도 인조 임금은 어떠한 유언도 남기지 못하셨나 봅니다. 의식조차 없는 상황이었으니까요.

잠시 후 세자가 또 대신을 불러 김님 중 등이 들어갔는데, 울부짖는 소리가 이미 궁중에서 났다. 세자의 왼손가락에서 피가 줄줄 흘렀는데, 세자가 손가락을 질랐으나 대군의 도움으로 뼈가 절단되지는 않은 것이었다.

가끔 사극을 보면 자식이 위독해진 부모님에게 자신의 손가락을 깨물어 그 피를 입 속으로 떨어뜨리는 장면을 기억하시나요? 의학적으로 그것이 얼

마나 효과가 있는지는 모르겠으나, 이와 같은 세자의 행동은 죽음 직전까지 간 아버지를 살려보려는 자식으로서 할 수 있는 마지막 몸부림일 것입니다. 그리고 여기서 언급된 대군은 인조의 네 아들 중 셋째와 넷째인 인평대군과 용성대군 중 한 명일 것입니다(첫째 아들 소현세자는 정치적 희생양으로 일찍 생을 마감했고, 둘째 아들은 세자인 봉림대군임).

> 중전이 경희궁에서 돈화문(창덕궁의 정문)을 거쳐 내전에 돌아올 때 임금이 승하하였는데, 이때가 오후 6시경이었다.

장렬왕후는 결국 인조의 임종을 지키지 못했습니다. 하지만 설령 임종 이전에 침전에 도착했다 하더라도 결코 방 안으로 들어갈 수는 없었습니다. 여자는 임종을 지킬 수 없다는 조선 왕실의 법도 때문입니다. 사극을 보면 가끔 대비마마와 중전마마, 후궁 등 궁궐 내 여인들이 임금의 임종을 지키는 경우가 있는데, 이는 좀 의아한 장면이 아닐 수 없습니다.

3 • 속광 – 임금의 죽음을 확인하다

> 김자점, 이경석, 조경, 김육, 김남중 등이 곧 들어가 대행왕(시호를 받기 전까지 돌아가신 임금을 부르는 말)의 침상 앞에 이르렀는데, 대신이 내시를 시켜 대행왕의 침상을 옮겨 머리를 동쪽으로 할 것을 청하고, 이어서 속광을 행하였다.

임금의 임종 때에는 내시 네 명이 부축을 하여 임금의 머리를 동쪽으로 향하게 하고 양쪽 손발을 잡는데 이를 '초종'이라고 합니다. 숨이 멎으면 육신이 굳기 때문에 사후에 행해지는 의식을 위해서라도 어느 정도 몸의 자세를 잡는 것입니다.

그리고 임금의 숨이 남아 있는지를 확인하기 위해 내시는 솜을 임금의 인중에 조심스럽게 놓습니다. 이를 '속광'이라고 합니

▲ 임금의 숨이 남아 있는지를 확인하는 절차인 속광

다. 지금이야 병원에서 심장박동을 통해 확인이 가능하지만 조선시대에는 이렇게 솜을 놓고 솜이 움직이지 않으면 사망한 것으로 여겼습니다.

4 • 상위복 — 임금이여, 돌아오소서!

속광이 끝나고 내시 두 명이 건물의 지붕 위에 올라가 '상위복'이라고 세 번 부르니 대신 이하 모든 신하들이 곡을 하였다.

▲ 돌아가신 임금을 부르는 상위복 장면

임금이 승하하면 대전 내시는 임금이 평상시 입었던 곤룡포를 왼쪽에 메고 임금이 승하한 전각의 지붕 위로 올라가 용마루에 서서 왼손으로 옷깃을, 오른손으로는 옷 허리를 잡고 북쪽을 향해 "상위복上位復!"이라고 세 번을 외칩니다. 여기서 '상위'는 윗 '상'자와 자리 '위'자로 주상전하를 뜻하며, 복은 돌아온다는 의미입니다. 즉 "주상전하! 돌아오십시오!"라는 뜻입니다. 상위복은 곧 국상의 시작을 의미합니다.

서인세력들이 일으킨 반정에 의해 삼촌인 광해군을 몰아내고 왕위에 올랐

지만 국제 정세를 읽지 못하고 결국 청나라를 자극해 병자호란을 겪었던 시대. 그로 인해 수많은 백성들을 죽음으로 내몰았고, 또 청나라의 포로로 갔다가 돌아온 장남 소현세자의 갑작스런 죽음에 자유롭지 못했던 인조임금은 이렇게 파란만장한 영욕의 54년을 마감하게 됩니다.

2. 임금의 승하부터 왕세자의 즉위식까지

 임금의 승하는 차기 임금에게 바통을 물려주는 새로운 시대가 열리는 것을 의미합니다. 이는 매우 큰 위기의 순간이기도 합니다. 왕세자는 난생처음 국왕으로서의 일을 시작하죠. 아무리 왕세자가 똑똑하다 할지라도 국왕이 된 후 약 1년간은 크고 작은 혼란이 있을 수밖에 없습니다. 그렇기 때문에 임금은 죽어서도 바로 궁궐을 떠날 수가 없습니다. 보통 5개월 동안 궁궐 안에 안치되는 것이죠.

 임금의 시신이 궁궐 안에 있다는 것은 차기 왕에게 정치적 보호막이 되기도 합니다. 물론 정치적인 안정만을 위해 5개월간 있어야 하는 것은 아닙니다. 임금이 묻힐 왕릉의 조성 기간이 약 5개월 정도 소요되기 때문이죠.

 조선시대에는 수천 명이 동원되어도 왕릉 공사에 최소한 5개월 이상의 조성 기간이 필요했습니다. 그러니 돌아가신 임금은 본인의 의지와는 무관하게 궁궐 안에 머물 수밖에 없는 것입니다. 이 역시 실록을 통해 생생한 역사의 현장으로 발길을 옮겨 그 과정을 살펴보겠습니다.

 때는 1720년 6월. 앞서 인조가 승하하실 때 세자였던 효종의 손자인 숙종의 국장 현장입니다. 숙종은 장희빈이 낳은 세자(훗날 경종)와 숙빈 최씨가 낳은 연잉군(훗날 영조) 그리고 명빈 박씨가 낳은 연령군 등 세 명의 아들이 있었습니다.

5 • 위위곡 – 아비를 보낸 자식은 죄인이다

1720년 6월 8일. 임금의 숨소리와 가래 끓는 소리가 점차 가늘어지다가 갑자기 크게 토한 뒤 드디어 승하하였다. 이때가 오전 8시였다. 내시가 속광을 하고 임금의 발과 손을 정돈하였다. 곧 내시 두 사람이 함께다 곤룡포를 담아 대궐 지붕으로 올라가 세 번 주상의 존호를 불렀다.

내시가 왕세자(훗날 경종)를 부축하고 나와 모자와 옷을 벗고 머리를 풀고 곡하였다. 연잉군(훗날 영조)도 옷을 벗고 머리를 풀고 기둥 밖에서 곡을 하였다. 대신 이하가 침전 밖에서 엎드려 곡을 하였다…. 또한 호위 궁성 훈련대장은 흥화문을 지키고 병조판서 이만성은 개양문을 지켰는데 잡인이 함부로 드나드는 것을 자못 엄하게 금하였다.

임금이 승하하는 순간 자식으로서 왕세자와 대군 등 임금의 자손들은 모두 죄인이 됩니다. 불효를 저지른 죄인이 되어 자신의 머리를 풀고 흰색 소복을 입은 뒤 돌아가신 임금의 시신 앞에서 곡을 합니다. 이렇게 자리를 정하고 곡을 하는 것을 '위위곡爲位哭'

▲ 임금이 승하한 뒤 곡을 행하는 위위곡

이라 합니다. 이때는 3일간 금식을 하고 동시에 계령이 선포됩니다. 임금이 승하하는 순간부터 세자가 옥새를 받기 전까지의 5일간은 엄밀히 말하면 국가 최고책임자 자리가 비어 있는 상황이니, 이 기간 동안은 음악, 혼인, 도살은 물론 시장도 열지 못했다고 합니다.

6 • 도감 설치 – 국상 절차를 준비하는 신하들

호조판서 송상기 등을 국장도감 제조로('도감'은 임시 관청을, '제조'는 실 책임자를 뜻함), 예조판서 이관명 등을 빈전도감 제조로, 공조판서 신임 등을 산릉도감 제조로 삼았으며, 박필성은 재궁(임금의 관) 위쪽 면에 상(上) 자를 쓰고 지돈녕은 명정(상여 앞에 들고 가는 깃발)을 쓰도록 하였는데, 도승지 조관빈이 "장생전(궁중 장례물품을 제작 관리하는 관서) 안에 있는" 하니, 세자가 답하기를 "알았다." 하였다.

임금이 승하하면 신하들은 슬퍼할 겨를도 없이 바로 비상사태에 들어가는데, 가장 먼저 해야 할 일이 국장을 행하는 임시 관청과 각 관청에서 일할 책임자를 뽑는 것입니다. 오늘날 대통령이 서거하면 정부가 장례위원회를 만들 듯, 조선시대의 장례위원회는 국장도감이라 했고, 오늘날의 빈소에 해당하는 임금의 시신을 안치할 빈전을 책임지는 빈전도감 그리고 장지에 해당하는 왕릉 조성을 책임지는 산릉도감이 설치됩니다.

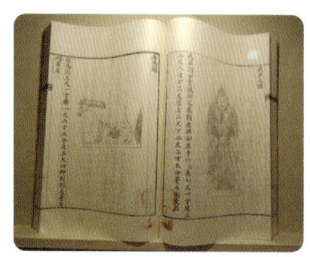
▲ 순조 인릉의 〈산릉도감의궤〉

▲ 현재 유일하게 남아 있는 조선왕실에서 사용했던 재궁

이와 함께 바로 임금의 관인 재궁을 준비합니다. 재궁은 장생전이란 관서에서 최고급 소나무를 사용해 만드는데, 보

통 임금이 즉위한 해에 몇 개씩 만들어놓고 매년 옻칠을 했다고 합니다. 그리고 마지막으로 죽은 이의 관직이나 성씨 등을 기록해 상여 앞에 들고 가는 기다란 깃발인 '명정'을 제작하게 되죠.

7 • 목욕, 습례, 반함 – 임금의 몸을 씻기다

오후 2시경에 습례를 행하였다. 대소신료들과 종친 등이 모두 입시(신하가 임금을 뵙는 일)하였고, 연잉군 및 호조 참의 김운택 등이 집사하였다. 중전께서 친히 반함(죽은 사람의 입 속에 구슬이나 쌀, 동전 등을 물리는 일)을 행하려 하자 여러 대신이 일제히 같은 목소리로 불가하다고 하였으므로, 이에 중전(인원왕후)은 연잉군에게 "세자가 반함을 거행할 때 세자를 도와 예를 거행하라." 하였다.

임금이 돌아가시면 내시들은 임금의 옥체를 깨끗이 닦는데, 머리는 쌀뜨물을 이용해 감기고 수염을 다듬고 손톱과 발톱은 가지런히 깎아 작은 주머니에 담습니다. 그 후 시신에 첫 번째 옷(명의)을 입히는데 이 과정을 '목욕'이라 합니다. 이때 사용한 빗과 목욕물 등은 눈에 뜨이지 않는 깨끗한 곳의 미리 파놓은 구덩이에 묻습니다.

▲ 임금의 머리카락은 쌀뜨물로 감긴다.

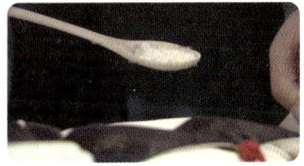

▲ 입에 쌀을 넣는 반함

목욕 의식이 끝나면 시신에 수의를 입히는 '습례'가 행해지고, 예를 갖춰 음식과 향을 준비해 시신 앞쪽으로 차리게 되는데 이를 '전'이라고 합니다. 음식과

향이 설치되면 위위곡을 하는데 왕세자, 대군, 중전, 세자비 등이 차례로 곡을 하는 의식입니다.

같은 시간에 왕실 가족인 종친과 문무백관들은 밖에서 곡을 하는데 이를 '거림'이라 합니다. 이후 대행왕의 입에 진주나 쌀, 동전 등을 물리는 '반함飯含'이 행해지는데, 이는 입이 비어 있지 않도록 하기 위함입니다.

8 • 원상 – 임시 국정을 책임질 신하를 선출하다

6월 9일, 김창집이 아뢰길,
"국상 때 여러 대신들이 원상이 된 전례가 있으니, 청컨대 이번에도 전례에 의거하여 우상과 함께 모든 일을 의논하게 하소서." 하니 세자가 옳게 여겼다.

▲ 국상을 의논하는 신하들

임금이 승하한 이상, 세자는 용상에 앉기 전까지 모든 권한을 행사해야 하지만 어버이가 돌아가셨기 때문에 죄인의 신분이 됩니다. 따라서 정식으로 용상에 앉기 전까지 삼정승 중 한 명이(지금의 국무총리 격) 세자를 보좌하며 크고 작은 일을 품의하고 실행하는데 이를 '원상'이라 합니다. 숙종의 국상 때에는 우의정이 원상이 되었나 봅니다.

9 • 시신의 보존

"대행왕의 옥체에 비록 대단한 부기는 없지만 날의 더움이 이와 같다면 뜻밖의 우려가 없지 않을 것입니다. 예전에도 더운 달에 국상을 당하였을 때는 대렴과 소렴을 앞당겨

정한 일이 또한 많이 있었습니다. 삼가 마땅히 이
에 의거하여 거행하겠습니다…"

숙종은 한여름이 시작되는 6월에 승하하
셨습니다. 그런데 앞서 언급했듯 5개월, 즉
시신을 10월까지 궁궐 안에 안치해야 합니

▲ 빙반 설치

다. 한여름인 7~8월을 보내야 하니 시신이 부패되는 것은 당연한 일이겠죠.
 이런 국상을 대비해 조선왕실은 한양 동쪽 한강 주변에 얼음창고를 두었
는데 동빙고와 서빙고라 하는 이곳 빙고에서 얼음을 가져와 시신 주변의 기
온을 낮추어 부패를 방지했습니다. 빙반에 가져온 얼음을 놓고 그 위에 대나
무로 만든 평상인 잔상을 설치하는데, 그 위에 왕의 시신을 안치한 후 또다
시 주변에 얼음을 쌓게 됩니다.

10 • 빈전 설치 – 임금의 시신을 안치할 전각 결정

빈전도감에서 전달하기를,
"찬궁(장례를 지낼 때까지 임금의 시신이 있는 관을 놓아
두던 곳)을 자정전에 놓는 일은 이미 정하였습니
다." 하니, 세자가 옳게 여겼다.

▲ 숙종의 빈전으로 사용한 경희궁 자정전

빈전은 돌아가신 임금이 궁궐을 떠나기
전까지 머무르는 매우 중요한 곳입니다. 숙종의 빈전은 경희궁 내 자정전이
었습니다.

11 • 소렴, 대렴 – 임금의 시신에 옷을 입히다

오후 3시경에 소렴례(시신에 새로 지은 옷을 입히고 이불로 싸는 일)를 거행하였다. 예조판서, 승지 등이 먼저 들어가고, 대신과 종친, 사관 등이 모두 입시하였다.

소렴을 거행하려고 김창집이 내시로 하여금 세자에게 고하게 하니, 세자가 남쪽의 작은 방으로부터 부축을 받고 나와 염상(염을 하기 위해 대행왕의 옥체를 뉘인 상)의 서쪽에 섰다. 엎드려 곡을 하려고 하는데, 이이명이 나와 말하기를,

"송구하옵니다만 중전께서 심신이 불편하시니 혹 곡하는 소리가 크게 들리면 더 위중해지실까 걱정되옵니다. 염할 때에 곡하는 것을 가능하면 금하시는 게 어떠시온지요? 저하께서는 비록 곡을 하시더라도 내시들은 곡을 못하도록 하시옵소서. 또한 방이 매우 좁으니 소렴을 할 즈음 저하께서는 다시 작은 방으로 나가시어 그 사잇문을 열고 몸소 보심이 어떻겠습니까?" 하니, 세자가 말하기를, "알았다." 하였다.

소렴을 마치자 세자가 작은 방에서 나와 동쪽을 향해 엎드려 곡하였으며, 여러 신하들도 세자의 뒤를 따라 엎드려 곡하였다. 곡을 마치자 민진원이 내시를 이끌고 나와 명정을 세웠다.

목욕을 시킨 대행왕의 옥체에 새 옷을 입히고 이불로 싸는 과정을 염이라 하는데, 처음 하는 것을 소렴이라 하고 이후에 다시 한 번 대렴을 거행합니다. 이는 내시들이 행하는데 이때 왕세자는 옆에서 무릎을 꿇고 계속해서 곡을 해야 합니다.

▲ 대행왕의 옥체에 새 옷을 입히는 염

6월 12일 오전 10시에 대렴례를 거행하였다. 남쪽으로 머리를 두고 건물의 서편에 봉안하여 흰 비단 휘장으로 덮었다.

내시 등이 대행왕의 옥체를 각목 위에 옮긴 후, 재궁에 내려놓았다. 빠진 머리카락과 빠진 이빨과 좌우의 손톱, 발톱을 담은 비단 주머니를 넣었고, 평천관(임금이 쓰던 위가 평평한 모자)을 위에 적석(임금이 정복을 입을 때 신는 신)을 아래에 넣었다. 효종대왕(숙종의 할아버지)이 입던 곤룡포를 위에, 현종대왕(숙종의 아버지)이 입던 곤룡포를 아래에 넣었다. 그 후 재궁이 찬궁 안에 봉안되었다. 하여 송성명이 나와 말하기를,

"일을 끝마쳤습니다. 마땅히 엎드려 곡을 해야 합니다." 하니, 세자가 엎드려 곡하였고, 여러 신하들도 또한 엎드려 곡하였다.

소렴을 행하고 며칠 후(보통 5일) 다시 또 한 번의 염을 하는데 이를 대렴이라고 합니다. 대렴 후에는 시신을 재궁에 안치하고 그 재궁은 다시 찬궁에 봉안합니다. 찬궁은 빈전의 서쪽에 약 15cm 높이로 벽돌기단을 쌓아 지은 큰 상자 집 같습니다. 쉽게 말하면 관을 넣어두는 큰 상자라고 생각하시면 됩니다. 재궁이 들어가는 동쪽을 제외한 사방을 모두 막고 기름종이를 바른 후 재궁이 들어오면 입구를 막아 외부와 차단을 합니다. 이 과정 이후에 찬궁을 흰 장막으로 치고 찬궁의 남쪽에 대행왕의 신위(죽은 사람의 영혼이 의지할 자리)를 놓습니다.

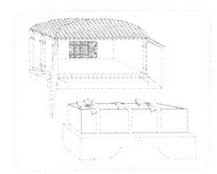

▲ 관을 넣어두는 찬궁

12 · 성복 – 상복을 입다

6월 13일에 성복하였다. 대신이 문무백관을 거느리고 아침에 숭정전(숙종이 승하한 경희

궁의 정전) 뜰에서 곡을 마친 후에 참최(아버지나 할아버지께서 돌아가셨을 때 입는 거친 베로 지은 상복)를 입었다.

정식으로 상복을 입는 의식을 '성복'이라 하고 이는 대렴을 한 다음 날 거행됩니다. 성복은 비로소 죽은 이를 인정하는 의식이기도 합니다. 그래서 민가에서도 성복례를 마치고 난 후 빈소 앞에서 정식으로 조문객을 맞이합니다. 조선시대 사가에서는 부모님이 돌아가시면 3년간 무덤 옆에 초가를 짓고 무덤을 돌보는 전통이 있었는데 궁궐에도 빈전 앞에 '여차'라는 임시 초가집을 만듭니다.

↑ 여차

13 • 새로운 임금의 즉위 반포

1720년 6월 13일, 임금이 경희궁에서 즉위하였다. 예조판서 이관명이 여차에 나아가 상복을 벗고 면복을 갖추기를 청하였다. 사왕(왕위를 이은 왕)이 흑면복을 착용하고, 붉은 신을 신고 걸어서 집화문을 나갔다. 사왕이 빈전에서 절을 한 후에 향을 올리니, 김창집이 대보를 가져다 바쳤다.

사왕이 대보를 받아 도승지에게 주고 다시 절을 한 후 걸어서 숭정문으로 나갔다. 중앙에 어좌를 설치하였는데 사왕이 여차의 동쪽에 서서 사양하고 나아가지 않다가, 승지와 대신이 앞으로 나아가 힘써 청하니 비로소 교지를 반포하였다.

"왕(王)은 말하노라. 갑자기 큰일을 만나, 소자가 왕위에 올랐으니 이에 널리 교서를 반포하노라. …… 대행대왕께서 10년 동안 병으로 신음하다가 마침내 약도 효험이 없었다…. 어찌 하늘을 탓하리요. 얼굴 뵈올 날이 없으나 음성은 오히려 귀에 남아 있구나. 그러니 어찌 어좌에 앉아 옥새를 받는 의식에 편안할 손가? 옥새를 말으며 슬퍼하였고, 어좌에 임하여 애통했노라. 경들은 오직 밤낮으로 게을리하지 않을 것을 생각하고 왕업에 무너뜨림이 없기를 바라노라." 하니 백관이 모두 머리를 조아리고 천세를 불렀다.

부왕이신 숙종이 승하하고 만 5일 만에 왕세자가 왕위에 올랐으니, 그가 조선 제20대 경종임금입니다.

위의 기록에서 보듯 세자는 아버지 숙종의 빈전에서 상복을 입고 곡을 하는 와중에 잠시 면복으로 갈아입고 왕위에 오르죠. 그

▲ 국상 중에 치러지는 즉위식은 가장 슬픈 행사 중 하나이다.

것도 신하들이 간곡히 부탁을 하자 마지못해 오릅니다. 어차피 오를 용상이지만 불효자의 몸이기에 모든 것이 조심스러운 것입니다. 이처럼 즉위식에서도 조선이 얼마나 예를 중시했는지 우리는 알 수 있습니다. 그래서 가장 힘차고 즐거워야 할 즉위식은 가장 슬프고 우울한 행사가 되었습니다. 즉위식을 마친 새 임금은 바로 면복을 벗고 다시 상복으로 갈아입은 후 빈전으로 돌아갑니다.

14 • 승하한 왕의 묘호와 능호를 정하다

1720년 6월 15일. 대행대왕의 묘호(승하한 왕의 공덕을 칭송하여 붙인 이름)를 '숙종'으로 능호(승하한 왕이 묻힐 능의 이름)는 '명릉'이라 하였다.

숙종과 명릉은 임금이 승하한 후 붙여지는 칭호입니다. 숙종의 이름은 '이순' 입니다. 하지만 옛날에는 자신의 이름을 소중히 해서 함부로 부르지 않는 관습이 있었고, 장가를 든 뒤에는 다른 이름을 썼는데 그것을 '자' 라고 합니다. 숙종의 자는 '이명보' 로, 태어나서는 원자마마로 불리고 7세 때 왕세자에 책봉되었으니 세자저하로 그리고 왕위에 오른 14세 때부터는 주상전하로 불렸습니다. 그리고 승하한 날인 6월 8일부터 6월 15일까지 약 일주일 동안은 '대행대왕' 이라는 칭호가 붙습니다. 그리고 대행대왕의 묘호가 정해진 순간부터 우리가 잘 아는 숙종임금으로 불리게 되는 거죠.

3. 발인에서 안장까지

숙종을 이어 왕위에 오른 경종임금은 불행히도 건강이 좋지 못해 결국 즉위한 지 4년 만에 후사도 보지 못하고 승하하게 됩니다. 그래서 배다른 동생 연잉군이 옥새를 물려받게 되는데 그가 제21대 임금 영조입니다.

임금이 승하한 뒤 약 5개월간의 공사 끝에 왕릉이 완공되면 임금의 관인 재궁이 궁궐을 떠나 왕릉에 안치됩니다. 이 과정은 경종임금의 국장 기록을 통해 살펴보겠습니다. 경건한 마음으로 소인을 따라오시지요.

15 • 왕릉 조성 공사

능은 양주의 천장산(지금의 성북구 석관동)에 있고, 흥인문으로부터 10리의 거리에 있다. 지난 9월 25일 오전 6시경에 토지의 신에게 제사 지내고 흙을 파냈다.

왕릉 조성은 약 4~5개월 정도가 걸립니다. 경종의 능은 지금의 서울 성북구 석관동에 위치한 의릉입니다. 실록에는 동대문에서 의릉까지 10리, 약 4km라고 적고 있습니다.

▲ 왕릉 조성 공사(순종황제의 유릉)

가끔 신라왕릉을 생각해 조선왕릉의 규모를 엄청나게 크게 생각하시는 분들이 있습니다. 하지만 조선왕릉의 규모는 정말 작습니다. 단지 크게 보이는 이유는 사초지 때문이죠. 사초지는 산 구릉을 깎아 잔디를 심은 곳을 말하고, 그 사초지 위에 재궁을 묻고 봉분을 만

▲ 경종의 의릉

들게 됩니다. 재궁을 넣은 구덩이는 '광'이라고 하는데, 보통 3미터 정도의 깊이로 판다고 합니다. 구덩이에는 석회로 만든 회격을 만든 후 그 안에 대관, 즉 외재궁을 넣고 그 외재궁 안에 임금의 시신이 안치된 재궁을 넣게 됩니다.

16 • 발인 – 장엄한 국장행렬

15일 새벽 2시경 발인하였는데, 임금은 상복을 갖추었다. 명정이 앞서 출발하자, 임금과 여러 신하들이 통곡하였다. 재궁을 소여에 받들어 올리자, 임금이 친히 살핀 뒤 재궁을 건물 문밖으로 내어 대여로 옮겨 받들어 올렸다…

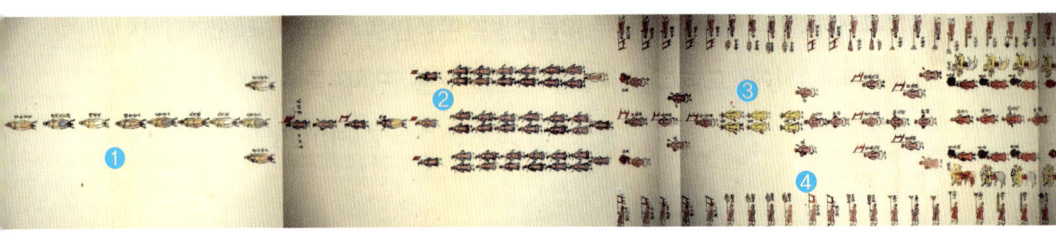

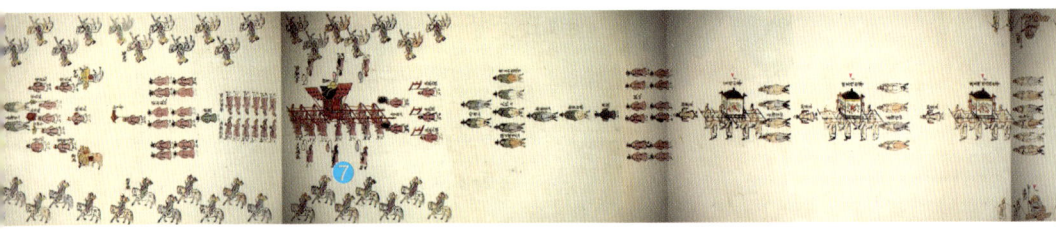

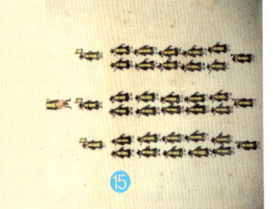

↑ 정조대왕 국장행렬

1 • **도가**(왕의 행차시 목적지까지 길을 안내하는 행렬)

2 • **선상군**(행렬을 호위하는 선두 군사 – 상복을 입지 않음)

3 • **전악**(악공들)

4 • **길의장**(왕이 평상시 사용하던 의장들)

5 • **요여**(재위시 왕을 상징했던 물품을 운반하는 가마)

6 • **향정자**(향로 운반)

7 • **신연**(왕의 신주를 운반하는 가마)

8 • **채여**(왕이 생전에 입었던 옷 등 왕릉에 묻을 물품을 운반하는 가마)

9 • **견여**(관을 운반하는 가마로 궁궐 문 등 협소한 곳을 지날 때 이용)

10 • **명정**(임금의 관직과 성씨 등을 적은 깃발)

11 • **화절촉롱**(늦은 시간에 필요한 불빛)

12 • **대여**(궁궐 밖에서 왕릉까지 관을 운반하는 가마)

13 • **대행왕을 모셨던 신하들**

14 • **곡궁인**(대전에서 왕을 모시던 왕실의 여성들)

15 • **후상군**(행렬의 끝을 호위하는 군사들)

1부 • 쏭내관의 재미있는 **왕릉 이야기**

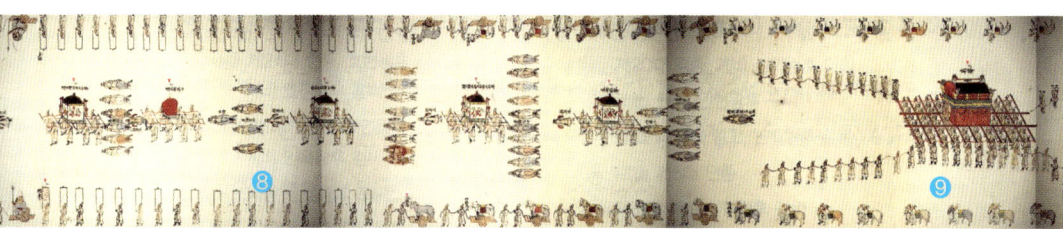

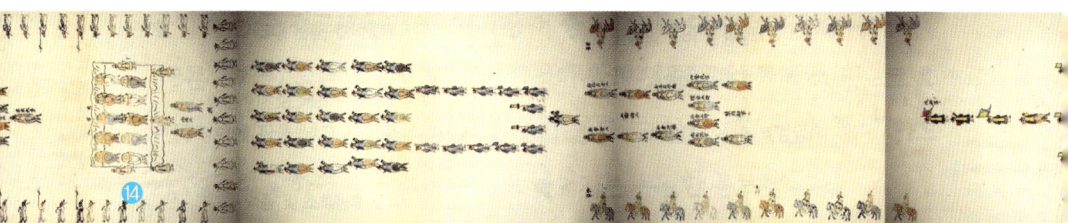

대여가 출발하여 능소에 도착하자, 재궁을 소여에 봉안하였다. 또한 정자각에 향과 각종 의장을 설치하였는데, 이때가 오전 10시경이었다.

승하 후 보통 4~6개월 후 시신을 빈소인 궁궐에서 장지인 왕릉으로 옮깁니다. 이를 발인이라고 하죠. 이 국장행렬은 장엄함 그 자체입니다. 정조의 〈국장행렬도〉를 보면 그 규모가 나오는데, 약 1,440명의 인원이 그려져 있습니다. 실제로 기록에는 약 4,500~5,000여 명의 인원이 참여했다고 합니다. 그리고 이 수많은 행렬은 엄격히 정해진 순서와 각자의 위치가 정해져 있었습니다.

◆ 국장 행렬의 순서 ◆

| 도가행렬 |
긴 행렬의 시작은 '도가'입니다. 도가는 원래 왕의 행차 때 목적지까지 안내하는 행렬입니다. 이승의 마지막 왕의 행차인 국장행렬 역시 이들이 능까지의 길을 안내합니다.

▲ 순종황제의 국장행렬

| 분장행렬 |
길을 안내하는 도가행렬 뒤로는 각종 깃발 등 화려한 의장행렬이 서는데, 주작, 청룡, 백호, 현무 등의 깃발은 물론 금, 은, 은장도, 도끼 등 화려한 채색이 들어간 물건들이 줄이어 행렬의 위엄을 더하게 됩니다.

| 어가행렬 |
국장의 핵심은 어가행렬입니다. 이들은 승하한 임금의 시신은 물론 사용했던 옷이나 도장, 각종 책 등의 유품을 가마를 통해 운반합니다. 물론 그 중심엔 운구를 하는 대여가 있겠죠. 궁궐 문처럼 대여가 나가지 못하는 곳이나 혹은 가파른 언덕 등을 만났을 때는 재궁을 소여(견여)로 옮겨 운구를 하게 됩니다.

| 수행행렬 |
어가행렬 바로 뒤에는 생전에 왕과 함께했던 관련 사람들이 따르게 됩니다. 왕의 비서실장인 승지, 역사를 기록한 사관, 각 관청별 책임자 등 수많은 문무백관들뿐 아니라 왕을 모시던 상궁까지 포함됩니다. 이 상궁들은 4,500명 행렬 중 유일한 여성들이라고 합니다.

| 후열 |
행렬의 맨 뒤는 이 행렬을 호위하는 군사들이 따르게 됩니다. 이들은 혹시 모를 상황을 대비하기 때문에 상복을 입지 않고 평상복으로 행렬을 호위하게 됩니다.

17 ◆ 왕릉에 안장하다

낮 12시경. 동부승지 채팽윤이 재궁을 깨끗이 닦았다. 오후 4시경 장인들이 번갈아 져서 재궁을 현궁(재궁을 안치하기 위해 판 구덩이로 '광중'이라고도 함)에 봉안하였다. 잠시 후 산릉도감 당상 홍치중이 삽을 올리고 명기(부장품)를 받들어 올려 두었다. 드디어 현문

(아래 위로 여닫는 문)을 잠그자 서종하가 '신(臣)' 자를 쓰고 수결(자필 사인)을 두었으며, 조태억이 흙 아홉 삽을 덮었다.

왕릉은 땅을 파고 석실을 만든 뒤 그 안에 외재궁(대관)을 설치하여 그 안에 재궁을 넣게 됩니다. 이때 부장품도 함께 봉안합니다.

▲ 시신이 실린 대여가 왕릉으로 오르고 있다.

부장품은 죽은 사람의 무덤에 넣는 물건들입니다. 도굴꾼들이 목숨을 걸고 도굴하는 이유도 부장품으로 보물이 있는 무덤이 있지 않을까 해서겠죠. 실제로 신라왕릉에서는 부장품으로 금관 같은 금은보화가 나왔으니 말이죠. 그리고 그런 소문 때문에 임진왜란 때 일본군은 선정릉을 도굴하기도 했습니다. 하지만 그들은 화만 내고 선정릉을 떠나고 맙니다. 그 이유는 막상 파보니 가치 없는 부장품 몇 개만 들어 있었기 때문입니다.

▲ 광을 파고 회격을 만든 후 그 안에 외재궁을 내린다.

조선왕조 임금이 갖춰야 할 가장 큰 덕목은 검소와 애민정신입니다. 만약 부장품들이 화려한 금은보화으로 만들어졌다면 그것은 백성들의 피와 땀일 것이고, 또한 애민정신에 위배되는 일입니다. 그래서 부장품은 왕릉에 들어가기 무안할 정도로 작고 초라한 것들이었습니다.

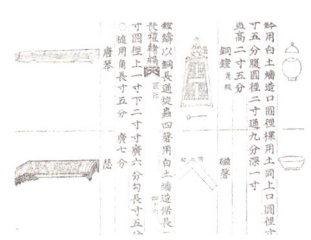
▲ 국조상례보편에 나온 명기들. 왕실의 명기들은 매우 검소하게 만들어졌다.

▲ 정조의 부장품

만약 도굴꾼이 정조임금의 건릉을 도굴한다면 그들이 찾아낼 수 있는 건 고작 책함, 제기모형, 악기모형, 갑옷, 투구, 활 등이었을 겁니다. 이 작은 부장품에서 우리는 조선 왕들의 검약정신과 애민정신을 느낄 수 있습니다.

18 • 초우제 – 제사를 지내다

> 승지, 사관 등이 모두 정자각으로 가서 초우제를 행하였다.

자, 이제 재궁을 땅에 묻었으니 임금과 신하들이 해야 할 일은 거의 마무리가 되어갑니다. 이제 죽은 이를 기리는 제사를 지냅니다. 시신을 땅에 묻고 지내는 제사를 '초우제'라 하고, 이 우제는 삼년상이 끝날 때까지 재우제, 삼우제, 사우제 등 정기적으로 지내게 됩니다. 이렇게 초우제까지 지내면 무려 5개월간의 국상은 어느 정도 마무리가 되죠.

19 • 부묘 – 3년간의 국상을 마치다

우제를 지냈다고 해서 국상이 완전히 끝난 것은 아닙니다. 이날로부터 3년 후의 영조실록을 살펴볼까요?

> "부묘를 막 끝내고서 인정전에 임하여 진하(임금에게 축하를 올리는 일)를 받고 나니, 감회가 더욱 마음속에 간절해진다. 내가 부덕한 몸으로 무거운 선조의 부탁을 받았기에 떨리도록 두려워하는 마음이 낮이나 밤이나 풀리지가 않는다. 하물며 지금 삼년상이 끝났으니, 바로 내가 맨 처음으로 국정을 하게 되었다. 군신(君臣)의 사이에 서로가 공경하

는 도리가 없을 수 없기에 이제 세 가지 조목의 경계를 가지고서 한 장의 글을 만들었으니, 경들이 의정부로 가지고 가서 팔도에 반포하라…'"

▲ 3년간의 국상이 끝나는 부묘

조선시대에는 부모님이 돌아가시면 삼년상을 했다고 합니다. 3년간 부모님의 묘소 옆에서 움막을 치고 정성껏 묘소를 돌봤다고 하지요. 그리고 3년이 된 후에 비로소 탈상, 즉 장례의 모든 예를 마쳤다고 합니다. 하지만 임금은 개인의 몸이 아니니 그렇게 할 수가 없었겠죠. 하루도 자리를 비울 수 없는 게 임금의 운명이니까요. 그래서 임금은 3년간 정기적으로 궁궐 내에서 혼전이라 불리는 건물에 돌아가신 임금의 임시 신주(죽은 이의 넋이 담긴 위패)를 모시고 제사를 지냅니다. 이후 3년이 되면 종묘에 나아가 돌아가신 임금의 방에 정식으로 신주를 모십니다. 이때 3년간 궁궐 내 모셨던 신주는 종묘 터에 묻습니다. 이를 '부묘'라고 하죠.

민가에서도 삼년상이 끝나야 탈상이 되는 것이니 왕실에서도 부묘가 끝나면 비로소 현 임금이 정식 임금이 된다고 할 수 있겠죠. 그래서인가요? 영조 임금도 "지금 삼년상이 끝났으니 바로 내가 맨 처음으로 국정을 하게 되었다!"라고 말씀하셨습니다.

자, 여러분 어떻게 보셨나요? 임금이 승하하고 부묘까지 3년간의 기록이었습니다. '예'를 기본으로 한 '효'와 '충'을 최고의 덕목으로 삼았던 조선왕조에서 임금의 죽음은 이처럼 수많은 인원이 수많은 절차에 의해 거행되었던 국가적 차원의 행사였답니다.

2부

조선 전기 왕릉

건원릉

【 제1대 태조 】

조선 최고의 명당에 자리잡다

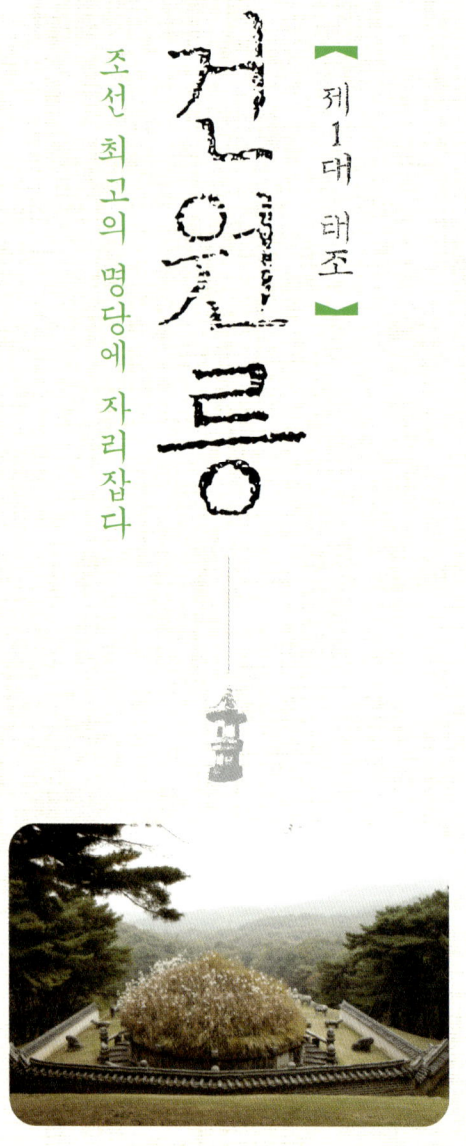

◉ 경기도 구리시 인창동 산4-2 | 사적 제193호 | 1408년(태종8) 조성

건원릉은 조선 왕릉의 표본이라 할 수 있다. 전체적으로 고려 공민왕의 현릉을 따르고 있으나, 고려시대에 없었던 곡장을 봉분 주위에 두르는 등 석물의 조형과 배치 면에서 변화를 보여주고 있다. 봉분은 잔디가 아닌 억새풀로 덮여 있는데, 이는 태종이 고향을 그리워하는 태조를 위해 조성한 것으로 전해진다.

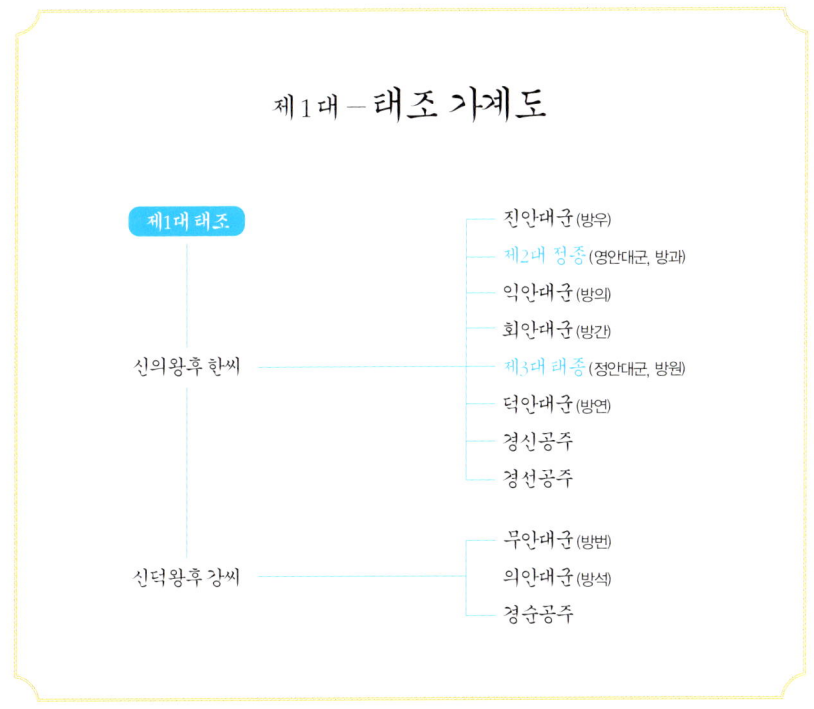

1408년 10월 동대문 밖.

"아직 도착하지 않았더냐?"

"세자저하, 저기 오옵니다."

세자 양녕대군은 명나라 사신 일행을 향해 공손히 예를 갖추었습니다. 명나라 사신 일행은 화엄사를 들러 한성으로 들어오는 길이었습니다.

"대인, 오시는 길이 불편하지는 않으셨는지요?"

"아니오, 조선의 가을 경치가 형언할 수 없을 만큼 아름다워 그 풍광을 보다 보니 피로는 전혀 느끼지 못하였소. 그건 그렇고, 내 오는 길에 건원릉에 들려 참배를 했는데 조선도 대국 이상으로 산릉 조성에 많은 공을 들인 듯하오. 어찌 그리 좋은 형세로 인공산을 만들었는지……. 마치 하늘이 만들어준 듯 그 형세에 참으로 놀라지 않을 수 없었소."

"과찬이옵니다. 허나 대인께서 보신 지형은 결코 사람이 인위적으로 만든 산이 아니옵니다."

"정말이오? 내 평생 풍수에 관심이 많아 수많은 지형을 봐왔지만 그와 같은 형세의 땅은 본 적이 없소! 그런 좋은 곳에 산릉이 들어섰으니 태조의 어진 기운이 온 나라의 태평성대를 이루게 할 듯하오."

600년 전, 명나라 사신이 감탄을 금치 못한 그곳은 바로 지금의 구리시에 있는 검암산이며, 검암산 최고의 명당자리에 위치한 태조 이성계의 왕릉입니다. 그래서인지 후대의 많은 왕실가족들 산릉이 이곳 건원릉을 중심으로 조성되어 있습니다.

■ **화령왕조가 될 뻔한 조선왕조**

'조선'이란 나라는 우리에게 매우 익숙한 단어입니다. 지금도 조선왕조의 백성으로 태어난 어른들이 계시니 말이죠.

하지만 여러분, 혹시 이 사실을 아시나요? '조선왕조'가 아닌 '화령왕조'가 될 뻔했던 사실을요. 자, 그럼 이곳 건원릉에서 쏭내관과 함께 잠시 고려시대로의 역사 여행을 시작해 볼까요?

'식민지'란 단어는 듣기에도 참 거북한 말입니다. 하지만 이 식민지라는 말은 고려시대에도 있었답니다. 몽고의 침략으로 도성을 강화도로 옮기고 항몽투쟁을 했던 고려왕조는 결국 몽고(훗날 원나라)에 항복을 하고 그때부터 원나라 간섭기라는 슬픈 역사가 시작된 거죠.

원나라는 원나라 공주와 고려왕을 억지로 결혼시키고, 왕이 마음에 들지 않으면 바로 폐위시키기까지 하죠. 게다가 고려의 조정은 모두 친원파 세력으로 채워져 고려를 완진한 원의 속국으로 만들어버립니다. 그렇게 고려왕조는 점점 망국의 길로 접어듭니다.

그러나 이런 암흑기에도 한 가닥 희망이 있었으니 그가 바로 공민왕입니다. 공민왕은 친원파를 제거하고 젊은 인재들을 뽑는 등 원나라에 맞서 과감하게 개혁을 시도합니다. 이때 발탁된 이들이 훗날 조선을 만든 신진사대부입니다. 그 중심에 최영, 이성계, 정몽주, 정도전 등이 있었죠.

그러던 어느 날, 공민왕이 친원파들에 의해 살해당하고 그 뒤를 이은 왕들은 모두 허수아비처럼 존재감 없이 등극을 합니다(우왕, 창왕 등). 왕권이 약하니 자연스럽게 신하들의 힘이 강해졌고, 공민왕이 키운 신진사대부들은 어느덧 중앙의 큰 세력으로 자리 잡게 되었습니다. 그리고 이 무렵 중국에서는 명나라가 원나라보다 더 큰 세력으로 커지고 있었습니다.

명나라는 원나라가 지배하고 있었던 고려의 철령 이북 땅을 지배하겠다고 고려에 통보하죠. 이에 고려 조정은 "지금 군대를 보내 고약한 명나라를 치자!"라는 최영의 세력과 "그냥 내버려두자"는 이성계의 세력으로 나뉩니다. 그러다 결국 1388년에 최영의 뜻대로 요동정벌을 단행하고자 출병합니다. 이성계 역시 마지못해 떠났죠.

가는 도중에도 이성계는 '고려 같은 작은 나라가 어찌 큰 나라를 칠 수 있단 말인가? 이 한여름에 5만 명의 대군을 동원하는 것도 말이 안 되는 일이야!' 하는 생각을 멈출 수가 없었습니다. 결국 이성계는 국경지대 압록강의

섬인 위화도에 이르러 결심을 합니다. 그리고 말머리를 수도 개성으로 돌려 (이를 '위화도회군'이라 함) 최영 등을 제거하고 고려 조정을 장악해 창왕을 쫓아내고 공양왕을 왕위에 앉힙니다.

물론 공양왕은 말이 왕이지 허수아비 같은 존재일 뿐이었습니다. 이후 이성계는 정도전과 함께 새 왕조의 기반을 닦기 시작합니다. 당시 이성계가 몸이 아파 앓아누웠는데 임금인 공양왕이 직접 이성계 집으로 달려가 병문안을 했다고 하니 그의 힘이 어느 정도였는지 알만 합니다.

권력이란 크게 군사력과 경제력으로 압축됩니다. 당시 군인이었던 이성계가 군사권을 장악하는 일은 어렵지 않았습니다. 문제는 기존 기득권 세력들의 무시무시한 경제력이었죠. 웬만한 논밭은 모두 그들 것이었으니 말입니다. 이에 이성계는 토지제도 개혁을 군사력으로 단행하여 고려 귀족들의 경제권마저 장악합니다. 그리고 결국 공양왕을 쫓아내고 왕위에 오르게 되죠.

이씨가 왕씨를 몰아내고 왕이 된다는 것은 고려왕조에서 쉽게 받아들일 수 없는 쿠데타였을 것입니다. 지도층부터 백성들까지 동요가 있었겠죠. 당시 야사에는 이성계 세력이 서해의 섬을 내주어 왕씨들을 살게 하겠다고 전국의 왕씨를 모두 강화도 해안에 모이게 해 배를 태워 한꺼번에 바닷물 속으로 수장했고, 그때 배를 타지 않는 왕씨들은 다른 성으로 속여 목숨을 이어갔다는 이야기가 전해집니다.

이성계는 처음 국호를 그대로 고려로 했습니다. 또 모든 제도를 고려의 것으로 유지했고, 시간이 흘러 모든 것이 안정적으로 돌아갈 때쯤 그들의 애초 생각대로 국호를 바꾸자는 데 의견을 모읍니다.

이성계와 정도전은 국호를 두고 '단군조선의 정기를 받들자'는 '조선'과 이성계의 고향인 '화령' 사이에서 고민합니다. 다시 말해, '조선왕조'로 할 것인가, '화령왕조'로 할 것인가였습니다. 그리고 명나라 황제에게 이 중 하나를 골라달라고 청합니다. 당시 상황을 실록은 아래와 같이 기록하고 있습니다.

> 1392년 11월 29일. 예문관 학사 한상질을 보내어 중국 남경에 가서 '조선'과 '화령'으로 나라 이름을 고치기를 청하게 하였다. 주문은 이러하였다.
> "신이 가만히 생각하오건대, 나라를 차지하고 나라 이름을 세우는 것은 진실로 소신이 감히 마음대로 할 수가 없는 일입니다. 조선과 화령 등의 칭호를 황제께 아뢰오니, 삼가 황제께서 결정해 주심을 바라옵니다."

이에 명나라 황제는 '조선'으로 국호를 결정합니다. 만약 그때 명나라에서 '화령'으로 나라 이름을 정했다면 어떻게 되었을까요? 아마도 지금쯤 화령왕조 500년, 화령왕조실록이란 단어를 쓰고 있겠지요?

중국의 황제가 나라 이름을 정해주었다는 것은 굴욕이 아닐 수 없습니다만, 어쨌든 이렇게 이성계를 중심으로 새 나라 조선왕조는 탄생하게 됩니다.

■ 태조 이성계를 무너뜨린 태종 이방원의 불효

임금으로서 한 나라를 개국한 이성계는 분명 성공한 인물이었습니다. 고려 때 수많은 왜적과 홍건적을 무찌른 이성계를 보면 날아가는 새도 움찔해 떨어졌을 정도라니 그 위용이 대단했을 것입니다. 그런데 그의 가슴에 상처를 남긴 사람이 있었습니다. 적국의 장군도, 정치적 반대세력도 아닌 바로 그의 자식이었습니다.

이성계에게는 두 명의 부인이 있었는데, 첫째 부인 한씨(훗날 신의왕후로 추존되지만 조선 개국 이전에 사망했음)에게 여섯 명의 아들이, 둘째 부인 신덕왕후(사실상 조선 최고의 왕비)에게는 두 명의 아들이 있었습니다. 그중 신의왕후 한씨의 아들 이방원은 고려 말 혼란기에 조선왕조 개국의 일등 공신이었습니다. 하지만 이성계는 이방원의 불같은 성격을 늘 탐탁지 않게 생각했습니다.

이성계는 최고의 신하인 정도전, 그리고 둘째 부인 신덕왕후와 결탁해 다음 세자 자리에 신덕왕후의 둘째 아들 이방석을 앉히게 됩니다. 물론 여기에는 조선을 신권이 강한 나라로 만들려는 정도전의 야망도 있었습니다. 정도전의 입장에서는 나이 많고 성격이 불같은 이방원보다 아직 어린 이방석이 다음 왕이 되면 자신이 꿈꾼 이상적인 조선왕조를 만들 수 있다고 판단했던 겁니다.

상황이 이러하니 이방원과 겨우 11살 연상인 새어머니 신덕왕후의 사이는 좋을 리 없었을 것입니다. 그런데 문제는 이성계가 신덕왕후를 끔찍이 사랑했다는 겁니다. 그러니 신덕왕후와 갈등이 있는 아들 이방원이 맘에 들 리 없었습니다. 두 부자의 관계는 조선왕조 개국공신록에 이방원의 이름이 빠져 있는 것만 봐도 잘 알 수가 있습니다.

그런 와중에 1396년 신덕왕후가 승하하게 됩니다. 이성계는 자신의 목숨보다 더 아꼈던 사랑하는 왕후를 멀리 보낼 수가 없어 경복궁에서 바라다 보이는 가까운 곳에 왕후의 능을 조성하게 되고 능 이름을 '정릉'이라 부르니 그곳이 지금의 정릉동(지금의 정동)입니다. 이성계 스스로 도성 안에는 절대 묏자리를 쓸 수 없다고 법으로 정했지만 사랑 앞에선 무용지물이었던 겁니다.

하지만 이런 아버지의 모습을 보고 있는 이방원은 여전히 불만이 가득했

♦ 건원릉의 신도. 600년 전 조성된 이 길을 걸으며 숙연은 조선의 역대 국왕들은 태조대왕을 참배했을 것이다.

습니다. 자신의 친모였던 신의왕후에게는 그 같은 애정이 없었기 때문이죠.

그 후 이방원은 난을 일으켜 이성계의 측근인 정도전을 살해하고 신덕왕후 소생의 이방번과 세자 이방석마저 제거한 뒤 결국 훗날 임금의 자리에 앉게 됩니다. 이를 역사에서는 '왕자의 난'이라 부르죠.

이런 아들의 모습을 바라보며 눈물로 나날을 보내던 태조 이성계는 결국 속세의 족쇄를 벗듯 홀연 한양을 떠나 함흥으로 가버립니다. 훗날 이성계를 다시 한성으로 모셔오기 위해 이방원은 수많은 신하들(이들을 '차사'라고 함)을 함흥으로 보냈지만 그들은 모두 싸늘한 시신으로 돌아오게 됩니다. 아들 이방원이 보낸 차사들을 이성계가 모두 죽인 겁니다. 감감무소식을 의미하는 '함흥차사'는 바로 이때 나온 말입니다.

1408년, 태조 이성계는 파란만장한 삶을 뒤로하고 창덕궁 별궁에서 승하합니다. 그는 죽음 앞에서 아들 이방원에게 다음과 같은 유언을 남깁니다.

"주상, 내가 죽거든 왕후(신덕왕후) 옆에 합장해 주고 무덤에는 내 고향 영흥의 갈대로 덮어주시오…."

과연 태종 이방원은 아버지의 유언을 들어주었을까요? 당시의 실록을 보도록 하지요.

1408년 6월 28일, 산릉을 양주의 검암에 정하였다. 처음에 하윤 등이 유한우, 이양달 등을 거느리고 양주의 능 자리를 보는데, 김인귀가 하윤 등을 보고 말하기를, "내가 사는 검암(현 건원릉이 있는 검암산)에 길지가 있다." 하였다. 하윤 등이 가서 보니 과연 좋았다. 박자청이 장인들을 거느리고 산릉 조성공사를 시작하였다.

태종 이방원은 신덕왕후 옆에 묻어달라는 아버지의 유언을 따르지 않고 지금의 검암산 기슭에 능을 조성함으로써 둘 사이를 갈라놓고 맙니다. 그리고 그의 복수는 계속됩니다.

> 1409년 2월 23일, 의정부에서 아뢰길 "옛 제왕(태조 이성계)의 능묘(건원릉)가 도성 밖에 있는데, 지금 정릉(신덕왕후의 능)이 성 안에 있는 것은 적당하지 못하고, 또 사신이 묵는 태평관(현 태평로)과 가까우니, 정릉을 속히 도성 밖으로 옮기도록 하소서." 하였으므로, 임금이 그대로 따랐다.

결국 이방원은 도성 안에 있던 신덕왕후의 정릉을 도성 북쪽으로 옮깁니다. 이성계가 정성껏 조성한 병풍석 등의 봉분 주변 석재들은 옮기지 않고 매우 초라하게 조성을 하게 되죠. 이곳이 바로 지금의 성북구 정릉동입니다. 그래서 그 뒤 서울에는 두 개의 정릉동이 존재하게 되었습니다(덕수궁 주변의 옛 정릉동은 현재 '정동'이라 부름).

▲ 태종은 정릉의 난간석을 청계천 다리를 만드는 데 사용하였다.

신덕왕후에 대한 태종 이방원의 복수는 여기서 끝나지 않았습니다.

> 1410년 8월 8일, 큰 비가 내려 물이 넘쳐서 백성 가운데 빠져 죽은 자가 있었다. 의정부에서 아뢰기를, "청계천 광통교의 흙다리가 비만 오면 곧 무너지니, 청컨대 옛 정릉의

돌로 돌다리를 만드소서." 하니, 임금이 그대로 따랐다.

▲ 신덕왕후의 정릉. 태종 이방원에 의해 지금의 성북구 정릉으로 옮겨지지만 병풍석은 모두 청계천 다리를 만드는 데 사용되고 지금의 정릉은 병풍석과 난간석도 없는 능이 아닌 묘의 형태를 띠고 있다.

정말 대단하죠? 새어머니였던 신덕왕후 묘의 석재를 사용해 돌다리를 만들고 그것을 백성들이 밟고 지나가게 한 것입니다. 실제로 지금의 청계천 광통교에 가보면 그 흔적이 남아 있습니다. 무심코 스쳐 지나가는 도심 속 돌다리 하나에 600년 전 어지러운 정치 상황과 한 임금의 복수극이 그대로 배어 있지요.

그래도 이방원은 이성계의 뜻대로 아버지 고향에서 갈대를 옮겨와 봉분에 심었습니다. 그래서 지금의 건원릉은 잔디가 아닌 갈대로 덮여 있습니다.

비록 자신이 원하는 곳에 묻히지는 못했지만 조선 최고의 명당자리라 일컫는 건원릉 때문이었을까요? 아들 태종 이방원은 조선 최고의 성군이 되는 충녕대군(훗날 세종)에게 왕위를 물려주고, 조선왕조는 작지만 강한 나라로 성장할 준비를 해나가게 됩니다.

관련 왕릉을 알아봅시다!

■ 태조의 계비 신덕왕후 강씨의 정릉

서울 성북구 정릉동 산87-16 | 사적 제208호 | 1409년(태종9) 조성

정릉은 태조의 계비 신덕왕후의 능이며 단릉으로 조성되었다. 처음에는 덕수궁 뒤편인 지금의 정동 자리에 능역이 조성되었으나, 태종이 왕위에 오르면서 신덕왕후는 평민으로 강등되고, 현재의 위치로 옮겨졌다. 이후 태종은 정동의 정릉 영역에 있던 나무를 베어 세도가들이 저택을 짓는 것을 허락하고, 능의 석물을 청계천 다리(지금의 광교) 복구에 사용하는 등 신덕왕후가 죽어서도 처절한 복수극을 벌였다.

■ 동구릉

동구릉은 도성 동쪽에 9기의 능이 있는 곳이라 하여 1대 태조의 건원릉을 비롯해 5대 문종의 현릉, 14대 선조의 목릉, 16대 인조의 계비 장렬왕후의 휘릉, 18대 현종의 숭릉, 20대 경종의 정비 단의왕후의 혜릉, 21대 영조의 원릉, 24대 헌종의 경릉 등이 건원릉을 중심으로 위치해 있다. 사적 제193호.

후릉 【제2대 정종】

오랜 세월 방치된 처량한 임금의 능

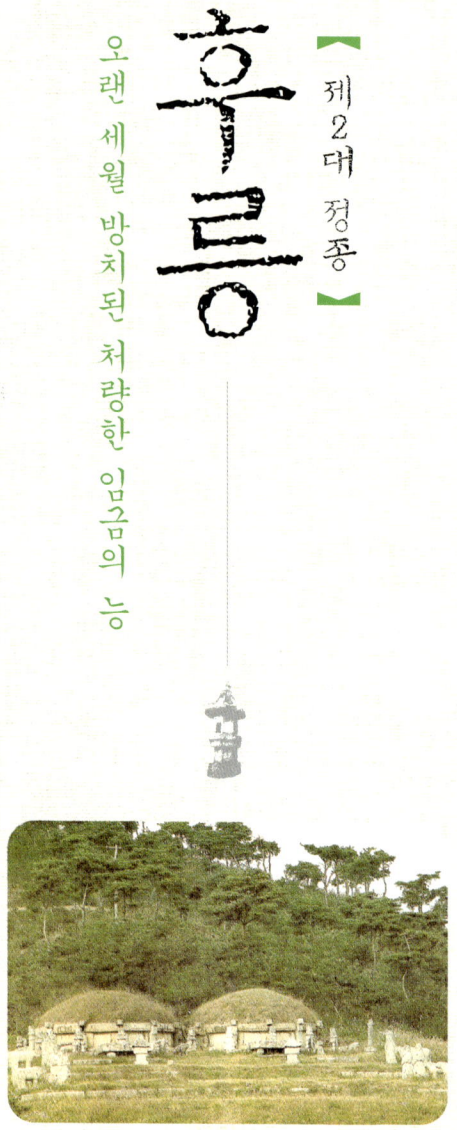

○ 황해북도 개풍군 영정리 | 북한 보존급문화재 제551호

후릉은 제2대 정종과 정종의 비 정안왕후의 쌍릉으로, 황해북도 개풍군 영정리 백마산에 위치해 있다. 고려 공민왕과 노국공주(공민왕과 결혼한 원나라 위왕의 딸)의 능인 공민왕릉을 모방하여 만든 능으로, 정종보다 7년 먼저 숨진 정안왕후의 능이 '후릉'이라는 능호를 받았는데, 후에 조성된 정종의 능도 정안왕후의 능호를 이어받았다.

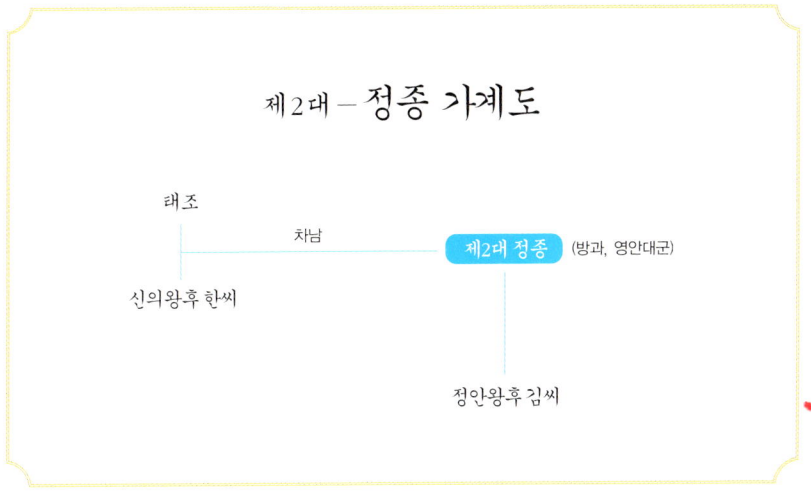

조선 제2대 임금이었던 정종대왕. 그는 동생 이방원이 차기 임금에 오르기 전까지 형식상 임금의 자리에 올랐고, 재위기간 역시 2년여도 되지 못한 채 바로 동생에게 왕위를 내어준 임금입니다.

   임금이지만 모든 권한은 동생 이방원에게 있었고, 이방원이 자신의 체제를 구축할 공백기 동안 형식적인 임금으로 존재했던 거지요. 그래서일까요? 조선왕조는 그를 정식 왕으로 인정하지 않았습니다. 우리가 그를 정종이라 부른 것은 그가 승하한 지 300여 년이 지난 숙종 대에 이르러서입니다.

   그전까지 실록이나 모든 공식기록에서는 그를 '공정왕'이라 불렀습니다. 원래 임금이 승하하면 종묘에 위패를 모시게 되고, 묘호(종묘에 모시는 이름)를 정하지요. 우리가 부르는 세종, 세조 같은 묘호가 바로 종묘에 올리는 이름입니다. 그런데 정종은 처음에 그 이름이 오르지 않았습니다. 왕릉 역시 홀로 북한 개성의 고려 귀족들 무덤군에 조성되어 조선왕릉 중 유일하게 가볼 수 없는 왕릉이 되었습니다.

　왕이었지만 왕이 되고 싶지 않았던 왕, 그래서 왕으로 인정받지 못했던 왕, 그가 바로 정종대왕입니다.

■ 이방원과 정도전의 동상이몽

　건원릉의 주인공인 태조 이성계는 두 명의 부인 아래 여덟 명의 아들이 있었습니다. 그중 조선 개국에 막대한 공헌을 한 다섯째 아들 이방원은 누구도 의심치 않았던 유력한 차기 임금이었습니다. 강한 카리스마와 리더십으로 주변에 늘 사람들이 많았죠. 그러나 그의 앞길을 가로막는 복병이 있었으니, 그가 바로 정도전입니다.

　'동상이몽'이라는 말은 바로 이방원과 정도전을 두고 한 말이 아닐까 싶습니다. 새 나라 조선에 대해 이방원은 힘이 강한 왕이 훌륭한 신하들을 등용해 정치를 하는 나라, 정도전은 똑똑한 신하들이 임금을 도와 정치를 하는 나라로 생각했던 겁니다. 이런 와중에 정도전은 자신이 꿈꾸는 나라를 만들기 위해 이성계의 두 번째 부인 신덕왕후와 접촉하며 그녀의 둘째 아들이자 이성계의 여덟째 아들인 어린 꼬마 이방석을 세자 자리에 앉히는 데 성공합니다.

　이 소식을 들은 이방원은 매우 화가 났을 것입니다. 하지만 참을 수밖에 없었습니다. 그런데 이방원의 화를 돋우는 결정적인 사건이 터지고 맙니다.

　당시 정도전은 지금의 국방부장관 격인 위치에 있었는데, 대대적인 군사 훈련을 명분으로 이방원을 비롯한 모든 왕자들의 사병(고려 귀족들은 모두 자신의 개인 군사를 가지고 있었는데 이를 '사병'이라 함)을 국가 병력으로 편입시키려 한 것입니다. 그렇지 않아도 세자 책봉 문제로 심기가 불편했던 이방원은 더 이상 정도전을 내버려둘 수가 없었습니다. 이방원을 중심으로 한 왕자들은 정도전, 10살 남짓한 신덕왕후 소생의 어린 세자, 그리고 세자의 형인 이방번까지 죽이고 마는 '왕자의 난'을 일으키게 됩니다.

이를 지켜본 늙은 아버지 태조 이성계는 할 말을 잃었습니다. 천하를 다스렸던 이성계도 자식을 마음대로 다스릴 수는 없었나 봅니다.

이렇게 한 세대가 지나 권력을 잡은 다섯째 아들 이방원은 다음 왕은 마땅히 큰아들이 이어받아야 한다며 둘째 형인 이방과(장남인 이방우는 이미 죽었음)에게 세자 자리를 권합니다. 1398년 당시의 순간을 실록은 이렇게 기록하고 있습니다.

이때 사람들이 모두 임금에게 청하여 다섯째 아들 이방원을 세자로 삼고자 하였으나, 이방원이 굳이 사양하면서 둘째 이방과를 세자로 삼기를 청하니, 이방과가 말하였다.
"새 나라를 세워 오늘날까지 이르게 된 것은 모두 내 동생 이방원의 공로이니, 내가 감히 세자가 될 수 없다."
이에 이방원이 사양하기를 더욱 굳게 하면서 말하였다.
"나라의 근본을 정하고자 한다면 마땅히 큰아들에게 있어야 할 것입니다."
이방과가 말하였다.
"정이 그렇다면 내가 마땅히 처리함이 있겠다."
이에 이방원이 백관들을 거느리고 임금께 가서 아뢰기를,
"맏아들을 세자로 세우는 것은 세상의 도리인데 전하께서 장자를 버리고 어린 자식을 세웠으며, 정도전 등이 세자를 감싸고서 여러 왕자들을 해치고자 하였으나 다행히 하

늘이 도우셔서 모두 처단되었으니, 원컨대 전하께서는 맏아들인 영안군(이방과)을 세워 세자로 삼게 하소서."
이에 임금께서 마침내 영안군 이방과를 세자로 삼는다는 왕명을 내리었다.

▲ 태조는 마지못해 둘째 아들 이방과를 세자로 임명한다. 그리고 그 뒤에는 이방원이 있었다.

■ 뜻하지 않게 임금이 된 정종

 이렇게 해서 조선 제2대 임금의 자리에 오른 정종은 나라의 중요한 일들을 모두 동생에게 결재받으며 정치를 했습니다. 본인 스스로도 임시 왕이라는 것을 알고 있었기에 부자연스러워야 할 이런 임금의 행동은 오히려 당연하게 받아들여지는 분위기였습니다.
 사람들은 이방원이 언제 왕위를 물려받을까 하는 것에만 촉각을 곤두세우고 있었죠. 더욱이 정종은 총 여덟 명의 부인과 17남 8녀의 대가족을 이룬 가장이었지만 정비인 정안왕후는 유독 자식이 없었기 때문입니다. 이는 정종 입장에서는 참으로 다행스러운 일이 아닐 수 없었습니다. 만약 그에게 정비 소생의 큰아들이 있었다면 상황은 또 달라질 수 있었을 것입니다. 이방원이 아버지 이성계에게 주장한 바에 따르면 왕위는 맏아들에게 물려주는 것이 세상의 이치라 주장을 했는데, 만약 정종에게 맏아들이 생기면 그가 왕위를 물려받을 명분이 없어지니 말이죠.
 그렇게 해서 이미 예정된 각본대로 신하들은 정종의 뒤를 이을 차기 왕을 세자로 앉히기 위해 상소를 하기 시작합니다. 1400년 1월 28일자 실록에는 다음과 같은 기록이 있습니다.

> 임금이 즉위한 뒤에 남재가 대궐 뜰에서 크게 말하기를,
> "지금 곧 마땅히 정안군(이방원)을 세워 세자로 삼아야 한다. 이 일은 늦출 수가 없다."
> 하였으므로, 정안군이 듣고 크게 노하여 꾸짖었다.
> 임금에게 적자(정비 소생의 맏아들)가 없었으므로, 당시 사람들은 모두 마음속으로 정안군 이방원이 세자가 되리라 생각하였다.

어차피 자신이 왕위를 물려받을 것을 알고 있지만 그 말을 한 신하에게 호통을 치는 이방원의 모습입니다. 좀 아이러니한 상황이지요? 어쨌든 이 일이 있은 지 한 달 후 정종은 동생을 세자로 삼겠다는 어명을 내립니다.

> 하윤 등이 청하였다.
> "정도전의 난에 만일 정안대군(이방원)이 없었다면, 또한 어찌 오늘이 있었겠습니까? 청하건대, 정안대군을 세자로 삼으소서."
> 임금이 말하기를, "경 등의 말이 심히 옳다." 하고, 드디어 도승지 이문화에게 명하여 어명을 전달하였다.
> "내가 덕이 적고 우매한 몸으로 큰 대업을 이어받은 지 이제 2년이 되었다. 돌아보건대, 적장자가 없고 다만 서얼(후궁 소생)이 있는데, 유약하고 지혜스럽지 못하니, 밤낮으로 조심하고 두려워하여 감히 편안할 겨를이 없다. 내 동생 정안대군(이방원)은 기운과 자질이 뛰어나 태상왕(이성계)을 보좌하여 개국의 공을 세웠고, 과인의 몸을 호위하여 정사의 공을 이루었다. 그러므로 왕세자로 삼고 또한 그에게 나라와 군대의 모든 일을 맡도록 명하노라…"

이때 한 신하가 말하기를,

"옛날부터 제왕이 형제를 세우면 모두 황태제(皇太弟)로 봉하였고, 세자로 삼은 일은 없었습니다. 청하건대, 왕태제를 삼으소서." 하니, 임금이 말하기를,

"지금 나는 직접 이 아우로 아들을 삼겠다." 하였다.

  동생이 왕위를 물려받을 경우에는 '세제'라는 말을 사용합니다. 그런데 당시 정종은 아우 이방원을 분명 '세자'로 삼는다고 합니다. 이는 아마도 동생이 강조한 '맏아들 계승'이라는 명분을 세워주기 위함이었을지도 모르겠습니다.

  세자로 동생 이방원을 책봉한 정종은 이 일이 있은 지 9개월 뒤 완전히 양위하고 상왕으로 물러나게 되니, 이방원이 조선 제3대 임금으로 등극합니다. 비록 은퇴한 처지였지만 정치적으로 조금만 민감한 언행을 해도 주변인들이 이를 과장해 결국 비극을 초래하는 경우가 있기 때문에 정종은 아예 정치와 담을 쌓고 격구(지금의 골프와 같은 운동)를 즐기며 여생을 보냅니다. 그리고 조카인 세종이 왕위에 오른 다음 해인 1419년 한양이 아닌 개성에서 생을 마감하고 그곳에서 영면하게 됩니다.

  정종의 능인 후릉은 개성에 있습니다. 왕릉의 위치만으로도 조선왕조는 그를 왕으로 인정하지 않았습니다. 원래 왕릉은 도성(한양)으로부터 80리 안에 조성해야 한다는 국법에도 불구하고 그의 능은 개성으로 정해집니다. 게다가 늘 관리가 되어오던 다른 왕릉에 비해 마치 후손 없는 무연고 묘처럼 후릉의 상태는 오랜 세월 방치한 처량한 느낌마저 줍니다.

  후릉은 봉분을 둘러싼 곡장이 이미 파손되었고 뒤의 병풍석도 없습니다. 마치 힘없는 허수아비 왕 정종의 정치 인생처럼 말이죠. 하지만 정종은 시대

의 흐름을 아는 동생 이방원보다 한 수 위의 정치가였는지 모릅니다. 상왕으로 물러난 뒤 남은 생을 가족들과 함께 편하게 즐기다 승하하셨으니 말이죠.

➜ 정종의 즉위식이 거행되었던 경복궁 근정전

제2대 | **정종 후릉** – 오랜 세월 방치된 처량한 임금의 능

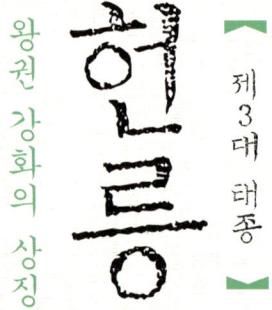

헌릉

제3대 태종

왕권 강화의 상징

○ 서울 서초구 헌인릉길 42 | 사적 제194호 | 1420년(세종2) 조성

헌릉은 태종과 원경왕후의 능이 같은 언덕에 조성된 조선의 대표적인 쌍릉이다. 이곳에는 제례의 마지막에 지방을 태우는 '소전대'라는 석물이 있는데, 이는 태조 건원릉과 헌릉에서만 볼 수 있다. 원경왕후는 태종보다 2년 먼저 승하했는데, 1422년(세종4) 태종이 승하하자 세종은 어머니 원경왕후의 능 옆에 아버지를 모시고 쌍릉을 조성했다.

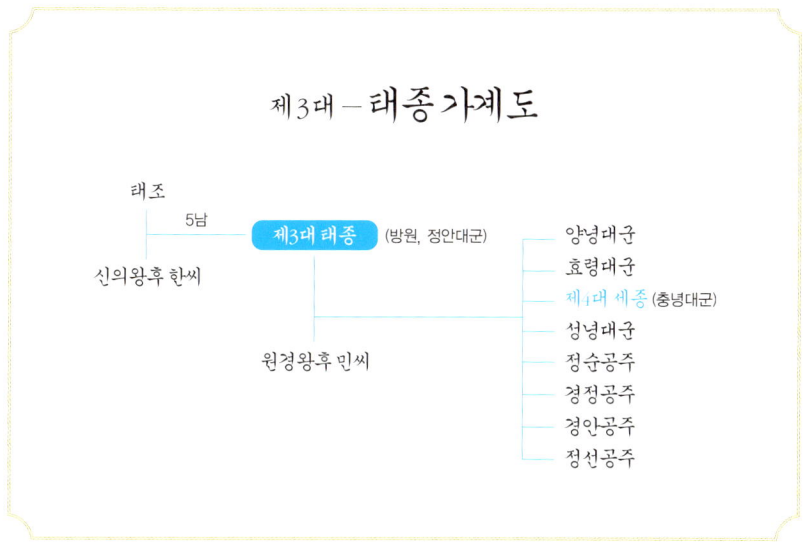

친형인 정종에게 왕위를 물려받은 이방원은 조선 제3대 임금으로 등극합니다. 이방원은 이복동생을 죽이는 등 아버지 이성계에게 비극을 안겼지만, 이성계가 조선을 개국하는 데 결정적인 역할을 한 개국공신이었습니다.

고려 말 당시의 조정은 고려왕조를 이어가자는 정몽주 세력과 새로운 나라를 만들자는 정도전 세력으로 나뉘어져 있었습니다. 정몽주는 이성계가 사냥을 하다 중상을 입자 그 기회에 정도전 세력을 모두 제거할 계획을 세우는데, 이때 이방원이 정몽주를 죽이고 정도전과 함께 힘을 모아 공양왕을 폐위시킨 뒤 아버지인 이성계가 왕위로 등극하는 데 결정적인 역할을 했습니다. 하지만 조선 개국 후 정도전과의 불화로 개국공신에 자신의 이름이 빠지고, 세자 자리마저 배다른 어린 동생이 차지하게 되니 이방원은 결국 왕자의 난을 일으켜 왕위에 오르게 됩니다.

▲ 태종이 잠들어 있는 헌릉의 석물

■ **왕권이 강한 나라를 꿈꾸다**

태종은 왕권이 막강한 나라를 꿈꾸었습니다. 그가 등극한 1400년은 나라가 세워진 지 10년도 채 안 되는 과도기였기 때문에 여러 가지 불협화음이 많았을 것입니다. 하지만 태종은 강력한 왕권을 바탕으로 아버지가 이루어 놓은 터에 기둥을 세우고 지붕을 얹었습니다.

먼저 그는 귀족들의 사병을 모두 국가 소유로 만듭니다. 이 장면은 앞서서도 나왔었죠? 아이러니하게도 이방원이 정도전을 죽인 이유 중 하나가 왕족이 소유하던 사병을 국가에 귀속시키려 했다는 것인데, 정작 그가 권력을 잡고 나니 역시 다른 사병을 없애려 노력합니다. 이렇게 사병이 국가의 병사로 귀속되니 국방이 강해질 것이고 병권을 쥐고 있는 임금의 힘은 더욱더 강해졌습니다.

다음은 행정권을 장악할 차례입니다. 당시 조선의 권력 구조는 임금과 의정부(영의정, 좌의정, 우의정의 합의기관) 그리고 6조(이조, 병조, 예조 등)였습니다. 오늘날로 치자면 대통령과 국무총리 그리고 각 부처의 장관들로 비유될 수 있겠죠. 즉, 각 행정 부서에서 어떤 사안들이 나오면 국무총리(의정부)가 그 사안을 어느 정도 판단하고 정리해 대통령(임금)에게 보고하는 구조입니다.

이는 대통령(임금)이 가장 위에 있는 듯 보이지만 중요 사항들은 모두 국무총리실(의정부)에서 결정을 하기 때문에 상대적으로 대통령(임금)의 결정권이 줄어들게 됩니다. 결정할 일이 줄어든다는 것은 그만큼 대통령(임금)의 힘 약해진다는 뜻이지요. 그래서 태종은 의정부를 거치지 않고 모든 사안을 바로 임금에게 보고하도록 합니다. 임금은 일이 많아지지만 그만큼 왕권은 강화가 되겠죠. 이 제도를 '육조직계제'라고 부릅니다.

■ 천하의 태종, 아들에게 항복하다

역사는 반복된다고 했던가요? 자신 때문에 마음고생을 했던 태조 이성계처럼, 태종 이방원도 자식 때문에 마음고생을 했습니다. 태종의 첫째 아들 양녕대군이 영락없이 자신을 닮아버린 겁니다. 실록을 보면 자식 때문에 마음고생이 심했던 태종의 모습이 그림처럼 떠오릅니다.

1405년 10월 21일, 세자(양녕대군)가 공부를 게을리 하므로 임금이 노희봉을 시켜 좌우에서 시중드는 내시에게 볼기를 때렸다.

1406년 4월 18일, 임금이 말하기를,
"이제부터 세자 교육을 담당하는 자들은 세자가 식사하거나 움직이거나 가만있을 때에도 절대 좌우를 떠나지 말고, 장난을 일체 금하여 오로지 학문에만 힘쓰도록 하라. 세자가 만약 듣지 아니하거든 곧바로 내게 와서 고하라." 하고, 또 세자의 시중드는 이들을 불러 꾸짖었다.
"요즘 들건대, 세자가 학문하기를 매우 좋아하지 않는다고 하니, 사실은 너희들의 소치이다. 세자가 만약 다시 학문에 힘쓰지 아니하면, 마땅히 너희들을 죄 줄 것이다."

이렇게 세자(양녕대군)가 학문에 관심이 없고 놀기만 좋아하니 태종의 마음은 오죽했을까요? 그런데 세자의 동생인 셋째 충녕대군(훗날 세종)은 의젓하고 총명하며 성실하기까지 했습니다.

1416년 1월 9일, 세자가 몸치장을 하고는 "내 모습이 어떠한가?"라고 주변 사람들에게 말을 하니 옆에 있는 충녕대군이 "먼저 마음을 바로 잡은 뒤에 용모를 닦으시기 바랍니다." 하자 주변 사람들이 감탄하며 "충녕대군의 말씀이 정말로 옳습니다. 저하께서는 이 말씀을 잊지 말기를 바랍니다." 라고 하니 세자가 매우 부끄러워하였다. 그 뒤에 세자는 왕비(원경왕후)에게 이 사실을 말하였다.

"충녕의 어짊은 우연한 것이 아닙니다. 국가의 대사를 장차 함께 의논하겠습니다."

왕비가 이 말을 임금에게 하니, 늘 세자를 걱정했던 주상(태종)의 마음이 편치 아니하였다.

■ 태종, 세자를 폐하다

시간이 갈수록 세자는 점점 태종의 기대를 저버리게 되고, 셋째 충녕대군은 볼 때마다 새로운 재능과 가능성들이 보이니 태종은 결국 왕위를 셋째인 충녕에게 넘기기로 결심합니다. 생각해 보면 태종이 배다른 어린 동생 이방석을 죽인 명분이 왕위는 맏아들이 물려받아야 한

▲ 태종은 첫째가 아닌 셋째 아들에게 옥새를 내렸다.

다는 것이었는데, 정작 그 역시도 맏아들이 아닌 셋째에게 왕위를 물려주게 되었습니다.

1418년 6월 3일, 임금이 "무릇 사람이 허물을 고치는 것은 쉽지 않은 일이다. 세자의 행동이 지극히 무도하여 종사를 이어받을 수 없다고 대소신료가 이미 주청하였기에 이에

세자 '이제'를 폐하여 광주로 추방하고 충녕대군 '이도'를 왕세자로 삼는다." 하였다.

태종은 셋째 충녕에게 세자 자리를 물려주고 바로 두 달 후에는 옥새마저 내어줍니다. 10년 넘게 국왕수업을 받았던 맏아들 양녕에 비해 전혀 수업을 받지 못한 충녕을 바로 실전에 투입하려는 목적이었지요. 또한 태종에게는 시간이 없었습니다. 점점 노쇠해져가는 자신의 건강과 자신이 해야 할 굳건한 왕권 강화를 위해 전력을 다할 수밖에 없었습니다.

하지만 태종은 고민이 있었습니다. 바로 자신이 만든 육조직계제를 통해 제도적으로는 분명 왕권이 강화되었지만 거기에는 복병이 있었기 때문입니다. 그것은 다름 아닌 개국공신들의 막강한 힘이었습니다. 목숨을 걸고 태종을 도와 조선개국과 왕자의 난을 도운 이들은 분명 태종 자신에게는 충성스런 신하가 될 수 있으나 아들인 세자가 왕이 된 후에는 정치적 부담세력으로 등장할 수 있다고 생각했던 것입니다. 당시 그들의 위세는 그만큼 대단했지요.

사실 태종의 이 같은 염려는 이미 10여 년 전부터 시작되었습니다. 태종의 첫 번째 목표는 세자의 삼촌들이었습니다. 태종 자신에게는 처남이 되는 민무구, 민무질 형제를 불충을 이유로 유배를 보내고 자진을 명합니다. 태종은 치밀했습니다. 측근들을 불러 계속해서 민씨 형제의 죄를 상소하게 만들고 자신은 계속해서 죄를 물을 수 없다고 반대를 하죠. 그러다 나중에 신하들의 상소가 끊이질 않아 어쩔 수 없이 자진 명령을 내린다는 식으로 그들을 제거합니다.

그의 다음 목표는 외척세력들이었습니다. 훗날 조선왕조가 급격히 몰락한 것은 왕권이 약해지면서 나타난 왕실의 친척세력과 외척세력의 등장 때문이었습니다. 이를 이미 알고 있었던 태종은 훗날 세자(세종)가 왕이 되면 가장 부담이 될 인물로 장인인 심온을 주목합니다.

세자에게 왕위를 넘긴 그해에 태종은 사돈인 심온에게 영의정이란 높은 관직을 주고 중국에 사신으로 보내죠. 그리고 심온이 중국으로 떠난 사이 태종은 역시 측근들과 짜고 없는 죄를 만들어 심온에게 사형을 내립니다. 잔인할 정도로 냉엄한 태종의 모습이 아닐 수 없습니다.

태종은 이렇게 세종에게 정치적으로 부담을 줄 수 있는 가능성들을 제거해 나갑니다. 또한 상왕으로 물러난 이후 국왕수업을 받지 못했던 세종에게 밤낮으로 많은 것을 교육시켰습니다. 그래서 당시 세종의 업무는 어마어마했다고 합니다. 그렇게 4년의 시간 동안 태종은 아들 세종에게 서서히 정권을 이양합니다. 말 그대로 한 치의 공백도 없는 완벽한 정권 이양이었습니다.

사람들은 입에 침이 마르도록 세종대왕을 언급하고 그의 업적을 칭송합니다. 하지만 세종의 찬란했던 업적은 할아버지 태조가 땅을 다지고, 아버지 태종이 기둥을 세우고 지붕을 얹었기에 가능했던 것입니다. 그래서일까요? 태종이 영면해 있는 헌릉에 가면 자식의 앞길을 위해 헌신했던 한 아버지로서의 태종의 모습을 생각하게 됩니다.

영릉 【제4대 세종】

정치 9단 세종, 문화강국 조선을 만들다

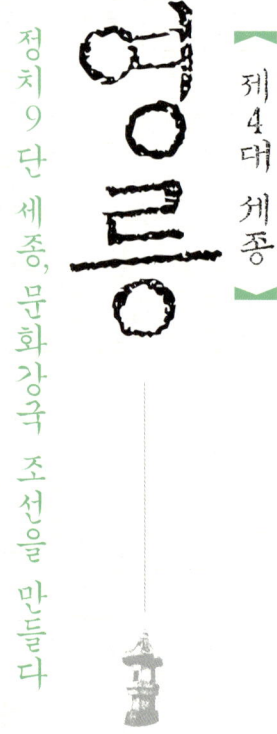

○ 경기도 여주군 능서면 왕대리 산83-1 | 사적 제195호 | 1469년(예종1) 조성

영릉은 세종과 소헌왕후의 능으로 조선왕릉 중 최초로 한 봉분 안에 안장된 합장릉이다. 병풍석 없이 난간석만 설치하였으며, 혼유석 두 개를 마련하여 합장릉임을 표시하였다. 소헌왕후가 승하했을 당시에는 지금의 서울 서초구 내곡동 헌릉의 서쪽에 능을 조성했으나, 자리가 불길하다는 이유로 예종 대에 지금의 여주로 옮겨왔다.

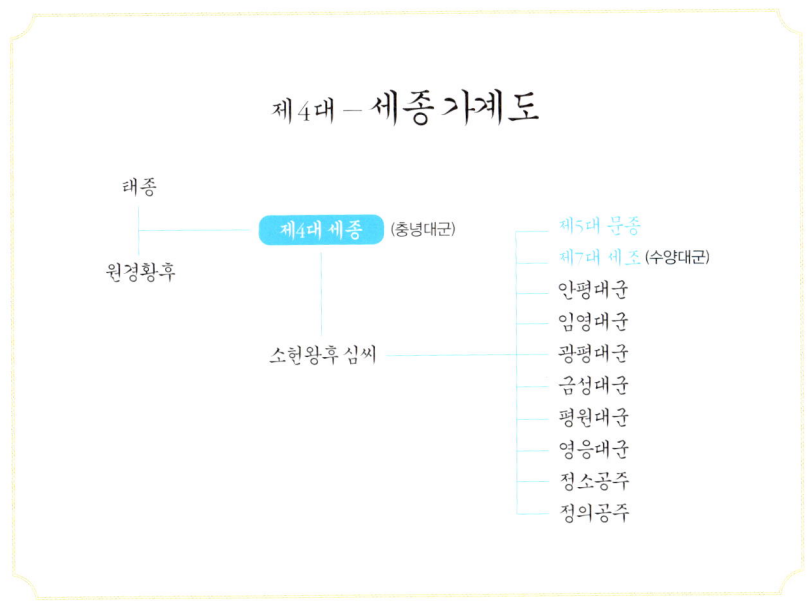

아버지 태종의 강력한 왕권 강화정책과 위험 세력의 정리, 그리고 아버지의 보호 아래 어떠한 정치적 혼란도 없이 권력을 이양받은 세종은 즉위 초부터 대왕으로서의 길을 걷게 됩니다. 물론 이러한 권력 승계를 전부 태종의 업적으로 돌리기에는 좀 그렇습니다. 왜냐하면 세종의 정치력도 무시할 수 없기 때문이죠.

 세종은 어렸을 때 자신을 예뻐해 주던 삼촌들이 억울한 누명을 쓴 채 모두 죽임을 당하는 상황에서도 전혀 흔들림이 없었습니다. 장인인 심온의 죽음 앞에서조차 세종은 어떠한 미동도 없이 부왕인 태종의 말을 따랐습니다. 장인이 죽음을 당한 지 얼마 되지 않아 태종이 연 연회에도 참여했으니 어쩌면 그는 일찌감치 정치를 알았던 것일지도 모릅니다.

정치가이자 예술가, 과학자, 철학자였던 세종대왕은 1418년 왕위에 오른 뒤 1450년 승하 전까지 32년간 조선왕조 제4대 국왕으로서 최고의 황금시대를 만들어냅니다. 한글, 집현전, 4군6진, 용비어천가, 종묘제례악, 앙부일구, 자격루, 측우기, 혼천의, 신기전, 농사직설, 금속활자…. 조선의 역사에서 정치, 경제, 사회, 문화, 예술, 국방 등 어느 하나 세종대왕의 손길이 닿지 않는 곳이 없습니다. 물론 그중에서도 최고는 한글 창제겠지요.

▲ 전 세계에서 가장 과학적이고, 유일하게 창제자와 창제의 원리가 전해지는 한글은 세종의 가장 큰 업적이다.

당시 수천 년을 이어온 한자에

▲ 영릉의 정자각

대항해 임금의 위치에서 고유 문자를 만들었다는 것은 그 자체가 대국 중국에 대한 반항이었습니다. 그래서일까요? 당시 많은 학자들은 지금껏 한자로 쌓아놓은 수천 년의 문화가 한글로 인해 사라진다고 믿어 엄청난 반대를 했습니다. 그래서 세종은 집현전 학자들이 아닌, 자신의 자식들과 함께 한글을 만들었다고 합니다.

▲ 영릉의 홍살문

■ **대왕 세종의 마지막 길**

세종대왕은 평생 동안 과도한 업무와 스트레스로 비만, 당뇨 등이 있어 건강이 극도로 악화되었다고 합니다. 자, 그럼 세종대왕의 죽음은 어땠을까요?

1450년 2월 4일, 임금이 영응대군 집으로 거처를 옮기니, 세자도 또한 옮기었다.

세종은 건강이 점점 악화되어 평상시 귀여워했던 막내아들인 영응대군 집으로 거처를 옮깁니다. 세종은 아마 마지막을 막내아들과 함께하고 싶었던 모양입니다.

> 1450년 2월 6일, 평안도 관찰사 박이창에게 병마 도절제사를 겸하게 하였다.

2월 6일이면 생을 마감하기 불과 10일 전입니다. 이미 눈도 거의 멀어 앞에 누가 있는지도 구분 못했던 세종은 이날도 신하들과 나랏일을 처리하고 있었습니다.

> 1450년 2월 9일, 임금의 병환이 나았으므로, 불당에 은혜를 갚는 제사를 지내었다.

그 후 상태가 약간은 호전되는 듯합니다. 그래서 불당에서 제사를 지냈다는 내용인데, 조선이 유교국가임에도 조선 초 인물인 세종은 개인적으로 불교 신자였습니다.

> 1450년 2월 11일, 평안도 도절제사 김종서에게 명하기를, "군사를 거느리고 올라오라." 하였다.

세종은 다가오는 죽음을 예견했을까요? 당신이 매우 아꼈던 김종서를 한성으로 부릅니다.

> 1450년 2월 15일, 스님 50명을 임금 계신 곳에 모아 주상의 쾌유를 빌게 하였으며 세자가 여러 신하를 나누어 보내어 종묘사직과 불당에서 기도를 드리게 하고, 또한 내의원에게 명하여, 모든 약을 올릴 때에는 반드시 의정부와 의논한 후에 들이게 하였다.

승하 이틀 전입니다. 아마도 이때 세종은 이미 의식을 잃어 혼수상태였을

지 모릅니다. 이런 아버지 세종을 살리기 위해 혼신을 다해 간병을 했던 세자(훗날 문종)의 모습이 떠오릅니다. 세종은 당시 모든 백성들에게 진실로 존경받는 아버지 같은 존재였습니다. 온 백성이 세종의 생사에 가슴을 졸이고 있었지요.

> 1450년 2월 16일, 임금의 병환이 위독하여 모든 업무를 정지하였다.

실록에 구체적인 내용은 적혀 있지 않지만, 이미 조정에서는 세종의 죽음에 대비해 계령이 내려졌을 것이고, 재궁(임금의 관)을 만드는 등 국상 준비를 하고 있었던 듯합니다.

> 1450년 2월 17일, 임금이 영응대군 집 동쪽 별궁에서 승하하셨다. 임금은 슬기롭고 도리에 밝으며, 마음이 밝고 인자하고 효성이 지극하며, 지혜롭고 용감하게 결단하며, 궁궐에 있을 때부터 배우기를 좋아하되 게으르지 않아 손에서 책이 떠나지 않았다.
> 일찍이 여러 달 동안 편치 않았는데도 글 읽기를 그치지 아니하니, 태종이 근심하여 명하여 서적을 거두어 감추게 하였는데, 한 책이 남아 있어 날마다 외우기를 마지않으니, 대개 천성이 이와 같았다.
> 즉위한 이후에도 매일 새벽 3시면 옷을 입고, 날이 환하게 밝으면 조회를 받고, 다음에 정사를 보고, 다음에는 윤대(백관이 차례로 임금에게 정치에 관한 의견을 아뢰던 일)를 행하고, 다음 토론에 나아가기를 한 번도 게을리하지 않았다. 또 처음으로 집현전을 두고 글 잘하는 선비를 뽑아 조언하고, 경서와 역사를 열람할 때는 즐거워하여 싫어할 줄을 모르고, 희귀한 문적이나 옛사람이 남기고 간 글을 한 번 보면 잊지 않으며….

다스리기가 처음과 나중이 한결같아, 문(文)과 무(武)의 정치가 빠짐없이 잘 되었고, 국악과 천문학 같은 것은 우리나라에서는 옛날에는 알지도 못하던 것인데, 모두 임금이 발명한 것이고…. 두 형에게 우애하니 사람이 이간질하는 말을 못하였다.
신하 부리기를 예를 갖춰 하고, 인륜에 밝았고 모든 사물에 자상하니…, 나라 안이 편안하여 백성이 살아가기를 즐겨한 지 무릇 30여 년이다.

결국 1450년 2월 17일, 세종대왕은 53세의 나이로 영면하게 됩니다. 그리고 30여 년 동안 그가 이룩해 놓은 유산으로 우리는 문화 강국의 반열에 올라서게 됩니다. 그 때문에 우리는 세종을 대왕이라 부르는 데 주저할 이유가 없습니다. 그런 세종대왕이었기에 그의 국장 내내 전국에서는 통곡 소리가 끊이지 않았다고 합니다. 이후 4~5개월이 지나 궁궐 내 국장 절차를 지내고 재궁은 장지인 영릉(서초동 대모산)으로 향합니다.

1450년 6월 6일, 재궁이 발인하였다. 임금이 백관을 거느리고 직접 수행을 하였으며 흥인문 밖에서 하직하는데, 곡성이 하늘을 진동하고 엎어져서 기절하는 사람도 있었다. 낮에 낙천정(지금의 뚝섬 지역) 앞에 머물렀다가, 삼전도(지금의 송파)를 건너, 산릉(현릉 옆 인릉영역)에 내리는 예를 행하였다.

세종은 승하 전에 이미 자신의 묏자리를 봐두었습니다. 부왕인 태종의 헌릉 옆(지금의 인릉 자리)이 바로 그곳입니다. 그리고 영릉에는 4년 전 승하한 부인 소헌왕후가 이미 영면해 있었습니다. 그러나 세종의 영릉은 본인의 의지와 관계없이 옮겨지게 되는데, 훗날 둘째 아들인 수양대군(훗날 세조)이 영릉의 이장을 추진했고, 결국 손자인 예종에 의해 18년 만에 지금의 경기도 양주로 다시 이장됩니다. 이장할 때에는 재궁만을 옮기고 석물 등은 모두 묻었다는 기록이 남아 있습니다.

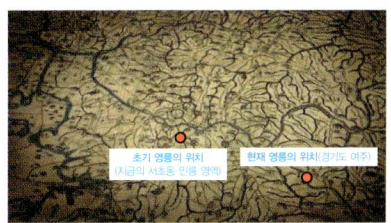
▲ 원래의 영릉과 지금의 영릉 위치

▲ 경기도 여주로 천장하면서 남겨진 초기 영릉의 석물들(세종대왕기념관 야외전시장)

■ 황제의 능이 된 영릉

그런데 영릉은 1970년대 들어 군사정권시대에 황제의 능으로 격상되는 이상한 사건이 벌어집니다. 조선왕릉 42기 중 이국적인 황제릉의 형태를 띠

▲ 이국적인 느낌마저 드는 영릉의 참도

는 곳은 고종황제과 순종황제의 능인 유릉과 홍릉이죠. 대한제국의 황제이니 당연한 것인데, 조선 전기 인물인 세종의 능이 황제릉이 된 것은 무슨 연유일까요?

   세종대왕릉은 1970년대 들어 군사정권에 의해 성역화되면서 많이 개조된 것입니다. 참도는 원래 두 개의 길로 조성되었는데, 영릉은 황제의 능처럼 세 개의 길로 조성되고, 박석을 들어낸 자리에는 모두 기계로 자른 네모반듯한 화강암이 깔렸습니다. 자연석 그대로인 박석은 우리나라에서만 볼 수 있는 고유한 우리 문화입니다. 그런데 마치 지하철 역사 내부의 바닥처럼 바꿔 놓은 것이죠. 또한 정자각의 계단도 다른 곳과 다르게 한 개를 더 붙였으며, 사초지 역시 주변의 소나무를 제거하고 잔디를 심었습니다. 왕릉 내에 있는 연못 역시 네모 모양에 둥근 섬이 전통적인 모양인데, 영릉은 인공적인 느낌이 나는 사각 연못으로 조성되었습니다.

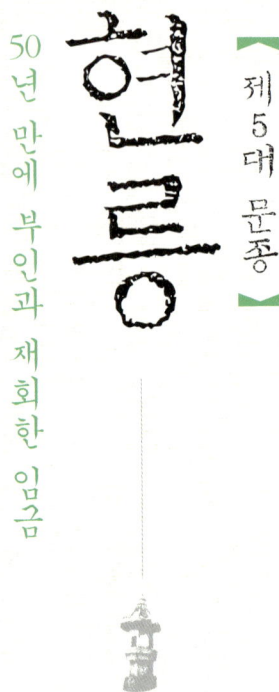

현릉

【 제5대 문종 】

50년 만에 부인과 재회한 임금

● 경기도 구리시 인창동 산6-3 | 사적 제193호 | 1452년(단종1) 조성

현릉에는 문종과 현덕왕후가 모셔져 있으며, 같은 능의 이름 아래 왕과 왕비의 능을 각각 다른 언덕 위에 따로 만든 동원이강릉이다. 현덕왕후는 단종을 낳고 24세의 나이로 승하하여 안산의 소릉에 안장되었으나 단종복위 사건에 의해 추폐되었다가 1512년(중종7)에 다시 복위되어 문종이 묻혀 있는 현릉으로 천장되었다. 두 능 사이에는 원래 소나무가 빽빽하게 있었는데, 저절로 말라 죽어 두 능 사이를 가리지 않게 되었다는 일화가 있다.

조선의 임금이 지녀야 할 덕목 중 가장 으뜸으로 치는 것이 효도입니다. 그리고 그 효를 평생 실천하려 노력했던 이가 바로 문종입니다.

1446년 어머니인 소헌왕후(세종의 비)가 위독해지자, "세자(문종)가 중궁(소헌왕후)의 병이 더하자 음식도 들지 아니하고 밤이 새도록 자지 아니하였다"라는 기록이 나옵니다. 물론 아버지 세종의 임종이 다가왔을 때도 세자는 식음을 전폐하고 오직 부왕인 세종의 병이 낫기만을 기원했습니다.

세종실록을 살펴보면 아버지와 어머니를 간병하며 부단히 노력하는 세자의 피눈물 나는 노력이 곳곳에 나옵니다. 그 모습을 상상하노라면 부모님에 대한 진정한 효가 무엇인지 보여주는 인물이 바로 문종이 아닐까 합니다.

■ 장남이 처음으로 임금이 되다

정종(2대)도 태종(3대)도 세종(4대)도 모두 장남은 아니었습니다. 세종은 성격이 여성스럽고 병약한 맏아들이 마음에 걸렸지만, 맏아들이 왕위를 물려받는 장자 계승의 원칙을 따르고 싶었습니다.

세종에게 평생 동안 가장 큰 정치적 부담은 다름 아닌 형님 양녕대군이었습니다. 왕위는 원래 자신의 자리가 아닌 형님의 자리였으니까요. 아버지의 명을 받들어 오른 자리였지만, 양녕대군이 원래 왕위를 물려받아야 할 맏아들이었다는 사실은 변함이 없었습니다. 그래서 세종은 주변의 걱정에도 불구하고 병약한 첫째 아들을 세자(문종)로 세웁니다.

■ 찬란한 치적에도 유명할 수 없었던 문종

문종은 30여 년 동안 세자의 신분으로 궁궐에서 생활을 하다 임금이 된 지 2년 3개월 만에 생을 마감한 불운의 왕으로 기억됩니다. 그러니 문종실록의 기록은 매우 미미하고, 역사에서도 그에 대한 소개는 그저 짧은 생을 마감한 임금 정도입니다.

그런데 재미있는 사실이 한 가지 있습니다. 세종실록에는 '세자'라는 단어가 무려 1,340번이나 나옵니다. 즉, 문종의 기록은 문종실록보다 세종실록에 더 많이 나옵니다. 8살 때 세자로 책봉된 후 본격적으로 국왕수업에 들어간 문종은 1442년 29세가 되면서부터 1450년까지 8년 동안 아버지 세종을 대신해 업무를 보기 시작합니다. 이때부터 세종은 눈이 거의 보이지 않는 등 건강이 매우 악화되었던 것 같습니다. 그래서 많은 학자들은 세종 후반기의 치적(신기전, 측우기, 고려사편찬 등)이 모두 세자 문종의 것이라는 데 이의를 달지 않습니다. 이런 그의 됨됨이는 가까운 신하들이나 아우들(수양대군 등)을 만날 때마다 문종이 했던 충고를 통해 잘 나타납니다.

"군주가 향락을 즐긴다면 비록 천 년을 살더라도 부족하겠지만, 그렇지 않으면 비록 1년이라도 또한 만족할 것이다. 반드시 나라를 근심하고 정사를 부지런히 해야 할 것이고 스스로 안 일해서는 안 된다."

또 신하들과 동생에게 늘 이르기를, "남녀와 음식의 욕심은 사람에게 가장 간절한 것인데,

▲ 세종 후기의 치적은 거의 세자인 문종의 치적이라 해도 과언이 아니다. 세계 최초의 측우기 역시 문종이 주도해 만든 것이다.

예부터 있는 집 자제들이 술과 여색으로 몸을 망치는 사람이 많이 있으므로, 내가 항상 여러 아우들을 볼 때마다 이 일로써 경계한다." 하였다.

■ 여복이 없었던 문종

문종은 또한 가장 여복이 없기로 유명한 임금이기도 합니다. 세종실록을 보면 다음과 같은 기록이 있습니다.

1429년 7월 20일, 임금이 근정전에서 부적을 만드는 등 온갖 해괴한 일을 벌인 세자빈 김씨의 폐빈에 대해 하교하였다.

첫째 부인과 생이별을 한 후 맞은 두 번째 부인 역시 또 한 번 해괴한 짓을 하다 발각돼 폐빈이 되고 맙니다.

1436년 10월 26일, 임금이 사정전에서 동성연애를 일삼는 세자빈 봉씨를 폐출시켰다.

그렇게 문종은 두 번째 빈과 또 한 번 생이별을 합니다. 그리고 맞이한 세 번째 세자빈 권씨와는 어땠을까요?

1437년 2월 28일, 양원 권씨를 왕세자비로 책봉하는 의식을 가졌다.

드디어 문종은 세자빈 권씨(현덕왕후) 사이에 귀한 아들을 얻게 됩니다. 그가 조선 제6대 임금인 단종입니다. 그러나 시아버지 세종과 남편 세자(문종)의 기쁨을 뒤로 한 채 세자빈 권씨는 원손(단종)을 낳은 지 하루 만에 생을 마감합니다.

생이별과 사별의 충격이 너무 커서였을까요? 그 뒤로 세자는 더 이상 부인을 얻지 않고 세종 승하 후 5대 임금으로 왕위에 오르게 됩니다.

■ **이별과 재회**

왕위에 오른 지 2년 3개월 만인 1452년, 경복궁에서 승하한 문종은 원래 아버지와 할아버지가 계신 서초동 대모산 자락의 헌릉과 영릉(지금의 인릉 자리)에 미리 묏자리를 봐두었는데, 나중에 구덩이를 파보니 계속 암반에서 물이

▲ 500년이 넘는 오랜 세월의 흔적이 남아 있는 현릉의 혼유석

나와 지금의 건원릉 동쪽 산에 안장되니 그곳이 바로 현릉입니다.

현릉을 보면 가운데 정자각을 중심으로 양쪽에 하나씩 봉분이 조성되어 있습니다(이를 하나의 언덕에 두 개의 작은 능이 각각 위치한다 해서 '동원이강릉'이라 함). 물론 하나는 문종, 또 하나는 문종의 마지막 비인 현덕왕후의 능입니다.

현덕왕후는 앞에서 언급했듯 아들(훗날 단종)을 낳고 바로 승하합니다. 그녀는 경기도 안산군(지금의 안산시)의 소릉에 안장되지요. 그 뒤 문종이 이곳 현릉에 들어오면서 안산의 소릉 역시 이장돼 문종과 현덕왕후는 11년 만에 재회를 하게 됩니다.

그런데 야사를 보면, 6년 뒤에 단종의 왕위를 빼앗은 문종의 동생(수양대군)이 7대 임금이 되면서 세조(수양대군)는 형수의 무덤을 파헤쳐 그 시신을 시흥 군자 앞바다 10리 밖에 버렸다고 합니다(시신을 버렸다는 얘기는 단지 야사에 전해지는 내용임). 세조는 어린 단종을 다시 왕위로 앉히기 위해 일으킨 사육신의 단종 복위사건 이후 단종을 왕이 아닌 군, 즉 왕자로 강등시키고 노산군이라 불리게 했는데 1457년 세조의 측근들은 아래와 같이 제안하게 됩니다.

> "노산군(단종)이 종사에 죄를 지어 이미 군(왕자의 신분)으로 강등하였으나, 그 어미(현덕왕후)는 아직도 왕후의 존칭을 받고 있으니 이는 마땅하지 않사옵니다. 청컨대 현덕왕후를 폐하여서 서인으로 만들어 개장(무덤을 옮겨 씀)하소서. 또한 종묘의 현덕왕후의 신주 또한 모두 철거하소서" 하니, 그대로 따랐다.

조카의 왕위를 빼앗고 거기에 형수의 묘까지 파헤쳐버리다니요. 어쨌든 그렇게 무덤 속에서 문종은 또 외로운 신세가 됩니다.

그 뒤 1513년 중종 대에 이르러 종묘의 신주가 선대 임금은 모두 왕비와 함께 모셔졌는데, 유독 문종만 홀로 신주가 모셔져 있어 신하들이 이를 건의해 그녀는 다시 왕후로 봉해집니다. 물론 그 이전에 무덤을 다시 현릉으로 옮겨야 했습니다.

▲ 시동생수양대군, 세조) 때문에 사랑했던 남편 곁을 떠나야했던 현덕왕후는 1513년 이곳에 안장된 후 이렇게 남편의 능을 지키고 있다.

1513년 4월 13일, 송일, 김응기 등이 아뢰기를,

"듣건대 안산에 있는 소릉은 원래 내재궁(관)만으로 장례하고, 또 천장할 때에 관 주변

을 회(석회)로 다지지도 않았다 하니, 필시 관도 없고 해골만 있을 것입니다(석회를 두르지 않은 무덤의 관은 대부분 썩어 없어져 인골만 남음). 보통 천장하는 사람들이 해골이 있으면 해골만 거두어 장례를 거행하고 만약 해골마저 나오지 않는다면 혼을 모셔 장사를 지냄이 어떠하리까?" 하니, 전교하기를,

"멀리서 헤아려서는 아니 되니 가서 직접 보고 일을 처리하라." 하였다.

그리고 드디어 1513년 4월 21일, 현덕왕후의 재궁은 그리도 그리던 남편 문종 곁으로 옵니다. 그러나 합장릉이 아닌 현릉 동쪽에 별도로 모셔지게 되죠.

새 현릉이 옛 현릉 동쪽에 있어 서로 멀지 않은데, 그 사이의 소나무 한 그루가 까닭 없이 말랐으므로 노역군이 이를 베니 가려진 것이 트여 두 능이 막힌 데가 없어졌다. 그러므로 사람들이 모두 문종과 현덕왕후의 혼령이 서로 감응한 바라 하였다.

이렇게 해서 문종은 친동생(세조)의 증손자인 중종에 의해 다시 50여 년 만에 현덕왕후와 재회를 하게 됩니다.

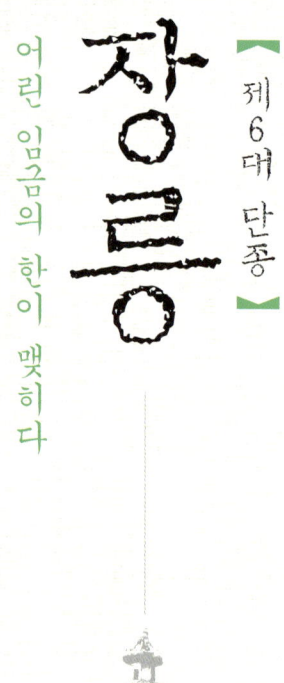

장릉 [제6대 단종]

어린 임금의 한이 맺히다

◎ 강원도 영월군 영월읍 영흥리 산133-1 | 사적 제196호 | 1581년(선조14) 조성

장릉은 단종의 능으로 단릉이다. 난간석, 병풍석, 무인석이 없고 석물 역시 왜소하고 간단하지만, 장릉의 능침에서 바라보는 전경은 아름답고 장엄하다. 1457년 단종이 숨을 거둔 뒤 시신은 영월의 동강에 버려졌으나, 충성심 강한 영월 호장 엄흥도가 시신을 거두어 동을지산 기슭에 암매장하였고, 이후 묘를 찾아 봉분을 갖추게 되었다.

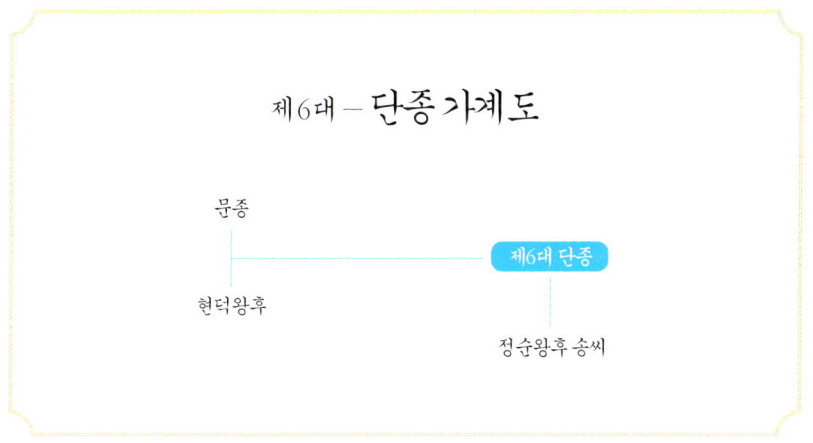

부모가 곁에 없다는 것은 진실로 슬픈 일입니다. 그런데 그 비극의 주인공이 바로 단종입니다. 가장 슬픈 삶을 마감했던 임금인 단종의 비극은 어머니 현덕왕후의 갑작스런 죽음으로 시작되었습니다.

현릉의 주인공이었던 현덕왕후는 1441년 아들 단종을 낳은 뒤 바로 생을 마감합니다. 어머니의 얼굴조차 모르는 어린 세손 단종은 할아버지 세종의 후궁이었던 혜빈 양씨에 의해 키워집니다. 그 뒤 9살 때 할아버지 세종대왕의 승하 후 세자로 책봉됩니다.

워낙 훌륭하신 할아버지와 아버지 밑에서 자란 단종이니 그 성품과 똑똑함이 두 사람을 능가할 정도였다고 합니다. 그러나 11살이 되던 해 부왕인 문종의 승하로 조선 제6대 임금으로 등극합니다. 할아버지, 할머니, 아버지, 어머니 모두가 하늘나라로 가시고, 넓디넓은 경복궁에 10살 남짓한 어린 왕은 왕실 어른의 보호도 받지 못한 채 홀로 남게 됩니다.

물론 당시 세종의 후궁인 혜빈 양씨가 있었으나, 후궁은 절대 정치에 참여

할 수 없다는 국법 때문에 어떠한 힘도 발휘하지 못하고 있었습니다. 단종의 증조할아버지인 태종 이방원이 그토록 갈망했던 '왕권이 강한 나라 조선'을 이끌어가기에 임금은 너무나 어렸던 것이지요.

왕권이 추락하니 자연스럽게 김종서, 황보인 등 신하의 힘이 강해지고, 이때 이를 못마땅하게 여긴 왕실 가족이 있었으니 바로 태종 이방원과 너무도 성격이 비슷한 작은아버지 수양대군이었습니다.

이방원이 신권의 상징인 정도전을 죽였듯, 수양대군은 김종서를 사살했습니다. 계유년에 일어난 이 사건을 역사는 '계유정난'이라 일컫습니다. 이제 조정은 수양대군의 세력들로 모두 채워졌고 한명회를 중심으로 그들은 단종을 폐위시키고 수양대군을 왕위에 앉히려는 음모를 시작합니다. 그들은 살생부를 만들어 자신들과 뜻을 함께할 수 없는 이들을 모두 제거하고, 어린 왕 단종을 궁지에 몰아넣죠. 그때 단종의 나이가 14살이었습니다. 14살의 나이에 주변의 신하들이 모두 피를 토하고 죽어가는 분위기였던 것입니다.

얼마나 무서웠을까요? 그러니 유일하게 의지할 사람은 역시 어린 중전(정순왕후)뿐이었을 겁니다. 그나마 중전의 집안이 힘이 좀 있었다면 정치적 보호막이 되었을 텐데, 정순왕후 송씨의 집안은 권세와는 거리가 먼 집안이었습니다.

이런 분위기에서 넓은 궁궐 안 어린 부부는 하루하루 눈물을 흘리며 지냈습니다. 왕은 허수아비였고 실질적인 권한은 수양대군에게 있었습니다. 이때 큰할아버지 양녕대군(세종대왕의 형)이 단종에게 양위를 언급합니다. 양녕대군은 누구인가요? 바로 아버지 태종 이방원에 의해 세자 자리에서 쫓겨난 인물입니다. 그 역시도 왕권이 강한 나라를 꿈꾸었던 인물이었습니다.

큰할아버지(양녕대군)와 주변 신하들의 강압적 분위기에 결국 어린 왕 단종은 경복궁 경회루에서 작은아버지 수양대군에게 옥새를 건네고 맙니다. 당시 도승지 성삼문을 중심으로 신하들은 통곡을 하며 양위를 반대했지만 권력의 흐름을 바꿀 수는 없었습니다.

▲ 아버지 문종과 어머니 현덕왕후가 떠난 궁궐에는 어린 왕 단종만이 남았고, 그것은 곧 비극의 시작이었다.

■ 상왕으로 물러난 어린 왕

이렇게 어린 왕은 상왕이 됩니다. 상왕이란 나이 많은 왕이 세자에게 왕위를 물려주고 앉는 자리인데 당시 임금(수양대군, 세조)의 아들뻘이었던 단종이 상왕이 되는 황당한 일이 벌어지죠. 물론 상왕 역시 폐위를 위한 하나의 단계였을 겁니다.

처음에 세조는 단종이 있던 창덕궁에 자주 들려 연회도 베풀고 사냥도 나가며 문안도 드리고 또 국가행사에도 참여시켰습니다. 그러나 한명회, 권람 등 세조의 측근들은 그런 세조의 행동이 못마땅했습니다. 그들에게 어린 상왕 단종은 언제든 세조의 자리를 다시 차지할 수 있는 존재였기 때문이죠.

바로 그때, 세조를 죽이고 어린 상왕 단종을 다시 임금의 자리에 앉히려는 '단종복위사건'이 터지고 맙니다. 단종은 이 같은 사실을 몰랐을 겁니다. 신하들의 충성이 결국 자신을 죽음으로 내몰았다는 사실을요.

성삼문을 중심으로 모인 그들은 당시 왕의 경호실장 격이었던 성승으로 하여금 창덕궁에서 열릴 예정이었던 연회 때 세조와 세자(세조의 맏아들 의경세자)를 죽인다는 계획을 잡습니다. 그러나 세조의 측근 한명회는 연회장이 비좁고 덥다는 이유로 경호원을 빼버리고, 그로 인해 그들의 계획은 수포로 돌아가고 맙니다. 이에 겁을 먹은 김질은 세조에게 고자질을 하여 단종복위사건은 실패로 돌아갑니다. 이 사건으로 거사에 참여하려 했던 모든 이들은 능지처참을 당하니 그들이 충절의 상징 '사육신' 입니다.

■ **죄인이 된 단종, 백성의 신분으로 강등당하다**

세조의 측근들에게 복위사건은 절호의 기회였습니다. 그들은 이 사건을 창덕궁 상왕인 단종과 억지로 연관을 짓고 단종의 상왕 지위를 박탈해 버립니다. 그때부터 단종은 왕이 아닌 왕자 노산군의 신분이 되어 강원도 영월로 유배를 떠납니다. 단종의 유일한 벗이며 반려자인 정순왕후와 생이별을 하면서 말이죠. 그때 나이 16세입니다. 권력이 무엇인지, 또 어떻게 권력이 움직이는지 단종은 그제서야 서서히 알게 됩니다. 하지만 이미 자신의 권력은 빼앗긴 뒤였죠.

강원도 영월의 청령포는 사람이 쉽게 접근할 수 없는 천혜의 요새 같은 곳이었습니다. 그곳에서 어린 왕 단종은 부인 송씨를 그리며 하루하루를 눈물로 지샙니다. 자신의 유일한 희망이요 안식처였던 송씨가 그리워 매일 작은 돌을 탑

▲ 부인 송씨를 그리며 단종은 매일 돌탑을 쌓았다.

처럼 쌓았다고 합니다.

　하지만 세조의 측근들은 단지 유배를 보내는 것으로 끝내지 않았습니다. 언제든 그 불씨가 다시 살아날 수 있다는 것을 알기에 단종을 죽음으로 내몰기 위해 안간힘을 다합니다. 그러한 사건은 또다시 현실로 나타납니다. 단종이 영월로 유배를 간 사이, 이번에는 세조의 동생이자 단종에게는 작은아버지인 금성대군이 또 한 번 노산군 복위사건을 계획하다 발각되어버립니다. 이는 세조 측근들에게 다시 한 번 기회를 준 셈이 되었죠.

> "금성대군 이유는 현저하게 대역을 범하였으니, 결단코 용서할 수가 없습니다. 또 지난해 성삼문 등이 노산군을 명분으로 내세우고 거사하려 하였는데, 이제 금성대군 또한 노산군을 끼고 역모를 일으키려 하였으니, 노산군도 역시 편히 살게 할 수 없습니다."

　결국 왕자의 신분으로 강등된 노산군은 다시 서인(일반 백성)으로 신분이 낮춰집니다. 이제 일국의 왕자가 아닌 일반 백성이 되어버린 겁니다. 얼마나 억울했을까요? 자신은 가만히 있었는데도 주변 신하들이 일으킨 거사로 고스란히 자신에게 화살이 향해졌으니 말입니다.

　밤마다 단종은 눈물을 흘렸을 것입니다. 옥새를 내놓은 것에 대한 후회, 부왕께서 주신 그 옥새를 지키지 못한 죄스러움이 자신 때문에 죽어간 수많은 충신들의 모습과 함께 밤새 스쳐 지나갔을 겁니다. 그렇기에 청령포 굽이굽이 흐르는 저 강물도 감히 이 어린 임금의 한 맺힌 눈물을 씻을 수는 없었을 것입니다. 그가 당시 지었다는 시 한 수를 통해 당시 단종의 심정을 한 번 더 느껴보면 좋겠습니다.

원통한 새 한 마리 궁궐에서 나온 뒤로
외로운 몸 짝 잃은 그림자 푸른 산을 헤매노나
밤마다 잠 청해도 잠들 길 멀기만 하고
해마다 한(恨)을 끝내려 애를 써도 끝없이 한뿐일세
울음소리 새벽 산에 끊어지면 그믐달이 비추고
봄 골짜기에 토한 피가 흘러 꽃 붉게 떨어지는구나
하늘은 귀먹어서 저 하소연 소리 못 듣는데
어쩌다 서러운 이 몸의 귀만 홀로 이리 밝았는고

■ 241년 만에 되찾은 왕위

1457년 어느 가을밤, 문밖 저 멀리서 말발굽소리가 들려옵니다. 단종은 직감을 합니다. 그들은 궁궐에서 나온 것입니다. 그리고 조용히 곤룡포로 갈아입죠. 그러고는 부왕 문종의 현릉을 향해 절을 합니다. 그것이 단종의 마지막이었습니다.

단종의 죽음은 정확하지 않습니다. 세조실록 1457년 10월 21일자에 "노산군이 스스로 목을 매어 죽었으니 예를 갖춰 장사를 지내주었다"는 기록이 나옵니다. 하지만 그 기록을 그대로 믿는 이는 없습니다. 야사에는 궁궐에서 사람이 나왔는데, 활줄로 목을 졸라 죽이고 그 시신을 동강에 던져버렸다고 전해집니다.

어쨌든 단종의 죽음은 운명과도 같았습니다. 그의 시신은 차디찬 동강에 던져졌고 당시 어느 누구도 감히 대역죄인 단종의 시신에 손을 댈 수가 없는 상황이었습니다. 이때 엄홍도라는 인물이 세 명의 아들과 함께 몰래 단종의 시신을 거둬 자신들의 선산에 매장을 하니, 그곳이 바로 장릉이 됩니다.

이곳을 장릉이라 부르고, 노산군을 단종이라 부르게 된 것이 그가 죽은 지 241년 후인 1698년 숙종 대에 이르러서입니다. 그러나 이곳 장릉은 정종의 후릉처럼 난간석과 무인석을 생략하고 그 규모도 매우 작습니다.

관련 왕릉을 알아봅시다!

- **단종의 비 정순왕후 송씨의 사릉**

경기도 남양주시 진건읍 사능리 | 사적 제209호 | 1521년(중종16) 조성

사릉은 단종의 비 정순왕후의 능으로 능침의 규모가 매우 작고, 병풍석, 난간석 등도 간소하다. 정순왕후는 1521년(중종16)에 승하하였는데, 숙종에 의해 노산군이 단종으로 복위되자 정순왕후도 함께 복위되었으며, 신위는 창경궁에 모셔져 있다가 종묘에 안치되었다. 평생 단종을 생각하며 일생을 보냈다 하여 능호를 '사릉(思陵)'이라고 붙였다.

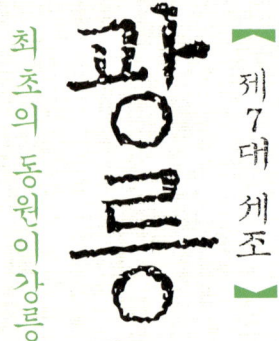

광릉

【 제7대 세조 】

최초의 동원이강릉

○ 경기도 남양주시 진접읍 부평리 산99-2 | 사적 제197호 | 1468년(예종1) 조성

광릉은 같은 산줄기에 왕과 왕비를 각각 따로 봉안한 최초의 동원이강릉이다. 세조의 유언에 따라 간소하게 만들어졌으며, 홍살문에서 정자각까지 이르는 참도가 없다. 광릉 자리는 원래 다른 이의 묏자리였으나 풍수상 길지라 하여 주인이 세조에게 바쳤다고 전해진다. 일부 풍수가들은 세조의 광릉 자리가 뛰어나 조선 500여 년을 세조의 후손들이 통치할 수 있었다고 전하기도 한다.

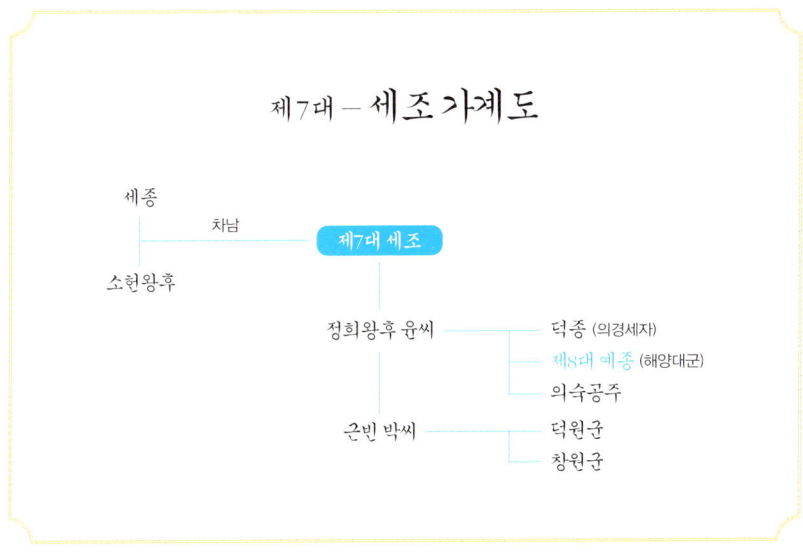

조선의 역사를 바꾼 최고의 성군 세종대왕도 쫓겨난 형(양녕대군)의 자리에 앉기에 평생 동안 죄책감을 갖고 살았다고 합니다. 그런데 아버지가 물려준 왕위도 아닌, 어린 조카의 왕위를 빼앗고, 게다가 그를 죽이기까지 한 세조는 어떠했을까요? 아마도 그 부담은 평생이 아니라, 죽은 뒤까지 안고 가야 하지 않았을까 합니다. 그래서인지 세조는 죽기 전에 "내가 죽으면 내 육신은 빨리 썩어야 한다. 그러니 석실과 석곽을 사용하지 말고 능의 병풍석 또한 세우지 말라!"는 유언을 했다고 합니다.

이 유언 한마디는 왕릉의 역사를 바꾸는 계기가 되었습니다. 다른 나라의 왕릉에 비해 검소한 조선의 왕릉이지만, 어쨌든 왕릉 조성에는 최소한 수천 명의 인원이 필요합니다. 사람의 힘으로 모든 것을 해야 했던 조선시대에는 석상 하나를 옮기기 위해 수많은 인부들이 피땀을 쏟았을 것입니다.

왕릉을 조성할 때는 거대한 화강암으로 석실을 만들고 그 안에 재궁(관)을 넣습니다. 그 다음 그 석실을 석회로 바른 후 흙을 덮게 됩니다. 그러나 세조는 화강암의 석실을 만들지 못하게 하지요. 그만큼 백성의 부담은 덜게 됩니다.

■ 인과응보, 계속되는 세조의 불행

　인과응보란 말이 있습니다. 죄를 지으면 반드시 그 대가를 받게 된다는 뜻이죠. 이는 바로 세조에게 어울리는 말이 아닐까 합니다.
　세조는 임금의 자리를 차지하기 위해 김종서를 비롯해 수많은 신하와 금성대군 등 친동생 그리고 조카 단종을 죽였고, 임금이 된 후에는 형수의 묘(문종 비 현덕왕후의 현릉)까지 파헤쳐 다른 곳으로 옮겨버립니다. 그래서일까요? 임금이 된 세조의 첫째 아들 의경세자는 얼마 안 되어 생을 마감합니다. 세조가 즉위하고 18세의 나이로 세자가 되었으나, 2년 뒤에 시름시름 앓다가 죽고 만 것입니다.
　이후 얼마 되지 않아 세조 역시 온몸에 난 종기로 고생하다 승하하게 됩니다. 야사에는 생전에 세조의 꿈에 자주 현덕왕후(단종의 생모)가 나타났는데 하루는 현덕왕후가 울면서 '왜 내 아들을 죽였는가' 라며 세조에게 침을 뱉어 그 뒤로 세조의 온몸에 종기가 번져 결국 그 병증으로 생을 마감했다는 이야기도 있습니다.
　어쨌든 1468년 둘째 아들인 예종에게 양위를 한 다음 날인 9월 8일 수강궁(현 창경궁 자리)에서 세조는 승하합니다. 그러나 가족들의 불행은 여기서 끝나지 않습니다. 둘째 아들 예종의 정비인 장순왕후가 17살의 나이로 요절합니다. 장순왕후의 아버지는 세조를 왕위에 앉힌 일등공신이며 수많은 사람들을 죽인 한명회입니다.

이후에도 불행은 끝이 없었습니다. 이번에는 세조의 뒤를 이은 조선 제8대 임금 예종이 즉위 14개월 만에 19세의 젊은 나이로 요절하게 되죠. 첫째 아들을 먼저 보내고 둘째 아들마저 짧은 생을 마감합니다. 이때도 사람들은 역시 세조가 단종을 죽여서 그 원한이 아들에게까지 미쳤다고 생각했습니다.

그리고 세조의 손녀 며느리로 한명회의 다른 딸이기도 한 제9대 임금 성종(세조의 손자)의 비 공혜왕후 역시 훗날 요절하죠. 당시 사람들은 이런 모든 비극이 세조의 인과응보라 생각했습니다.

■ 불교를 믿을 수밖에 없었던 세조

조선의 임금들 중 유독 불교에 많은 공을 쌓은 임금이 세조였습니다. 불교를 배척하고 유교를 국교로 백성을 다스리는 숭유억불정책은 조선왕조의 근본이 되는 사상입니다. 그런데 임금의 신분으로 감히 유교가 아닌 불교를 부흥시킨다는 것은 많은 모순이 있습니다. 물론 조선 초기였기 때문에 고려의 국교인 불교의 영향을 완전히 배제할 수는 없었을 것입니다. 아버지 세종도 불교 신자였고, 작은 아버지인 효령대군 역시 불교에 귀의할 정도니 말이죠. 하지만 그가 이토록 불교에 많은 공을 세운 이유는 왕위 찬탈 과정에 있습니다.

부모와 형제를 존경하고, 임금을 존경하는 행동과 정신이 유교의 근본입니다. 그런데 세조는 형을 배반하고 왕위에 오른 뒤 조카를 죽이는 패륜까지 저지릅니다. 유교적 관점에서는 절대 용서될 수 없는 행위였지요. 그래서 세조는 개인적으로 유교보다는 불교를 숭상한 왕이 되었다고 합니다.

▲ 세조 때에 세워진 원각사지10층석탑(국보 제2호). 세조는 수많은 사찰을 재건축하고 많은 불교 관련 서적들을 편찬했다.

■ **할아버지 태종과 닮은 세조**

왕권을 차지하기 위해 무시무시한 일들을 많이 저질렀음에도 불구하고, 임금으로서 세조는 훌륭한 업적을 많이 남겼습니다. 세조와 할아버지 태종은 많이 닮아 있었는데, 특히 왕이 힘이 있어야 나라가 바로 선다는 왕권 강화에 대해서는 더욱 그렇습니다.

할아버지 태종이 각 행정부, 즉 육조에서 모든 것을 바로 왕에게 보고하고 왕이 결정을 하는 육조직계제를 시행했다고 했습니다. 왕권 강화의 일환이었죠. 그런데 이 체계의 문제점은 임금의 일이 너무 많아진다는 것입니다. 그래서 건강이 나빠진 아버지 세종은 대부분의 문제들을 우의정, 좌의정, 영의정이 처리하는 '의정부사서제'를 실시했습니다. 그래서 세종 후기 때에는 의정부, 즉 신하들의 입김이 매우 강하게 작용하기도 했습니다.

그런데 아버지(세종)가 부활시킨 이 의정부사서제를 세조는 다시 할아버지(태종) 때처럼 육조직계제로 바꾸어버립니다. 그리고 아버지 세종의 브레인이었던 집현전은 단종복위사건 이후 폐쇄시킵니다. 복위사건의 주역들이 대부분 집현전 학자였기 때문입니다. 대신 임금의 명령을 정리해 전달하는 비서실 격인 승정원의 기능을 강화하고, 승정원의 승지들을 측근들로 임명합니다. 말 그대로 철저한 측근 정치를 펼쳤던 겁니다. 이렇게 모든 힘의 구심점이 왕이 되는 왕권 강화를 중심으로 조선 조정은 재편됩니다.

■ 임금으로서 세조의 업적들

세조는 전국의 토지와 인구의 비례에 의해 합리적으로 군, 현을 재조정함으로써 군현제를 정비합니다. 세조는 5가구를 하나의 '통'으로, 5개의 '통'을 하나의 '리'로, 그리고 3~4개의 '리'를 하나의 '면'으로 구성해 각각의 담당자를 두게 하고, 지방행정부를 조직화해 일을 쉽게 처리하도록 했습니다. 또한 호구조사를 실시해 16세 이상인 남자들에게 모두 호패(지금의 주민등록증과 비슷함)를 갖고 다니게 하는 '호패법'을 시행합니다.

호패법은 할아버지인 태종이 시행했다가 없어졌는데 이를 다시 시행한 것입니다. 호패법은 일을 할 수 있는 인구와 전쟁 때 싸울 수 있는 인구를 정확히 파악할 수 있기 때문에 세금 증대와 국방력 강화에 많은 영향을 미치게 됩니다.

또한 세조는 '직전법'을 시행합니다. 당시 조정에서는 개국공신 같은 수많은 공신들에게 많은 논밭을 하사하였는데, 문제는 이 토지들이 모두 후내에 세습된다는 것이었습니다. 세조는 이를 막기 위해 현직 관리에게만 땅을 주는 직전법을 시행합니다. 반발도 많았지만 워낙 왕의 권력이 강했던지라 신하들은 따를 수밖에 없었습니다.

또 〈동국통감〉이란 역사를 만들어 그 이전의 역사를 조선의 시선에서 재조명하고, 〈국조보감〉을 만들어 아버지, 할아버지, 형님 그리고 증조할아버지인 태조임금까지 4대에 걸친 정치를 정리해 후대 임금의 통치 교과서로 삼게 하였습니다.

아울러 세조의 최고 치적은 〈경국대전〉의 편찬입니다. 지금 대한민국의 헌법처럼 조선의 헌법이 정비되어 〈경국대전〉으로 만들어진 것입니다(〈경국대전〉 공포는 손자인 성종 대에 함). 한 나라의 법전이 만들어지는 것이니 이는 후대 통치의 근본이 되는 것이라 할 수 있죠. 이런 그의 치적은 강력한 왕권을 중심으로 국정이 안정되었기 때문에 가능한 일이었습니다.

■ 세조의 측근 정치

육조직계제는 임금 개인에게는 매우 힘든 일이었습니다. 세종과 비슷하게 세조도 나이가 드니 체력의 한계를 보이기 시작합니다. 그래서 고안한 것이 바로 임금이 직접 뽑은 세 명의 신하들이 비서실 격인 승정원에서 모든 일을 처리하는 '원상제' 입니다. 물론 여기서 세 명의 신하들은 세조의 분신과도 같은 한명회, 신숙주, 구치관 등이었습니다. 그들은 세자(훗날 예종)와 함께 승정원에서 임금을 대신해 국정을 처리해갔습니다.

이 같은 측근 정치는 높은 충성심을 바탕으로 임금이 원하는 대로 일을 처리할 수는 있으나, 상대적으로 그들의 지위나 위상이 높아져 그들이 권력을 남용할 수 있는 폐단을 낳기도 합니다. 결국 이들(한명회 등의 훈구파)의 폐단은 훗날 세조의 손자인 중종 대에 곪아 터지게 됩니다.

건강이 악화되고 나이가 든 세조는 아직 유약한 세자(훗날 예종)가 가장 큰 걱정이었습니다. 자신이 이룩해 놓은 강한 왕권이 유지되기 위해서는 한 치의 틈도 보여선 안 된다고 생각했기 때문에 할아버지 태종이 아버지 세종에게 양위를 하고 물러났듯, 세조는 1468년 9월 7일 세자에게 양위를 하고 상왕이 됩니다. 그러나 단 하루뿐인 상왕 자리였습

▲ 많은 업보를 안고 생을 마감한 세조

니다. 다음 날인 9월 8일 수강궁에서 생을 마감하기 때문이죠. 그리고 그해 11월 28일, 이곳 광릉에 영면합니다.

 그 뒤 철의 여인이라 불리던 정비 정희왕후 역시 사랑하는 남편 세조의 광릉에 묻히며 광릉은 동원이강릉 형식이 되었고, 광릉이 생긴 이후 광릉 일대 숲은 440여 년간 풀 한 포기 채집하는 것도 금지되었을 만큼 잘 보존되어 지금은 수목원으로 더 익숙한 곳입니다.

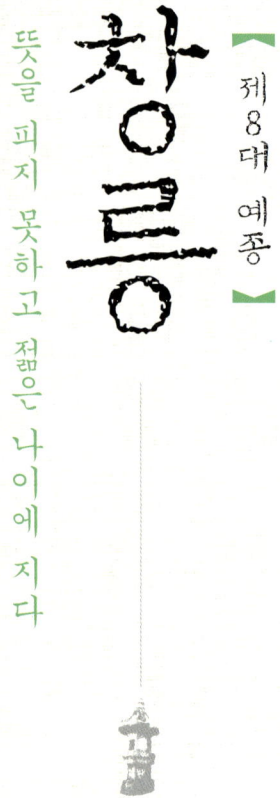

창릉 【제8대 예종】

뜻을 피지 못하고 젊은 나이에 지다

○ 경기도 고양시 덕양구 용두동 산30-1 | 사적 제198호 | 1469년(예종2) 조성

창릉은 예종과 계비 안순왕후의 능으로 동원이강릉이다. 병풍석은 없으나 봉분 주위에 난간석이 있으며, 다른 왕릉에 비해 풍화가 심하여 상태가 양호하지 못하다. 양쪽 능 아래 중간 지점에 정자각과 홍살문이 있다.

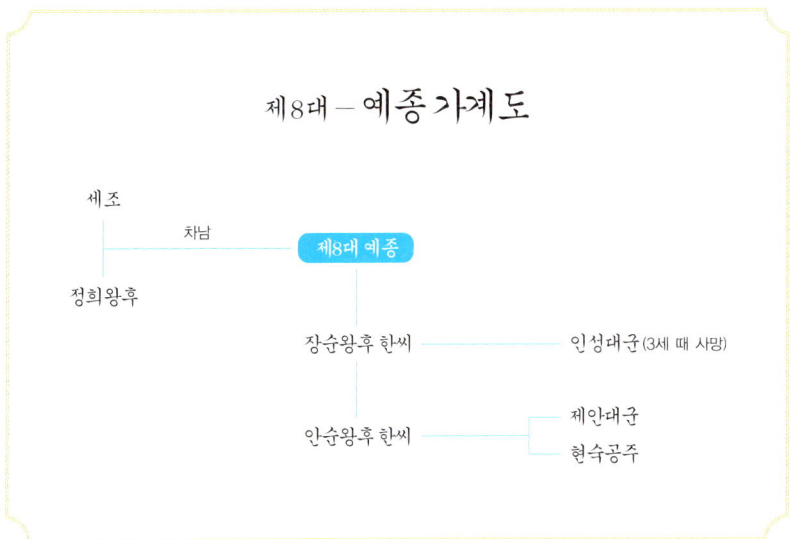

할아버지 태종과 성품 그리고 정치색마저 비슷했던 세조는 할아버지가 아버지 세종에게 했듯 세자에게 양위를 합니다. 그가 조선 제8대 임금인 예종입니다.

하지만 태종과 세조는 극명한 차이가 있습니다. 태종은 세자인 세종을 위해 자신의 측근들은 물론 종친까지 제거하는 강수를 둡니다. 또한 그가 어느 정도 정사를 돌볼 수 있을 만큼의 건강이 허락될 때 과감히 아들 세종에게 양위하고 정권 이양을 해주지요. 하지만 세조는 오히려 측근들에게 힘을 더 실어주고 자신이 죽기 하루 전날 양위를 합니다. 이는 급속한 왕권 약화와 측근이었던 훈구파의 힘이 과대해지는 결과를 낳고 맙니다.

1468년 9월 7일 세조실록에는 아래와 같은 기록이 있습니다.

임금(세조)의 병이 크게 더하니, 예조판서 임원준을 불러 안에 들게 하고 명하기를,

"내가 장차 세자(예종)에게 양위하겠으니, 그에 대한 모든 일을 준비하라." 하였다.

이에 정인지 등이 아뢰기를,

"성상의 병이 점점 호전되어 가는데, 어찌 갑자기 양위하고자 하십니까? 신 등은 불가하다고 생각합니다." 하였으므로, 임금이 화를 내며 이르기를,

"운이 다한 영웅은 자유롭지 못한 것인데, 너희들이 나의 뜻을 어기고자 하느냐? 이는 나의 죽음을 재촉하고자 하는 것이다." 하니, 정인지 등이 어찌 할 바를 알지 못하였다.

임금이 내시로 하여금 경복궁에서 면복(즉위식 때 입는 옷)을 갖고 오게 하여, 친히 세자(예종)에게 내려주고 즉위하게 하니 세자가 드디어 수강궁에서 즉위하고 문무백관들의 하례를 받았다.

▲ 창릉에 조성된 석물들

■ 또 한 명의 젊은 왕이 지다

예종은 세조의 둘째 아들입니다. 첫째 아들 의경세자가 갑자기 승하하니 세조는 의경세자의 아들이자 세손이 될 뻔한 월산대군 대신 8살인 둘째 아

들 해양대군(예종)을 세자로 책봉합니다. 그리고 해양대군은 19살 때 즉위를 합니다. 그러나 아직은 성인이 되지 못했기 때문에 어머니인 대비(정희왕후)가 대신 정치를 하는 수렴청정 기간을 거친 후 정사를 살핍니다. 그러나 어릴 적부터 건강이 좋지 못하고 부왕이신 세조의 상중에 무리를 한 탓에 예종은 일을 보지 못하는 경우가 많았습니다.

> 임금이 도승지와 사관 등을 불러서 말하기를,
> "내가 경연(임금과 신하가 토론하는 일)에 나아가고자 한 지 여러 날인데, 다만 다리가 아파서 나가지 못하였다…" 하였다.

이런 예종의 운명은 그리 길지 못했습니다. 건강은 점점 더 악화되었고 나중엔 업무를 거의 보지 못하는 지경에 이릅니다. 결국 예종은 임금으로서 꽃봉오리도 피우지 못한 채 1469년 11월 28일 경복궁 자미당에서 승하하고 맙니다.

■ 정희왕후의 선택이 역사의 물줄기를 바꾸다

예종이 승하하자 한명회, 신숙주 등의 조정 대신들은 분주해졌습니다. 뒤를 이을 세자가 결정되지 않은 상황에서 어린 임금이 승하를 했기 때문입니다. 권력의 공백이 충분히 생길 수 있는 위기의 순간이었습니다.

이럴 경우에는 왕실 최고 어른이 다음 왕을 임명하게 됩니다. 그녀가 바로 여장부이며 노련한 정치인이었던 세조의 비 정희왕후였습니다. 이는 중전이란 단어가 유독 많이 나오는 세조실록에서도 알 수 있듯, 세조는 사적인 장소가 아닌 공적인 장소에도 늘 왕후를 대동했다고 합니다. 그만큼 세조는 그녀를 정치적 동반자로 여겼던 것입니다. 이제 공은 그녀에게 있습니다. 잠시 당시의 기록을 보겠습니다.

> 진시에 임금이 자미당에서 훙하였다. 대소신료들이 대비(정희왕후)에게 아뢰기를,
> "청컨대, 주상자(국상의 상주로 다음 왕통을 이을 사람)를 정하여서 나라의 근본을 굳게 하소서." 하니, 대비가 여러 재상에게 두루 묻기를,
> "누가 주상자로서 좋겠느냐?" 하니, 모두 말하기를,
> "신 등이 감히 아뢸 바가 아니니, 원컨대 전교를 듣고자 합니다." 하므로, 정현조에게 명하여 전교하기를,
> "이제 원자(제안대군, 예종의 아들)가 바야흐로 어리고, 또 월산군(의경세자의 큰아들)은 어려서부터 병에 걸렸으며, 홀로 자을산군(의경세자의 둘째 아들)이 비록 어리기는 하나 세조께서 일찍이 그 도량을 칭찬하여 태조에 비하는 데에 이르렀으니, 그로 하여금 주상을 삼는 것이 어떠하냐?" 하니, 모두 말하기를,
> "진실로 마땅합니다." 하였다.

대비 정희왕후의 선택은 승하한 예종의 아들 제안대군이 아닌, 큰아들 의경세자(덕종)의 둘째 아들인 자을산군(훗날 성종)이었습니다. 그녀는 임금이 힘이 없고 어리면 얼마나 비극적인 결과를 초래하는지 조카 단종의 비극을 통해 생생히 본 인물입니다. 그런데 이제 막 승하한 예종의 아들, 즉 손자 제안대군은 이제 옹알이를 하는 세 살배기 아기였죠. 그러니 성인이 되어 친정을 하기 위해서는 무려 17년을 기다려야 하고, 그사이 자신이 어찌될지도 모르

는 상황에서 그녀는 제안대군을 선택하는 일이 정치적 모험이라 여겼던 겁니다.

그녀에게 두 번째 후보는 첫째 의경세자의 첫째 아들인 월산군이었습니다. 그런데 월산군은 너무나 병약했습니다. 병약한 둘째 아들 예종을 잃은 그녀에게 월산군 역시 위태로운 후보였고, 결국 그녀의 선택은 의경세자의 둘째 아들 자을산군이었습니다.

당시 자을산군 역시 겨우 13살 나이의 어린아이였죠. 하지만 자을산군의 장인은 당시에 최고의 권세를 누렸던 한명회였다는 점이 그녀에게 큰 안도였습니다. 한명회는 수양대군인 자신의 남편을 왕위에 앉힌 최고의 공신이며 남편이 가장 아꼈던 신하였죠. 정희왕후는 선택의 여지가 없었습니다.

정희왕후는 사가에 있는 며느리(훗날 소혜왕후로 의경세자가 죽은 뒤 자신의 사가로 돌아가 살고 있었음)에게 바로 입궐하라 명하고 즉위식을 준비시킵니다. 이는 상식을 깨는 파격적인 말이었습니다. 즉위식은 임금 승하 4일 후에 하는 것이 보통의 예인데, 승하 당일 즉위식을 하라니 말이죠. 당시 기록을 한번 볼까요?

> 대비가 명하기를, "대체로 상복을 벗고 빈전 앞에서 옥새를 받는 것이 예로 되어 있으나, 지금은 이 예를 따를 수 없으니, 마땅히 남일에 즉위하고 교서를 반포하여 백성에게 알리는 것이 좋겠다." 하였다.

그녀는 상당히 다급한 모습을 보입니다. 역시 그녀의 경험에서 나온 결정이었습니다. 차기 왕이 정해지지 않은 상태에서 임금이 승하를 하였으니, 이 시기에는 힘 있는 다른 이들이 얼마든지 그 자리를 넘볼 수 있는 명분을 줄 수 있다는 것과 상통합니다. 조금의 틈만 있어도 물이 새어나오듯 권력의 속성을 누구보다 잘 알고 있는 정희왕후이기에 혹시 모를 사태를 대비해 모든 예를 깨고 예종 승하 당일 날 이처럼 파격적인 즉위식을 거행케 한 것입니다.

어머니의 결단으로 아들이 아닌 조카가 왕위를 잇게 된 이 기막힌 사연을 예종은 알고 있었을까요? 그렇게 예종은 조카 성종에 의해 이곳 창릉에 영면하게 됩니다.

관련 왕릉을 알아봅시다!

■ **예종의 비 장순왕후 한씨의 공릉**

경기 파주시 조리읍 봉일천리 | 사적 제205호 | 1461년(세조7) 조성
공릉은 예종의 정비 장순왕후의 능이다. 세자빈으로 세상을 떠났기 때문에 세자빈 묘로 간략히 조성되었으며, 병풍석과 난간석, 망주석도 없다. 홍살문에서 정자각까지 이어진 참도가 ㄱ자로 꺾인 점이 특징이다.

♠ 재위 13개월 만에 승하한 예종의 창릉

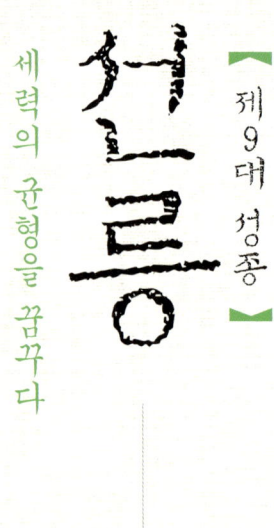

선릉

제9대 성종

세력의 균형을 꿈꾸다

○ 서울 강남구 삼성동 131 | 사적 제199호 | 1495년(연산군1) 조성

선릉은 동원이강릉으로 성종과 계비 정현왕후의 능이다. 성종 능의 문인석과 무인석이 윤곽이 굵고 강직하다면, 왕비의 능은 그 윤곽과 조각이 섬세하고 아름다운 것이 특징이다. 선릉은 유난히 많은 변고를 겪었는데, 임진왜란 때에는 왜적이 선릉과 정릉을 파헤쳤고, 인조 대에는 정자각에 불이 나 수리를 하는 등 여러 차례 수난을 당했다.

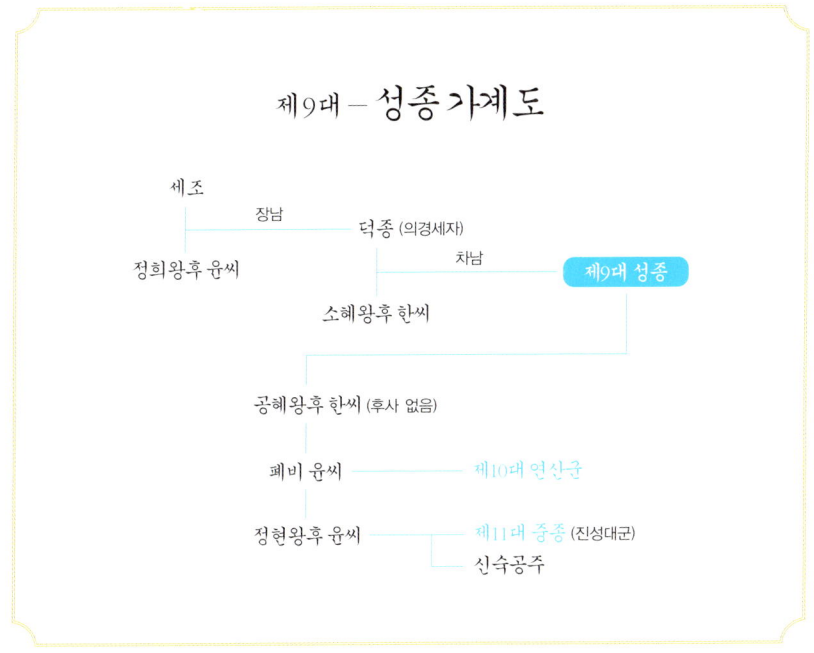

단종이 작은아버지(세조) 때문에 억울하게 왕위를 빼앗긴 왕이었다면, 성종은 작은아버지(예종)의 승하로 임금이 된 인물입니다. 13살 때 왕위에 오른 성종은 7년간 할머니(세조의 비, 정희왕후)의 수렴청정을 받습니다. 이 기간 동안 장인인 한명회, 신숙주 등 할아버지 세조의 측근들에 의해 보호를 받으며 성종은 별 무리 없이 성장을 합니다.

성종 역시 증조할아버지 세종처럼 세자가 아니어서 국왕수업을 받지 못했기 때문에 할머니의 수렴청정 기간은 국왕이라기보다는 세자로서 국왕수업을 받은 기간이라 할 수 있습니다. 그런데 이 기간 동안 어린 임금 성종의 눈에 보이는 조정은 여전히 할아버지 측근들의 세상이었습니다. 그래서 성종

▲ 선릉의 참도와 정자각

은 7년간 할아버지 신하들의 독주를 통해 반대세력의 필요성을 절실히 느끼게 됩니다.

이후 20살이 된 성종은 지금껏 자신이 준비한 새로운 조정의 개혁을 준비하지요. 가장 먼저 한 조치는 할아버지 세조가 만든 원상제도의 폐지였습니다. 충성스런 신하들과 함께 일할 수 있는 체계였던 제도를 과감히 폐지시킨 것입니다.

■ 조선 정치의 변화, 사림파의 등장

성종은 정몽주의 후손들을 찾습니다. 1470년 성종실록의 기록입니다.

3월 19일, 왕이 명하여 고려의 정몽주, 길재의 자손을 채용하라고 하였다.

이 어명은 조선 정치의 크나큰 변화를 의미합니다. 조선은 어느 한순간에 만들어진 나라가 아닙니다. 수많은 사람들이 희생되고 긴 혼돈의 시간을 거쳐 자리를 잡은 것입니다. 고려 말 신진사대부 세력들은 새 나라를 세우자는 개국파 세력과 고려를 개혁하자는 개혁파 세력으로 나뉘어 있었습니다. 이때 이성계가 정도전과 함께 새 나라를 세웠고, 개혁파였던 정몽주는 결국 이성계의 아들 이방원에 의해 처참히 살해됩니다. 그 뒤 개혁파들은 이런 세상이 싫다며 모두 산 속으로 은둔해 버립니다.

개혁파들은 산 속에서 독서로 마음을 수양하며 그렇게 선비 생활을 합니다. 이들이 바로 '사림파' 입니다. 그런데 성종이 그들의 후손을 불러들인 겁니다. 할아버지 세조를 왕위에 앉힌 공신들(이들을 '훈구파'라 함)은 세종과 세조 대를 거치며 수십 년 동안 조정을 장악하며 독재체제를 지켜왔는데, 그들에 의해 추대된 젊은 임금 성종이 신진세력, 즉 사림파를 등용한 것입니다. 이제 조정은 기존의 훈구파와 성종의 사림파로 서로를 견제하며 그렇게 세력의 균형을 이루게 됩니다.

■ **성리학의 나라를 꿈꾸다**

정치 세력의 균형은 자연스럽게 왕권의 안정을 가져오게 됩니다. 또한 이런 정치적 기반을 바탕으로 성종은 자신이 꿈꾸던 성리학의 나라, 조선왕조를 새롭게 만들려 합니다. 그래서 감히 할아버지 세조가 발전시키려 했던 불교에 제동을 겁니다. 당시 '도승법' 이라 하여 승려들은 모두 신분증을 가지고 다녀 승려의 수를 나라에서 엄격히 규제했는데, 세조 대에 들어서 가짜

중이 늘어나는 등 그 폐단이 점점 심화되고 있었습니다.

> 1492년 1월 30일, 경연장에서 대사헌 기여석 등이 도승법을 혁파하기를 청하자, 임금이 좌우에 물었다. 홍응이 대답하여 말하기를, "중의 무리들의 폐단은 과연 아린 바와 같습니다. 다만 선왕(세조)의 법이기 때문에 고치지 않은 것뿐입니다. 그러나 마땅히 그 경중을 참작해서 고치는 것이 옳을 것입니다." 하니, 임금이 말하기를, "대사헌의 말이 옳다. 비록 선왕의 법이라 하더라도 진실로 좋은 법이 아니면 무엇이 고치기 어렵겠는가." 하였다.

또한 성종은 성리학을 매우 중요시했습니다. 성리학의 근본은 '예의'에 있습니다. 백성은 어버이신 임금에 충성해야 하고, 임금은 그런 자식 같은 백성을 하늘로 알고 최선을 다해 돌봐야 하는 것이지요. 이것이 바로 조선왕조의 통치 철학이며 국교인 유교가 됩니다.

조선왕조는 충과 효를 백성들에게 교육시키고, 또 충과 효로써 그들을 통치한 나라입니다. 이런 성리학은 유학자들에 의해 발전이 되었습니다. 그러니 성종은 유학자 양성에 지원을 아끼지 않았습니다.

조선시대 유학자 양성 학교로는 서울의 성균관과 지방의 향교가 있었습니다. 성종은 지방 유학학교 학생들을 위해 논밭('학전學田'이라 함)을 하사하며 국가적으로 교육에 투자했습니다. 그래서 성종실록에는 학전이란 단어가 유독 많습니다.

> 왕이 경연장에 나아갔다. 안침이 아뢰기를,
> "우리나라의 시골 학교에 예전에는 학전(學田)이 있었는데 지금은 없습니다. 그래서 유

생들이 비록 학문에 뜻을 두었으나 항상 먹을 것이 없음을 괴롭게 여기니, 청컨대 학전을 주어 양육하여 학업을 성취하게 하소서." 하고, 조위가 말하기를, "향학의 유생들이 먹을 것을 잊지 못하여 돌아가며 독서를 하니 학업에 전념할 수 없습니다. 그러니 학전을 지급하여 양육한다면 사람들이 격려가 되어 성취할 것입니다." 하니, 임금이 말하기를, "학전은 중요하나 정말 학문에 뜻을 두었다면 어찌 먹을 것이 없다고 하여 그 학업을 중지하겠는가? 다 하기 나름이다. 그런데 충청, 전라, 경상도의 향학에서는 인재가 배출되었으니 학전을 지급하는 것이 마땅하겠지만, 강원도도 지급할 만한가?" 하자, 심회가 말하기를,

"어느 지역인들 인재가 없겠습니까? 함경도 사람들은 문학을 몰랐는데, 이계손이 관찰사가 되면서부터 학교 진흥에 뜻을 두니 사람들이 학문에 힘쓰고 숭상하는 기풍이 크게 일어났습니다." 하자, 조위는 말하기를,

"이계손이 곡식을 많이 준비하여 유생을 양성하였으므로, 사람마다 학문하기를 즐겨서 길이 먼 것을 꺼려하지 않고 영흥까지 와서 배워 성균관에 입학까지 하는 사람이 있었습니다." 하니, 임금이 말하기를,

"경기, 강원, 충청, 경상, 전라도의 향교에 학전을 지급하는 것이 좋겠다." 하였다.

이 기록을 봐도 성종이 얼마나 교육에 깊은 관심을 가졌는지 알 수 있습니다. 물론 이렇게 성리학을 진흥시키고 백성을 교육하는 것이 단지 학문 진흥에 그친 것은 아니었습니다. 백성이 충효를 배우면 임금은 그런 백성을 통지하기가 쉬워지기 때문에 성종은 이를 정치적으로 잘 이용한 임금이기도 했습니다.

이런 교육열이 수많은 책을 만들어내는 편찬사업으로 이어져 성종 대에는 〈동국통감〉, 〈삼국사절요〉, 〈악학궤범〉 등 유명한 책들이 나오게 됩니다. 물

↑ 성종이 잠들어 있는 선릉의 겨울 풍경

론 이런 열매는 고조부 태종, 증조부 세종, 조부 세조 대에 씨를 뿌리고 거름을 준 노력의 결과물일 것입니다. 열매를 맺는 성과, 그래서 조선 제9대 임금의 묘호가 바로 '成(이룰 성)' 자를 써 성종이 됩니다.

■ 대가족의 가장이었던 성종

성종은 왕비가 3명, 후궁은 무려 9명이랍니다. 성종의 정비인 공혜왕후(한명회의 딸)는 후사 없이 일찍 생을 마감했습니다. 성종은 새로 왕비를 간택하지 않고, 임신 중인 후궁 중 한 명인 숙의 윤씨(숙의는 후궁의 지위임)를 왕비로 맞이합니다. 그리고 몇 개월 후 중전 윤씨가 아들을 출산하니 그가 유명한 연산군입니다.

중전 윤씨는 질투와 시기가 심했습니다. 평상시 며느리를 탐탁지 않게 생각했던 성종의 어머니 인수대비(소혜왕후)는 중전이 미웠고 결국 일이 터지고 맙니다. 중전이 성종의 얼굴에 손톱자국을 낸 것입니다. 이 사건이 발단이 되어 마침내 중전은 폐위되고 궁궐에서 쫓겨나는 운명을 맞게 됩니다. 물론 원자의 어머니를 쫓아낸다는 것은 엄청난 정치적 폭풍을 일으킬 수 있었지요. 하지만 결국 그녀를 미워했던 인수대비와 성종의 후궁들이 과장되게 그녀의 행실을 보고했고, 이를 그대로 받아들인 성종은 죄를 전혀 뉘우치지 않는 폐비에게 사약을 내립니다.

사약을 마시고 피를 토하던 폐비 윤씨는 그녀의 어머니에게 피 묻은 자신의 옷을 훗날 아들이 커 임금이 되면 전해주라는 유언을 남기고 죽습니다. 폐비 윤씨의 죽음으로 성종은 또다시 자신의 후궁 중 한 명인 숙의 윤씨를 세 번째 중전으로 맞이합니다. 그리고 친어머니의 비극을 모르는 어린 세자(연산군)는 중전(정현왕후)의 손에 자라게 됩니다.

당시 정현왕후에게는 아들(진성대군으로 훗날 중종)이 있었습니다. 하지만 심성이 착해 세자(연산군)를 자신의 친자식(진성대군)보다 더 아끼며 키웠다고 합니다.

▲ 성종은 12명의 부인과 16남 12녀의 자식을 남긴 채 창덕궁 대조전에서 38세의 나이로 승하하였다.

그러나 평온했던 왕실에 조금씩 먹구름이 몰려오기 시작합니다. 성종이 승하한 것입니다. 종기와 당뇨의 합병증을 앓고 있었던 성종은 12명의 부인과 16남 12녀의 대가족을 남기고 1495년 이곳 선릉에 영면하게 되지요. 그리고 세자(연산군)는 창덕궁 인정전에서 조선 제10대 임금으로 등극합니다.

관련 왕릉을 알아봅시다!

■ **성종의 생부인 덕종의 경릉**

경기도 고양시 덕양구 용두동 | 사적 제198호 | 1457년(세조3) 조성

경릉은 성종의 아버지인 추존왕 덕종과 소혜왕후 한씨의 능으로 동원이강릉이다. 능침은 대개 왕이 우측에, 왕비가 좌측에 모셔지는 것이 일반적인데, 경릉에서는 왼편에 왕릉이, 오른편에 왕비릉이 있다. 왕릉은 난간석이나 망주석 등이 없고 석양과 석호도 한 쌍만 있다. 이는 덕종이 세자였을 때 죽었고, 부왕인 세조가 간소한 상례 의례를 명했기 때문이다.

■ **성종의 정비 공혜왕후 한씨의 순릉**

경기 파주시 조리읍 봉일천리 | 사적 제205호 | 1474년(성종5) 조성

순릉은 성종의 정비 공혜왕후의 단릉으로, 병풍석은 없으나 조선 초기의 왕릉 형태를 고스란히 보여주고 있다. 공혜왕후는 왕비로 봉해진 지 5년 만에 19세의 나이로 세상을 떠났으며, 순릉의 금천교는 지금도 원형이 잘 보전되고 있다.

연산군묘

제10대 연산군

묘호가 없는 임금의 묘

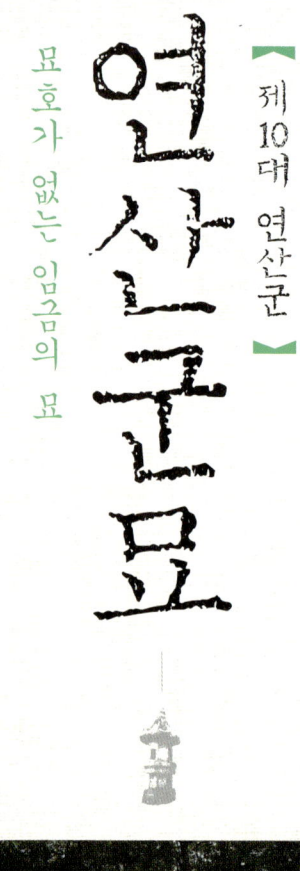

○ 서울시 도봉구 방학동 산77번지 | 사적 제362호 | 1513년(중종8) 조성

연산군묘에는 연산군과 부인 신씨의 무덤이 함께 있다. 대군으로 예우하여 기본 구조를 갖추었으나, 병풍석, 석양, 석호, 문인석 등은 없다. 무덤 주변에는 연산군의 딸과 사위의 무덤도 있으며, 묘비 앞면에는 '연산군지묘(燕山君之墓)'라 새겨져 있다.

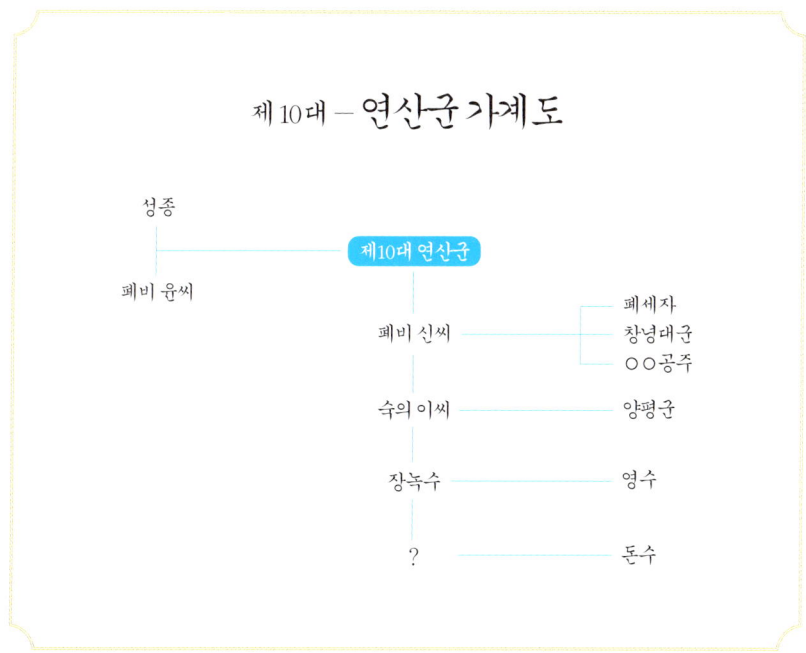

혹시 '이혈'이란 이름을 들어보셨나요? 이혈은 조선 제9대 임금의 이름입니다. 이혈은 왕자로 봉해지면서 자을산군이라 명을 받습니다. 그 자을산군은 훗날 임금이 됩니다. 그리고 임금이 되어서는 그를 '주상전하'라 불러야 하지요. 세월이 가고 수상전하기 승하하면 종묘에 그의 신위(위패)를 모시는데, 이때 종묘에 봉안되는 이름이라 하여 묘호를 정합니다. 이렇게 해서 조선 제9대 임금(이혈, 자을산군)은 '성종'으로 불리게 됩니다.

그런데 조선의 27명 임금 중에서 종묘에 위패가 모셔지지 못한 두 명의 왕이 있습니다. 바로 10대 연산군과 15대 광해군입니다. 임금이었지만 죽기 전에 폐위되었기 때문에 죽은 후에 위폐를 종묘에 모실 수가 없으니 그들은 왕자 때 불렸던 왕자명(연산군, 광해군)을 사용하게 됩니다.

　연산군은 어릴 적부터 학문에 취미가 없었습니다. 성종 때문에 어쩔 수 없이 학문을 할 수밖에 없었다고 합니다. 그러니 아버지께서 돌아가시고 자신이 임금의 자리에 올랐으니 더 이상 잔소리할 사람은 없을 것이라고 생각했을 겁니다. 그런데 연산군은 복병을 만납니다. 바로 아버지 성종이 등용한 사림파들이었습니다. 연산군과 사림파는 서로가 눈엣가시 같은 존재였습니다. 명분과 도덕을 목숨보다 더 귀중히 여겼던 사림파들은 연산군의 일거수일투족을 지적하며 임금으로서의 바른 길을 인도하려 노력했습니다.

■ 선비들을 무참히 살해하다

　이런 임금과 사림의 갈등을 멀리서 지켜보고 있는 이들이 있었으니, 그들이 바로 유자광을 필두로 한 성종 대의 훈구파들이었습니다. 훈구파 역시도 사림파들이 평상시 마음에 들지 않았는데, 임금 역시도 그들을 싫어하는 듯 보인 거죠. 이때 조선을 발칵 뒤집는 사건이 터집니다.

　사관들은 임금의 공적인 모든 것을 기록합니다. 그리고 임금이 승하하면 실록청이란 관청을 만들어 승하한 왕의 살아생전 기록들(이를 '사초'라 함)을 모아 시대순으로 정리해 책으로 만드는데, 이것이 바로 조선왕조실록입니다. 이때 임금은 절대 그 기록을 볼 수 없습니다. 만약 임금이 보게 되면 사관들은 올바르게 역사를 기록할 수 없기 때문이죠.

　연산군 대에도 아버지인 성종실록을 만들기 위해 총책임자인 이극돈을 중심으로 실록청이 만들어졌습니다. 그런데 이극돈은 어느 날 일을 하다 김일손이란 사관이 기록한 '김종직의 조의제문'이란 글을 발견합니다. 김종직의 조의제문이란 김종직이 중국 진나라의 항우가 조카 의제를 폐하고 왕이 된 사건에서 조카 의제를 불쌍히 여기고 그를 애도하기 위해 적은 글, 즉 제문을 말합니다. 이는 세조가 단종을 죽인 것에 빗대어 적은 글로 세조를 비판하는 글이었습니다.

이 글을 쓴 김종직은 이미 저 세상 사람이었지만 그는 사림파의 정신적인 지주 같은 존재였습니다. 김종직이 살아 있을 때 사이가 좋지 않았던 이극돈은 이 사실을 바로 훈구파 유자광에게 알리고, 유자광은 훈구파들과 모의해 결국 연산군에게 "김종직이란 자가 세조를 비판했습니다. 이는 세조대왕의 후손인 전하를 비판하는 것과 같사옵니다."라고 보고하게 됩니다.

사림파와 뜻이 맞지 않았던 연산군은 바로 김종직의 조의제문이 실린 사초를 확인합니다. 임금이 사초를 보는 것은 절대 있을 수 없는 일인데 이 금기를 깬 것입니다. 그리고 연산군은 사초를 기록한 김일손이란 사관을 불러 문초합니다.

1498년 7월 13일, 김일손이 진술하길,
"사초에 이르바 '노산군의 시체를 숲 속에 던져버리고 한 달이 지나도 수습하는 자가 없어 까마귀와 솔개가 날아와서 쪼았는데, 한 동자가 밤에 와서 시체를 짊어지고 달아났으니, 물에 던졌는지 불에 던졌는지 알 수가 없다'고 한 것은 최맹한에게 들었습니다. 신이 이 사실을 기록하고 이어서 쓰기를 '김종직이 옛날 꿈속에서 느낀 것이 있어, 조의제문을 지어 분한 마음으로 언급하였다' 하고, 드디어 김종직의 조의제문을 썼습니다." 하였다.

연산군은 이때를 놓치지 않고 훈구파와 함께 대대적인 사림파 숙청작업에 들어갑니다.

"지금 김종직의 조의제문을 보오니, 입으로 읽지 못할 뿐 아니라 눈으로도 차마 볼 수 없사옵니다. 김종직이 세조대왕 때에 벼슬을 오래하자, 스스로 재주가 뛰어나다 여겼는데 세조대왕께서 단지 이를 알아주지 않자 마침내 울분과 원망을 품고 자기가 하고 싶은 말을 이런 글에다 표현하니 극히 부도덕합니다. 그 심리를 미루어 보면 이는 단종 복위를 꾀한 역적들과 무엇이 다르리까. 마땅히 대역의 죄로 논단하고 부관참시(죽은 뒤 큰 죄가 드러나 죽은 자의 시체를 파내어 베거나 목을 자르는 일)해서 그 죄를 올바르게 밝힘이 실로 타당하옵니다." 하니, 임금이 "그 말이 옳다, 당장 시행하라!" 하였다.

연산군과 훈구파들은 이미 죽은 김종직의 무덤을 파고 시신을 꺼내 또다시 죽이는 부관참시형을 하고, 그의 제자들과 사림파 선비들을 모두 잡아 목을 자르는 등 능지처참을 내리거나 귀양을 보내버립니다. 이 사건으로 훈구파는 사림파를 몰아내고 국정의 주도권을 잡게 되죠. 이때가 1498년 무오년으로 무오년에 사림파들이 화를 당했다 해서 이를 '무오사화'라 합니다.

■ **임금의 유희에 국고가 바닥나다**

무오사화를 계기로 연산군은 독재의 자신감을 얻고 조금만 마음에 안 들면 닥치는 대로 쫓아내고 죽이기까지 합니다. 이렇게 되니, 국정이 마비되는 사태가 벌어지고 맙니다. 연산군은 전국에서 흥청(춤과 노래에 능한 기생들)을 불러 모아 거의 매일같이 풍악을 울리며 유희를 즐깁니다. 이 모든 비용은 결국 백성들에게서 걷은 세금으로 충당했을 테니, 얼마 지나지 않아 국고는 바닥을 드러냅니다.

1499년 10월 26일에 있었던 연산군과 신하들의 대화 내용을 보면 당시 분위기를 파악할 수 있을 듯합니다.

의정부가 아뢰기를,

"신 등이 국가의 1년 예산을 보면, 그 쓰는 것이 거둬들이는 것보다 더합니다. 적게 써도 힘든데 하물며 사용하는 것을 거둬들인 세금보다 더해서야 되겠습니까. 우리나라는 토지가 척박하므로 조금만 흉년이 들면 저축한 것이 1년을 지탱하지 못합니다. 대부분의 민가에도 3년의 저축이 없으면 궁핍하게 되지 않는 자가 드문데, 하물며 나라에서 10년의 저축이 없어서야 되겠습니까? 모든 급하지 않을 비용은 적당히 감하여 절약한다면 좋겠습니다. 이번에 또 사냥을 나간다고 하시온데 지금 한창 눈이 많이 와서 군사와 말도 피로할 뿐더러 옥체에 감기가 들 것이오니, 이번 사냥을 정지하시기 바라나이다."

■ 광기의 극에 달한 연산군

나라 살림이 바닥이 나고 있는 상황에서 왕의 관심은 오직 술과 사냥이었습니다. 하지만 아무리 임금이라도 국고가 비어가니 어찌 할 수 없었겠죠. 이때 연산군은 공신전을 생각해냅니다. 조선 개국 이후 약 100여 년 넘게 훈구파들은 크고 작은 공에 나라로부터 받은 논과 밭의 수가 꽤 많았는데 그 논밭을 빼앗으려 한 것입니다. 물론 당시 훈구파를 비롯한 신하들은 단체로 반발

▲ 어머니인 폐비 윤씨의 사건을 알게 된 후 연산군의 폭정은 더욱 심해졌다.

을 하죠. 그런데 이때 이 형세를 이용해 출세를 하려는 이가 있었으니, 그가 임사홍입니다.

임사홍은 이 기회를 이용해 훈구파들과 나머지 사림파들을 제거하고 권력을 얻으려 임금에게 접근합니다. 그리고 절대 꺼내지 말아야 할 금기사항(성종임금이 내가 죽고 100년 동안 언급하지 말라는 폐비 윤씨 사건)을 임금에게 고합니다. 이 말을 들은 연산군은 성종의 후궁들을 궁궐 내에서 참수시키고, 이를 나무라는 할머니 인수대비(소혜왕후)를 머리로 받아버리는 등 폐륜을 저지르고 말죠.

그뿐만이 아니었습니다. 당시 사건에 조금이라도 연루된 자는 모두 죽여버리고, 심지어는 이미 죽은 한명회 등의 무덤을 파 시신의 목을 다시 베는 부관참시까지 시행합니다. 또한 당시 상궁들을 잡아들여 어머니가 끌려가는 것을 보고만 있었다고 눈을 뽑고, 어떤 말도 하지 않았다고 혀를 잘라버리고, 듣고만 있었다고 귀를 잘라버리는 등 광기를 부립니다. 임사홍의 고자질로 수많은 이들이 참수당하거나 유배를 간 이 사건은 1504년 갑자년에 일어난 사화라 해서 '갑자사화'라 부릅니다.

■ 연산군의 최후

이런 연산군의 행동을 신하들은 더 이상 보고 있을 수 없었습니다. 박원종, 성희안을 중심으로 한 신하들은 군사를 모아 결국 1506년 임금이 있는 궁궐로 진격해 순식간에 창덕궁을 점령하고 왕을 잡아 지금의 강화도로 유배를 보냅니다. 그리고 그 길로 경복궁으로 달려가 대비(정현왕후, 성종의 계비로 연산군을 친자식처럼 키워준 어머니이며 슬하에는 아들 진성대군이 있음)에게 고하고 진성대군에게 왕통을 잇게 합니다.

> 성희안 등은 모두 창덕궁 정문 돈화문 밖에 머물러 날이 새기를 기다리니, 궁궐을 수비하던 장사와 시종, 환관들이 알고 다투어 수챗구멍으로 빠져 나가 잠시 동안 궁이 텅 비었다.
> 도승지 조계형 등이 변을 듣고 급히 들어가 왕(연산군)에게 아뢰니, 왕이 놀라 뛰어 나와 도승지의 손을 잡고 턱을 떨며 말을 하지 못하였다. 궁인들은 바깥 동정을 살핀다고 핑계하고 차차 흩어져 모두 수챗구멍으로 달아났는데, 더러는 실족하여 뒷간에 빠지는 자도 있었다. 박원종 등은 내시를 시켜 장사 두어 명을 거느리고 왕에게 가 옥새를 빼앗고 동궁에 옮길 것을 청하였다.
> 날이 밝자 박원종 등이 경복궁에 나아가 대비(정현왕후)에게 아뢰기를,
> "주상(연산군)이 크게 임금의 도를 잃어 나라를 맡을 수 없고 천명과 인심이 이미 진성대군(훗날 중종)에게 돌아갔으므로, 모든 신하들이 의지를 받들어 진성대군을 맞아 대통을 잇고자 하오니, 청컨대 성명을 내리소서." 하니, 대비는 전교하기를,
> "나라의 형세가 이에 이르렀으니 경 등이 아뢴 대로 따르리라." 하였다.
> 이에 명을 받들고 즉시 진성대군의 사제로 가 아뢰니, 진성대군이 굳이 사양하기를 "내가 실로 부덕하니 어떻게 이를 감당하겠는가?" 하고, 세 번을 거절한 뒤에야 비로소 허락하였다.

이렇게 해서 역사의 물줄기는 또 한 번 다른 방향으로 흐르게 됩니다. 연산군의 이복동생 진성대군은 경복궁에서 조선 제11대 임금으로 등극을 하

▲ 임금에서 왕자 신분인 연산군으로 강등된 연산군의 묘비에는 '연산군지묘'라 적혀 있다.

고 동시에 연산군은 강화도 교동으로 쫓겨납니다. 초라한 민가에 사방으로 가시덩굴 울타리를 만들어 어느 누구도 감히 들어올 수가 없었고, 실내에는 밥을 넣어주는 작은 구멍 말고는 햇볕조차 구경할 수 없는 지하 독방 같은 곳이었다고 합니다.

그곳에서 연산군은 어떤 생각을 했을까요? 그렇게 연산군은 30세의 젊은 나이로 몇 달 만에 영욕의 생을 마감합니다. 기록에는 돌림병으로 죽었다는 내용이 있지만 한겨울에 돌림병에 걸린다는 것은 말이 안 될 것입니다. 어쨌든 쫓겨난 왕은 반드시 죽는다는 공통점이 있습니다. 어린 단종이 그랬던 것처럼 말이죠.

죄인 연산군은 강화도 땅에 묻혀 있다가 7년 후인 1517년 부인 신씨의 간곡한 부탁으로 지금의 도봉구 방학동으로 이장됩니다. 물론 왕릉의 형식은 아닙니다. 초라하기 그지없지요. 이곳 연산군묘에는 부인 신씨, 후궁 조씨, 사위와 딸의 무덤이 모여 있습니다.

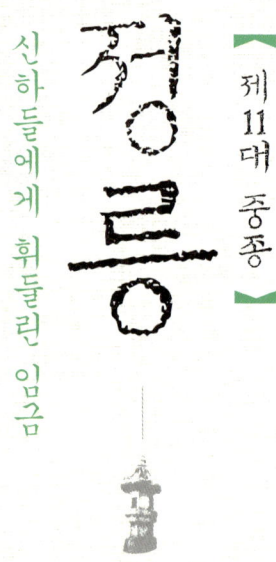

정릉 【제11대 중종】

신하들에게 휘둘린 임금

○ 서울 강남구 삼성동 131 | 사적 제199호 | 1562년(명종17) 조성

정릉은 조선 11대 왕 중종의 능으로 문인석과 무인석의 높이가 3미터를 넘을 만큼 크다. 문무인석은 코 부분이 훼손되고 검게 그을려 있는 등 선릉과 함께 정릉의 수난을 상기시켜 준다. 인종은 1545년(인종1)에 중종을 고양에 예장하고 능호를 희릉이라 하였으나, 한 달 후 고양시의 현재 서삼릉 능역 내에 있는 장경왕후(중종의 첫 번째 계비)의 능 오른쪽 언덕에 능을 새로 조성하고 능호를 정릉으로 고쳤다. 이후 17년 후인 1562년(명종17)에 중종의 두 번째 계비 문정왕후에 의해 성종과 정현왕후의 능이 있는 현재의 강남구 삼성동으로 옮겨졌다.

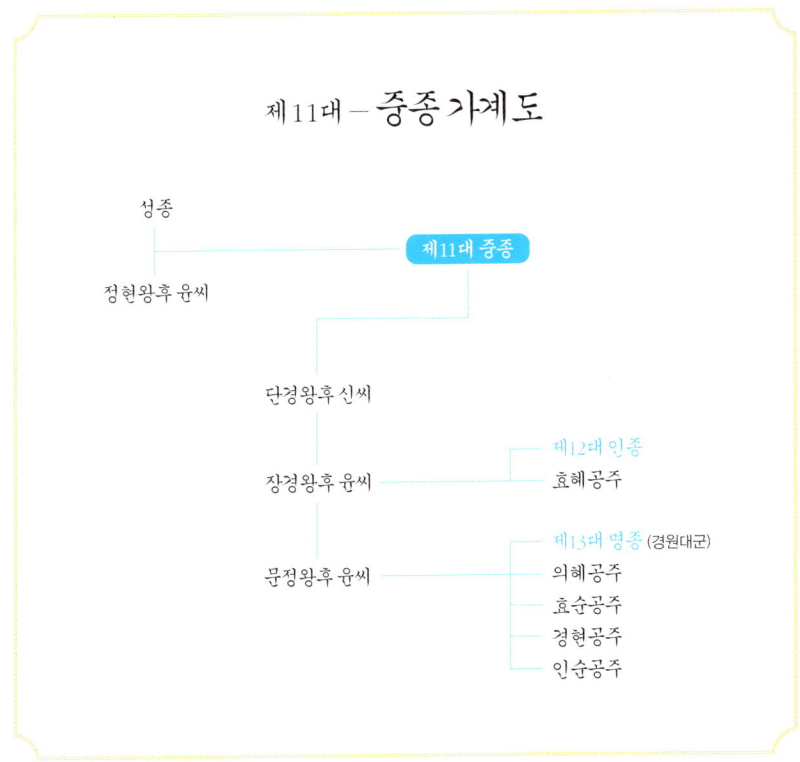

조선왕조는 왕의 나라 그리고 명분의 나라라고 정의할 수 있습니다. 그만큼 왕의 존재는 절대적이었고 어떠한 일이든 명분이 매우 중요했죠. 아무리 절대적인 힘을 가진 왕일지라도 명분이 없는 정치를 하면 가차없이 쫓겨날 수 있다는 것을 우리는 연산군을 통해 보았습니다.

그런데 연산군이 그 같은 폭군정치를 했다는 것은 그만큼 왕의 힘이 강했다는 것을 의미하기도 합니다. 연산군 때까지의 왕위 계승을 보면, 태조부터 이어져 아버지 성종임금까지 모든 왕위는 아버지 또는 왕실 어른들(예를 들어

▲ 자신을 왕위에 앉게 해준 공신들의 요구에 늘 시달렸던 중종

대비)에 의해 정통성으로 내려왔습니다. 그런데 이런 정통성은 연산군의 폐위로 끊기고 맙니다.

연산군의 뒤를 이어 왕위에 오른 중종은 신하들에 의해 추대된 임금입니다. 즉, 정통성(명분) 없이 신하들에 의해 왕위를 계승받게 된 것입니다. 이는 자연스럽게 왕권 약화와 신권 강화라는 결과를 초래하죠. 자신을 왕으로 앉혀준 신하들의 눈치를 봐야 하고, 또 신하들 사이에도 이제 왕은 언제든지 바꿀 수 있다는 의식이 팽배해진 것입니다. 더욱이 중종은 성격이 강하지 못해 신하들에게 이리저리 끌려다니며 재위 38년여 동안 이렇다 할 업적도 남기지 못한 채 생을 마감합니다.

■ 힘없는 왕, 중종

쫓겨난 왕 연산군의 이복동생 진성대군은 조선 제11대 임금으로 경복궁 근정전에서 즉위를 합니다. 하지만 즉위 초부터 박원종 등의 반정세력들은 중종을 압박하기 시작합니다.

중종은 조정 전체가 훈구파(반정세력들)로 넘쳐나 세력의 균형이 불가능하다고 판단했습니다. 그래서 나름 조치를 취하는데, 바로 아버지 성종 대에 등용했던 사림파들을 다시 등용시키려 한 것입니다. 사림파들은 성종 대에 정계에 진출해 자리를 잡으려다 결국 연산군 때 두 번의 사화로 다시 쫓겨나는 신세가 되었는데, 그때 쫓겨난 이들의 제자들을 중종은 궁궐 안으로 불러

들였던 거죠. 그때 그들을 이끈 이가 바로 조광조입니다.

중종은 처음부터 조광조가 마음에 들었습니다. 중종 자신에게 늘 부담이 었던 반정세력들의 비리를 캐며 그들을 압박해 갔죠. 그러던 어느 날, 조광조가 중종에게 고합니다.

"전하, 태조께서 나라를 세우실 때 공신들이 겨우 52명이었는데 지난번 반정 때 공신 수가 무려 117명이나 되옵니다. 공신의 수도 수이지만 그들에게 하사하신 그 많은 논밭들은 모두 백성들의 피와 땀이 아니오리까. 이번 기회에 다시 한 번 가려 반정에 큰 공이 없는 이들의 명단을 삭제하시옵소서."

이와 같은 조광조의 건의를 훈장을 삭제한다고 해서 '위훈삭제'라 합니다. 중종 입장에서도 117명은 좀 과하다 생각했는데, 자신이 어찌 할 수 없는 상황에서 조광조가 건의를 하게 되니, 중종 역시 반가운 일이었습니다. 그렇게 조광조와 사림파들은 중종의 보호 아래 서서히 주도권을 잡아갑니다.

■ 임금이 쿠데타를 일으키다

그런데 조광조의 개혁 의지는 중종의 생각보다 강했습니다. 그렇다 보니, 조광조의 모습에 중종은 서서히 부담을 느끼고, 중심에 서야 할 왕은 반정 공신인 훈구파와 조광조의 사림파 사이에서 갈팡질팡하게 됩니다. 이때 이런 중종의 모습을 본 훈구파들은 꿀로 '주초위왕(走肖爲王)'이란 글자를 나뭇잎 위에 써 벌레가 갉아먹게 하고 그것을 궁궐 안팎에 뿌립니다. '주초'를 합치면 '조(趙)'자가 되고 조씨 성을 가진 이가 왕이 된다는 소문을 내게 한 것입니다.

사림파의 저돌적인 행동에 부담을 느낀 중종은 너무 날뛰는 조광조 일파를 처단해야겠다는 생각에 훈구파와 다시 손을 잡고 사림파들을 제거합니다. 이때가 1519년 기묘년이니 기묘년에 선비들이 화를 당했다 해서 '기묘사화' 라 부릅니다.

왕이 의금부에 명하길,
"조광조 등은 서로 붕당을 맺고서 저희에게 붙는 자는 천거하고 저희와 뜻이 다른 자는 배척하며, 서로 의지하여 조정의 주요 자리를 차지하고, 후진을 유인하여 지나치게 과격한 행동을 하는 버릇이 되게 하여 국론과 조정을 날로 위태롭게 하였다." 하였다.
"전하, 조광조 등에게 과격한 일이 있었더라도 어찌 자신을 위하여 꾀하였겠습니까! 다만 나라의 일을 위하다가 이렇게 되는 줄 몰랐을 뿐입니다." 하였으나 임금이 답하지 않았다. 얼마 후 임금이 다시 말하기를,
"조정 대신들이, 조광조 등이 국사를 그르친다 하여 죄 주기를 청하므로 죄 주는 것이다." 하였다.

▲ '주초위왕'이란 글자가 새겨진 나뭇잎

이는 아버지 성종과 아들 중종의 큰 차이입니다. 성종은 훈구와 사림의 힘을 균등하게 양분해 국정을 운영했으나, 중종은 우유부단하여 결국 조정은 다시 훈구파로 채워지고 점점 더 혼란 속으로 빠집니다.

■ 효의 상징이었던 중종의 세자

중종은 아버지만큼이나 부인이 많았습니다. 중종은 10명의 부인(왕비 3명, 후궁 7명)과 20명의 자녀를 둔 대가족을 만들었습니다.

중종의 첫 번째 왕후는 반정세력에 의해 쫓겨납니다. 왕후가 연산군 부인의 친척이란 이유 때문이었습니다. 그 뒤 다음 왕후(장경왕후)를 맞이하였으나 세자(훗날 인종)를 낳고 세상을 등지게 됩니다. 그리고 세 번째 왕비와 결혼을 하는데, 그녀가 악덕의 대명사 문정왕후입니다. 그녀는 장경왕후 소생의 세자 이호를 키우게 되죠.

세자는 단종과 연산군처럼 친모의 얼굴도 모른 채 계모인 문정왕후 밑에서 자랍니다. 그런데 그의 효심은 산골마을까지 소문이 났다고 합니다. 문정왕후가 조금만 식사를 안 해도 그것이 자신의 효가 부족해서라고 여기고 죄를 청했다고 할 정도입니다.

그때까지만 해도 문정왕후는 슬하에 아들이 없었기 때문에 양아들인 세자를 나름 아들로 인정하고 키웠습니다. 말 그대로 평온했죠. 그런데 그 평화는 경사 때문에 깨지고 맙니다. 1534년 38세의 늦은 나이에 문정왕후가 아들을 낳고 맙니다. 그 아기가 경원대군(훗날 명종)입니다.

그러자 조정에서는 세자의 삼촌(장경왕후의 오빠) 윤임을 중심으로 하는 세자 옹호파와 태어난 경원대군의 삼촌(문정왕후의 오빠) 윤원형을 중심으로 하는 경원대군 옹호파로 갈라집니다. 이때 양쪽 세력들이 모두 윤씨라 세자를 지지하는 '대윤'과 경원대군을 지지하는 '소윤'이란 단어가 등장합니다.

그런 와중에 1543년 1월 7일 밤 12시쯤 세자가 있던 동궁에 의문의 화재가 발생합니다.

이날 밤의 화재는 뜻밖에 발생하였다. 도승지와 사관 등이 정신없이 동궁에 달려가 보니 불길이 더 커져 자선당(경복궁 내 동궁)까지 불탔다. 그러나 입직 군사는 게을러 모이지 않았으며 또한 무질서하게 소란스럽기만 할 뿐 불을 끌 계책을 세우지 못했다.
영의정 윤은보 등이 승정원에 묻기를, "세자가 어느 곳에 피했는지 정원은 살펴보았는가?" 하니, 도승지 조사수가 말하기를, "너무 급작스러워서 미처 자세히 살피지 못했습니다. 아마 피하여 다른 곳으로 들어갔을 것입니다." 하였다.
윤은보 등이 말하기를, "이게 무슨 말인가. 피하신 곳을 마땅히 먼저 살펴야 할 것이지, 어찌 억측으로만 헤아릴 수 있는가!" 하니, 이때 박한종이 말하기를, "다행히 대전으로 옮겨갔다고 합니다." 하였다.
윤은보 등이 대전으로 달려가 문안하니 임금(중종)이 말하길, "나와 세자는 다행히 이곳에 있으나 다만 생각지 않은 변이 이 지경에 이르렀으니 해괴한 일이다." 하였다.

이날 불은 아마도 경원대군을 지지했던 소윤이 저질렀을 가능성이 커 보입니다. 이날의 사건을 야사는 이렇게 전합니다.

이날 동궁에 불이 났으나 세자는 세자빈을 먼저 내보내고 스스로 죽으려 하였다. 그것은 동생(경원대군)과 자신 사이에 불거지는 세력 싸움에 차라리 내가 죽으면 경원대군이 왕위를 물려받을 수 있을 것이니 여기서 죽는 게 어마마마(문정왕후)와 동생에도 좋겠다 하여 세자빈

▲ 동궁의 화재사건은 세자(인종)와 경원대군(명종)의 세력 간 갈등으로 야기되었다.

을 내보내고 스스로 죽으려 하였다. 그때 임금이 세자를 부르는 소리가 나 만약 여기서 죽으면 아바마마에 대한 불효가 된다고 생각해 그제서야 불길을 빠져 나왔다.

■ 문정왕후에 의해 옮겨진 왕릉

　이 사건이 일어난 지 1년 후인 1544년, 중종은 고심 끝에 경원대군이 아닌 세자(인종)에게 옥새를 물려주고, 두 번째 계비이며 세자의 생모인 장경왕후가 있는 희릉에 묻히게 됩니다. 하지만 중종 승하 후 대비가 된 문정왕후는 그 꼴을 보지 못했던 거죠. 결국 한강 이남 선릉 옆자리가 길지라는 이유로 신하들의 반대에도 불구하고 남편 중종의 능을 옮깁니다. 선릉 옆에 중종의 능을 만들고 그곳에 자신도 묻힐 생각이었던 거죠.

　이런 그녀의 결정에 당시 신하들은 무척 반대를 했습니다. 능을 옮기는 일은 엄청난 국력이 낭비되는 일이기 때문에 신중에 신중을 기해야 했습니다. 하지만 문정왕후는 억지 주장으로 결국 중종의 능을 지금의 정릉(선릉 옆)으로 옮기고 맙니다. 당시 정릉 자리는 비만 오면 물난리가 나는 자리로 절대 좋지 않은 곳이었습니다. 이 때문에 후대 왕들은 비만 오면 물이 차오르는 정릉 보수공사에 막대한 돈과 노력을 들여야 했습니다.

　이러한 문정왕후의 모습에 당시 한 사관은 실록에 이런 글을 남기기도 했습니다.

> 능침을 옮기는 것은 중대한 일이므로, 산이 무너지거나 물에 패여 나가는 부득이한 경우가 아니면 능을 옮겨서는 안 되는 것이다. 풍수의 길흉설에 끌리어 옮기는 것도 불가한데 하물며 옮길 만한 아무런 까닭도 없이 대중의 의사와 여론을 어겨가며 옮기는 것이겠는가!
> 이번에 천릉한 일은 대비(문정왕후)의 생각에서 나온 것이라는 것을 백성이 모두 알고 있다. 고금을 막론하고 세상에 투기하는 사나운 여자가 어찌 없을까마는 이미 죽어 유명

▲ 정릉의 비각. 조선의 왕릉 중 지대가 가장 낮은 곳에 위치한 정릉은 비만 오면 물이 차는 최악의 왕릉 자리이다.

을 달리한 뒤까지 시기하여 남편의 무덤을 옮겨 전처(장경왕후)의 무덤과 멀리 떨어지게 하였다는 말은 듣지 못하였다. 하늘에 계시는 중종의 혼령이 어떻게 생각하셨을지 모르겠다. 아! 애통하다.

그러나 정작 문정왕후는 승하 후 지아비가 잠든 정릉에 묻히지 못하고 지금의 태릉선수촌으로 유명한 태릉에 묻히게 됩니다.

관련왕릉을 알아봅시다!

■ 중종의 계비 장경왕후 윤씨의 희릉

경기도 고양시 덕양구 원당동 산37-1 | 사적 제200호 | 1537년(중종32) **조성**

중종의 첫 번째 계비 장경왕후의 능으로 처음에는 서울 서초구 내곡동 헌릉의 서쪽 언덕에 조성하였다. 그러나 김안로가 희릉 밑에 큰 돌이 깔려 있어 불길하다고 주장하여 1537년(중종32)에 지금의 고양시 서삼릉으로 옮기고, 그 뒤 중종의 정릉이 희릉 옆에 안장되면서 동원이강릉의 형식이 되었다. 이후 중종의 능은 1562년(명종17) 문정왕후에 의해 지금의 강남구 삼성동 선릉 옆으로 옮겨지고 장경왕후의 능은 다시 희릉으로 부르게 되었다.

■ 중종의 계비 문정왕후 윤씨의 태릉

서울시 노원구 공릉동 223-19 | 사적 제201호 | 1565년(명종20) **조성**

중종의 두 번째 계비인 문정왕후 윤씨의 능으로 왕비의 단릉이라고는 믿기 힘들 만큼 웅장한 느낌을 준다. 이는 당시 문정왕후의 세력이 어떠했는지를 짐작케 한다. 문정왕후는 사후에 중종 곁에 묻히는 것이 소원이었으므로 자신의 능과 함께 쓸 요량으로 장경왕후릉 옆에 있던 중종 왕릉을 선릉 부근으로 천장하였다. 그러나 새로 옮긴 중종의 능은 지대가 낮아 홍수 피해가 자주 일어나 그 자리에 함께 묻히지 못하고 현재의 위치에 안장되었다.

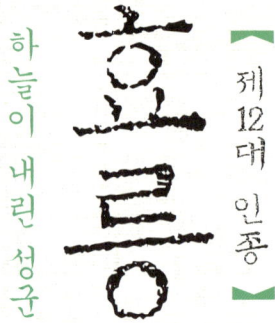

효릉 【제12대 인종】
하늘이 내린 성군

○ 경기도 고양시 덕양구 원당동 산38-4번지 | 사적 제200호 | 1545년(명종1) 조성

조선 제12대 인종과 인종의 비 인성왕후의 쌍릉으로, 효성이 지극했던 인종을 기려 능호도 효릉(孝陵)으로 정해졌다. 부모 옆에 묻어달라는 인종의 유언에 따라 부왕인 중종과 어머니 장경왕후의 능인 정릉 옆에 능을 조성하였으나, 1562년(명종17) 정릉이 지금의 강남구 삼성동 선릉 옆으로 옮겨갔고, 장경왕후의 능은 희릉이라는 능호로 바뀌어 효릉 옆에 있다.

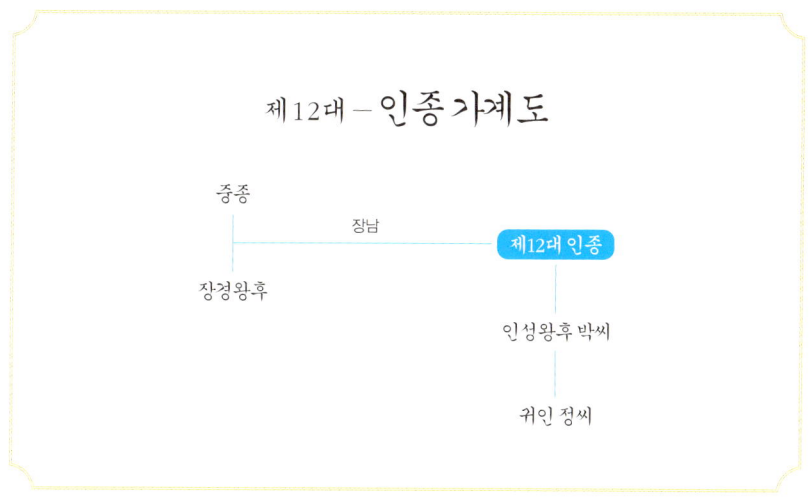

중종의 뒤를 이은 이가 인종입니다. 인종은 불행했습니다. 태어나자마자 어머니인 장경왕후가 승하한 것도, 계모인 문정왕후가 아들(경원대군, 훗날 명종)을 출산한 것도, 또 무엇보다도 30세가 되어가는 나이에 후사가 없다는 것도 그러했습니다.

그렇다고 아버지 중종의 보호를 받은 것도 아니었습니다. 중종은 세자인 인종과 문정왕후 소생인 경원대군 사이에서 갈등을 많이 했죠. 결국 왕위에 오르긴 했지만 세자 시절 아버지가 정치적 보호막이 되어주지 못했기에 인종에게는 치명적일 수밖에 없었습니다.

조정은 문정왕후와 경원대군을 지지하는 소윤과 인종을 지지하는 대윤으로 나눠져 정국은 불안했습니다. 그러나 인종은 성군이었습니다. 임금이 되자 아버지 대에 화를 입은 선비, 즉 사림파를 다시 궁궐로 불러들여 세력의 균등을 꾀하는 등 많은 변화와 개혁을 시도합니다. 하지만 그는 외삼촌 윤임과 거리를 둡니다. 윤임은 인종이 세자시절부터 늘 정치적 보호막이 된 인물이죠. 그런 인물들은 세자가 왕이 되면 그 권위가 임금을 능가하기 마련입니다. 하지만 인종은 오늘날로 치면 집권당과 같은 대윤(인종을 지지하는 세력)과 대윤을 대표하는 윤임과 늘 거리를 두며 정치적 중립을 유지하려 노력합니다.

사적으로도 인종은 문정왕후에게 최선을 다해 효도를 했고, 이복동생인 경원대군을 사랑으로 보살폈습니다. 그러나 문제는 그의 건강이었죠. 그럼에도 불구하고 대비전의 문후인사와 아버지 중종의 장례절차 등 왕실의 대소사를 처리하며 강행군을 감행합니다.

1545년 6월, 삼정승들이 올리길,
"내일 주다례(임금의 장례 후 정기적으로 낮에 지내는 제사)를 지낸 뒤 대비전(문정왕후)에 문안하겠다는 일을 전교하셨습니다. 다만 옥체가 아직 아주 강령하시지 못하고 날씨가 매우 더운데, 이때에 노동하시면 혹시 중병이 생길까 염려되니 멈추소서." 하니, 답하기를,
"내 요즘 기운이 많이 좋아졌으니 무더위가 있다 한들 편안히 앉아서 오래도록 제례를 그만둘 수 없다. 요즈음 중국의 사신을 접대하고 병환도 있어서 아들로서 할 일을 오랫동안 못하였으니, 내가 슬프다." 하였다.
주상께서는 대행왕(중종)의 승하에 지나치게 슬퍼하시기 때문에 원기가 날로 쇠약해지고 병세가 이미 무거워졌는데도 스스로 돌보지 않고, 사신을 대접하고 혼전에 제사하는 모든 일에 그 정성을 다하고 감히 조금도 게을리하지 않았다. 그러므로 병을 참고 굳이 거행하느라 병이 날로 더욱 깊어졌으나 신하들이 말릴 것을 염려하여 번번이 건강이 정상이라고 대답하여 병이 없는 듯하였다. 그러나 그 지극한 효성은 그지없다 하겠으나 나라와 백성이 관계되는 것만은 생각하지 않으신단 말인가? 원기가 이미 다하여

병세가 심해졌으니…. 아, 슬프다….

■ 조선왕실을 대표하는 최고의 효자, 인종

몸이 허약해진 임금을 속으로 매우 반기는 이들은 문정왕후와 경원대군을 추종하는 소윤들일 것입니다. 그렇게 인종의 병은 점점 더 악화되었고, 이를 인지한 인종은 왕위를 경원대군에게 이양할 것을 명하기에 이릅니다.

> 1545년 6월 29일, 이날 자정 경에 주상이 기절하였다가 다시 살아났다. 영상, 좌상과 여러 재상들이 다 빈청에 모이고 승지, 사관도 따라 참여하였는데, 영상 등에게 전교하기를,
> "내 병세가 더하기만 하고 줄지는 않으니 마침내 일어나지 못할 것이다. 그러므로 이제 경원대군(당시 12세)에게 전위하니 의정부와 승정원은 알라." 하였다.
> 이에 신하들이 반대를 하자, 임금은 "경들은 나를 보라." 하였다. 윤인경, 유관이 손으로 우러러 어루만져 보니 여윈 뼈가 앙상하여 차마 볼 수 없어 눈물이 쏟아지는 것을 참을 수 없었다.

문정왕후는 주상의 건강을 위로하는 척했지만 속으로는 쾌재를 불렀겠지요. 주상(인종)만 죽으면 다음 왕은 자신의 친아들인 경원대군이 왕위에 오를 것이니 말이죠.

그렇게 인종은 등극한 지 1년도 안 되어 짧은 생을 마감합니다.

새벽에 주상께서 경복궁 청연루에서 훙하였다.

사신은 논한다. 주상은 자질이 침착하고 온후하며 학문을 게을리하지 않고 효심은 타고난 것이었다. 세자 시절 종일 바로 앉아 모든 언행을 때에 맞게 하였으니 사람들이 그 한계를 헤아릴 수 없었다.

즉위한 뒤로는 극정을 처리할 때도 어떤 것 하나 이치에 맞지 않은 것이 없었다. 외척(왕의 친척들, 예를 들어 외삼촌 윤임 등)에게도 사사로운 감정을 두지 않으셨다. 부왕이신 중종께서 편찮을 때에는 관대(모자와 허리띠)를 벗지 않고 밤낮으로 곁에서 모셨으며 친히 약을 달이고 약은 반드시 먼저 맛보았으며 수라을 전혀 드시지 않았다.

부왕의 국상 때는 '여기는 아바마마께서 앉으신 곳이고 여기는 아바마마께서 기대신 곳이다.' 하고 종일 울며 슬퍼하셨다. 주상의 병이 위독하던 밤에는 도성 사람들이 모여서 밤새도록 자지 않았고 궐문에서 오는 사람이 있으면 주상의 증세가 어떠한가 물었으며, 승하하시던 날에 전국의 유생이 각각 소식을 듣고 궁궐로 달려와서 통곡하는 것이 밤이 되어도 끊이지 않았다. 미천한 지아비와 지어미까지도 거리를 메우고 길을 배워 누구나 다 가슴을 치고 슬퍼하였다.

아, 허다한 유생이 어찌 죄다 군자다운 사람이었겠으며, 미천한 지아비와 지어미도 누가 시켜서 그렇게 한 것이겠는가? 즉위한 지 한 해가 못 되었는데 인심이 이러하니, 덕이 사람을 감동시키기 쉽고 사람에게 깊이 들어간다는 것을 알 수 있다.

이 젊은 임금의 죽음으로 온 나라는 울음바다가 되었습니다.

인종의 승하는 슬픈 소식이지만 내심 반기던 문정왕후에게는 또 다른 기회가 찾아옵니다. 인종에게 왕위를 이어받은 친아들 경원대군이 조선 제13대 임금(명종)으로 즉위하게 된 것이지요.

몇 달 후 백성들의 슬픔을 뒤로 한 채 젊은 성군 인종은 그토록 같이 있

▲ 인종이 승하한 경복궁 청연루

고 싶어 했던 부모님의 능인 정릉(어머니 장경왕후와 아버지 중종의 능. 중종의 능은 강남으로 천장되기 이전임) 옆에 묻히죠. 세상에 얼마나 효심이 컸으면 묘호가 '효릉(孝陵)'일까요. 그러나 그의 효심을 시기라도 하듯 문정왕후는 훗날 중종의 능을 한강 이남 지금의 선릉 옆으로 옮겨버립니다.

강릉 【제13대 명종】

문정왕후의 치마폭에 휩싸인 임금

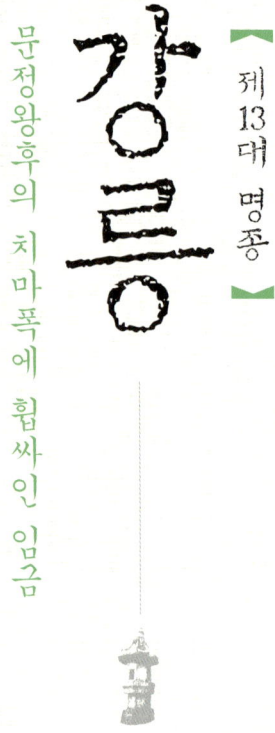

○ 서울시 노원구 공릉동 223-19 | 사적 제201호 | 1567년(선조1) 조성

강릉은 조선 13대 임금인 명종과 비 인순왕후의 능으로, 한 언덕에 왕과 왕비의 봉분을 나란히 마련하여 쌍릉으로 조성하였다. 정자각 왼편에는 둥근 어정(御井)이 있는데, 이는 왕이 왕래할 때 마실 물이나 제례를 위해 판 우물이다. 강릉의 무인석은 왼편과 오른편의 조각이 조금씩 다른 양상을 보이는데, 오른쪽은 투구가 작고 가슴 전면에 파도 문양이 조각된 반면, 왼쪽 무인석은 팔꿈치에 구름 문양, 등 위와 무릎 부분에 비늘 문양이 새겨져 있다.

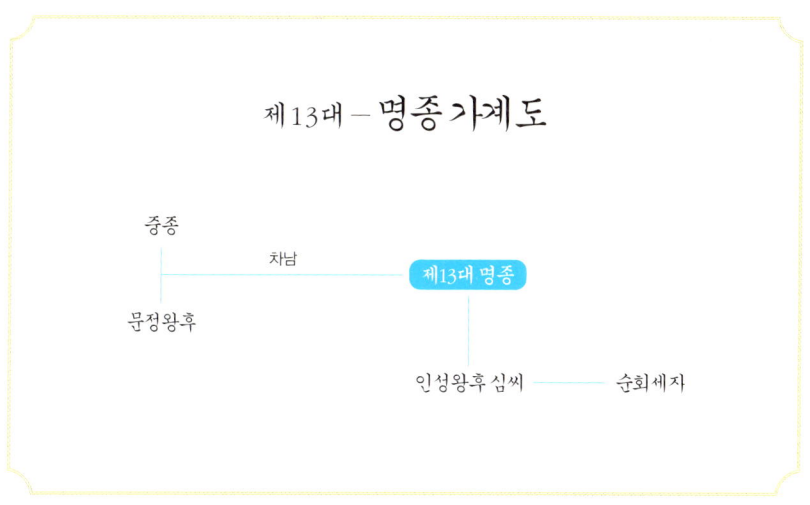

인종의 갑작스런 승하로 이복동생 경원대군이 조선 제13대 임금으로 등극합니다. 당시 그의 나이가 12살이었습니다. 결국 형식적인 왕위였고 모든 권한은 대비 문정왕후에게 있었습니다.

당시의 소문(인종의 독살설)대로라면 문정왕후는 양아들을 죽이고 친아들을 왕위에 앉힌 인물이 됩니다. 조선 초 성종이 비슷한 나이에 왕위에 올라 정희왕후가 수렴청정을 했던 것 기억나시죠? 정희왕후는 어린 손자 성종의 정치적 부담을 덜어주기 위해 많은 일을 하고 성종이 성인이 된 후 일선에서 물러났습니다. 하지만 같은 수렴청정을 했는데도 문정왕후는 그렇지 못했습니다.

문정왕후는 권력의 중심에 서서 온갖 일을 하며 여자 연산군처럼 폭정을 일삼았습니다. 정치는 날로 혼탁해지고 민심은 흉흉해졌습니다. 그녀는 오빠인 윤원형과 함께 인종을 지지했던 윤임의 대윤세력들 제거 작전에 나섭니다. 그들은 인종이 분명 경원대군에게 양위를 한다고 했음에도 윤임 등이 중종의 후궁 소생의 아들을 왕으로 옹립하려 했다며 역모로 몰아 수많은 신하들을 죽여버립니다. 엄청난 살인극이었습니다. 그때가 1545년 을사년으로 실록은 이 사건을 '을사사화'라 기록하고 있습니다.

　문정왕후와 윤원형은 이렇게 정치적 맞수들을 제거했고, 조정의 대부분은 인종이 그렇게 경계했던 왕실의 친척들, 즉 외척세력들이 장악하기에 이릅니다. 하지만 그들의 욕심은 끝이 없었습니다. 권력을 잡은 윤씨 남매는 이번 기회에 완전히 제거해야 한다는 명목으로 또 한 번의 사화를 일으켜 수많은 사람들을 죽게 만들죠. 앞선 을사사화를 통해 정적을 제거하고 권력을 잡은 윤씨 남매는 "위협으로부터 명종의 보위를 지켰다!"며 28명의 공신 명단을 발표하기에 이릅니다. 자기들이 거짓으로 만들어낸 사건을 자기들이 해결하고 그 공로를 인정해 상을 내린다고 하니 기가 막힐 노릇입니다.

　문정왕후와 윤원형의 횡포가 극에 달하고 있을 때인 1547년, 전라도 양재역에 "여왕(문정왕후)이 정치를 하고 주변의 간신들이 권력을 농락하여 나라가 망하려 하니 이를 서서 기다릴 것인가!"라는 벽서가 한 장 붙습니다. 이에 위기감을 느낀 윤씨 남매는 을사년의 뿌리가 남은 것이라 생각하여 대윤(인종 지지파)의 잔당으로 지목된 송인수 등을 죽이고 유배를 보내는 등

▲ 명종의 강릉에 조성된 석물

5년여 사이에 무려 100여 명의 신하들을 죽이거나 유배 보내게 됩니다. 이를 정미년인 1547년에 일어났다 해서 '정미사화'라 합니다. 이뿐만이 아닙니다. 정치가 아닌 개인적인 폭정도 계속됩니다.

■ **국교를 어기고 불교를 중흥시킨 문정왕후**

문정왕후는 불교 신자였습니다. 유교가 국교인 조선왕조지만 왕실 가족들 중에는 개인적으로 불교를 믿은 사람들이 많았습니다. 그들은 조심스럽게 종교 활동을 했습니다. 그런데 문정왕후는 달랐죠. 그녀는 대놓고 승려들을 궁궐 안으로 불러들여 승려에게 병조판서 자리를 맡긴다는 명을 내립니다.

또한 내수사를 매우 크게 확대합니다. 서울의 지도를 보면 경복궁 바로 앞에 내수동이란 동네가 있습니다. 원래 이 자리에는 내수사라는 관청이 있었는데, 이곳 내수사는 왕실 재산을 관리했던 관청이었습니다. 영국 왕실도 대대손손 왕실 소유의 재산이 있듯 조선시대에도 국가 재산이 아닌 왕실 재산이 있었는데 문정왕후는 이 내수사를 크게 확대합니다. 내수사가 커진다는 말은 왕실 재산이 불어난다는 뜻이고, 이렇게 그녀는 권력을 이용해 사유 재산을 늘리기 시작한 겁니다.

명종실록은 그 횡포가 얼마나 심한지를 직설적으로 보여주고 있습니다.

1550년, 주상이 아침 회의를 나갔다. 대왕대비가 함께 나아가 수렴하였다.
임권이 아뢰기를,
"중 보우는 극히 간사한 자입니다. 그를 따르는 자들은 재물을 빼앗기 위하여 사람을 살해하는 등 거리낌 없이 방자하게 굽니다. 형조가 강도를 추국할 때 승려가 반을 차지하였습니다." 하니, 대비(문정왕후)가 전교하기를,

"보우가 뭇사람을 현혹시킨다는 일에 대해서는 알지 못하겠다. 봉은사는 선정릉(성종, 중종의 능)의 수

▲ 중종의 정릉이 봉은사와 가까운 이유는 바로 문정왕후에 의해서이다.

호 사찰로 나라를 위해 힘써 일함이 다른 절과는 남다르다. 그래서 세간의 입방아에 많이 오르내리는데 조정에서조차 남의 말에 현혹됨을 면치 못하니 매우 옳지 못하다."
이에 사헌부(감찰기관)에서 아뢰기를,
"요즘 내수사를 칭하고 다니는 중들이 매우 많은데, 관원을 능멸하기도 하고 혹은 백성들의 토지를 강탈하기도 하여 그 폐단이 이미 현저하니, 일체 임명하지 마소서." 하니, (대비가) 윤허하지 않는다고 답하였다. 오랫동안 아뢰었으나 끝내 윤허하지 않았다.

■ 나라의 국운이 사라지다

어린 임금 명종은 문정왕후가 무서워 제대로 기를 펴지 못하고 그렇게 임금 아닌 임금 노릇을 하게 됩니다. 그러다 보니 왕실은 부정부패의 온상이 되고 이를 지적하는 신하들의 말은 묵살됩니다. 정직한 신하들은 모두 죽거나 유배를 가고 조정의 신하들은 문정왕후의 치마폭에 싸여 각자 자기 속 채우기에 바빴지요.

왕실의 재산은 증가하나 나라의 살림은 점점 바닥이 나고, 세금을 더 걷어야 하니 백성들은 세금을 못 이겨 굶어죽느니 차라리 도적떼가 되리라 마음먹었습니다. 이때 유명한 인물이 바로 백성들의 영웅 임꺽정이었습니다.

조정에서는 임꺽정을 잡으려고 혈안이 되었지만 쉽지가 않았지요. 오히려 백성들은 임꺽정 편이 되어 그를 숨겨주는 지경에 이릅니다. 이쯤 되니 사회는 극도로 혼란해지고 망조의 기운이 감돌기 시작합니다.

▲ 전국 각지에서 일어난 민란의 중심에는 임꺽정이 있었다.

이후에 명종이 성장한 이후에도 문정왕후는 명종을 여전히 어린 왕으로 취급하고 기득권을 놓으려 하지 않습니다. 하지만 그런 문정왕후도 세월을 비켜갈 수는 없었나 봅니다. 1565년, 드디어 문정왕후가 승하하게 됩니다.

당시 실록에 기록된 한 강직한 사관의 논평은 인종 대부터 명종 대까지의 역사를 한눈에 보여줍니다. 아래 글은 돌아가신 임금이나 왕비의 죽음을 슬퍼하며 그들의 일생을 간단히 요약한 내용입니다. 이와 같은 글은 일반적으로 긍정적인 부분을 살려 돌아가신 이의 공덕을 추모하는 경향이 있습니다. 그런데 이 글에는 온통 죽은 이의 뒷담화만 실렸답니다. 조선왕조실록 중 이런 식의 기록은 거의 처음이자 마지막이 아닐까 생각될 정도입니다.

사관은 논한다. 문정왕후는 천성이 강하고 글을 알았다. 인종이 세자 시절 문정왕후가 세자를 거복해 하자, 윤원형의 무리가 장경왕후(인종의 생모)의 아우 윤임과 틈이 벌어져 대윤, 소윤으로 나뉘었다. 이때 사람들이 모두 어머니 없는 세자를 걱정하였는데 중종이 승하하자 인종은 효도를 극진히 하여 계모인 문정왕후를 섬겼다. 그러나 문정왕후는 빈번이 원망하는 말을 하고 심지어 '원컨대 주상은 우리 가문(문정왕후와 경원대군)을 살려달라.' 고 말하기까지 하였다. 인종이 이 말을 듣고는 답답해하고, 또 (중종의) 상중에 과도히 슬퍼한 나머지 승하하게 되었다. 주상(명종)이 즉위하게 되어서는, 당시 사람들이 문정왕후의 욕심이 반드시 나라를 해칠 것을 근심하였는데 얼마 못 가서 문득 큰 옥사

(을사, 정미사화)를 일으켜 전에 인종을 따랐던 사람을 모두 역적으로 지목하였다.

… 대개 문정왕후가 전에 감정이 쌓이었고 뒤에 화를 얽어 만들었는데, 그 화가 길게 뻗치어 10여 년이 되도록 그치지 않았고 마침내 사림(士)을 짓밟고 으깨어 거의 다 죽이기에 이르렀으니, 이를 말하자니 슬퍼할 만한 일이다. 그 뒤에 불교에 대한 믿음이 끝이 없어서 내외의 창고(곡고)가 남김없이 다 고갈되고 뇌물을 공공연히 주고받고 백성의 논밭을 마구 빼앗으며….

20년 사이에 정치가 흐려지고 백성은 점점 곤궁해지니, 종사가 망하지 않은 것이 다행일 뿐이다. 더구나 정릉(중종의 능)은 안장한 지 거의 수십 년이나 되었는데, 장경왕후와 같은 무덤인 것을 미워하여 마침내 옮기기에 이르렀으니, 어찌 차마 그렇게 했단 말인가. 또 스스로 주상(명종)을 왕위에 앉힌 공이 있다 하여 때로 주상에게 '너는 내가 아니면 어떻게 이 자리에 앉을 수 있겠느냐?' 하고, 조금만 여의치 않으면 곧 꾸짖고 호통을 쳐서 마치 민가의 어머니가 어린 아들을 대하듯 함이 있었다.

주상(명종)의 천성이 지극히 효성스러워서 어김없이 받들었으니 때로 후원의 외진 곳에서 눈물을 흘리었고 더욱 목 놓아 울기까지 하였으니, 상이 울화병을 얻은 것이 또한 이 때문이다. 그래서 문정왕후는 사직의 죄인이라고 할 만하다. 옛말에 '암탉이 새벽에 울면 집안이 망한다.' 하였으니, 바로 문정왕후를 이르는 말이라 하겠다. 게다가 권세가 외척으로 돌아가 나라의 정치가 궁궐이 아닌 그들 개인 집에서 나오고, 뇌물이 공공연히 행해지며 기강이 문란하고 국가의 기운이 무너져서 장차 구원하지 못하게 되었다….

■ 아들 없는 명종, 조선 왕실 적통 계승의 역사가 끝나다

문정왕후는 이렇게 영욕의 삶을 마감했지만 조정과 사회는 걷잡을 수 없이 혼탁해졌습니다. 더군다나 명종 역시 후사 없이 점점 더 건강이 악화되어갑니다. 명종에게는 아들이 한 명(순회세자) 있었지만 13살에 죽어 사실상 명종에게는 후사가 없었습니다.

자신이 죽으면 엄청난 혼란이 초래될 것은 뻔한 일이었기 때문에 명종은 건강이 더 악화되기 전에 왕실 가족들 중 한 명을 양자로 삼아 왕통을 이을 생각을 합니다. 아버지 중종에게는 명종 이외에도 바로 전 임금인 인종 그리고 후궁들에게 7명의 아들들이 있었습니다. 모두들 명종에게는 배다른 형제들이라 할 수 있습니다. 그리고 이들 형제들 중 덕흥군의 아들인 하성군 이균을 자신의 양자로 들입니다. 그가 바로 조선 제14대 임금인 선조입니다.

▲ 강릉의 참도와 정자각

후사를 정한 명종은 어머니 문정왕후가 승하한 지 2년 만에 그렇게 존재감 없이 생을 마감하고, 어머니 능(태릉) 옆인 강릉에 묻힙니다.

3부

조선 후기 왕릉

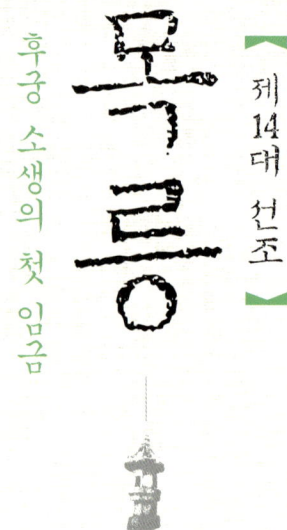

목릉

【 제14대 선조 】

후궁 소생의 첫 임금

○ 경기도 구리시 인창동 산4-3 | 사적 제193호 | 1600년(선조33) 조성

동구릉의 가장 깊숙한 곳에 위치한 목릉에는 14대 선조와 의인왕후, 계비 인목왕후가 잠들어 있다. 목릉의 영역은 원래 1600년(선조33) 의인왕후가 승하하자 왕비릉인 유릉(裕陵)의 터로 정해진 곳이다. 그런데 1608년(광해군 즉위) 선조 승하 후 선조의 능인 목릉은 원래 건원릉의 서편에 조영되었는데, 물기가 차고 터가 좋지 않다는 상소에 따라 1630년(인조8)에 지금의 위치로 천장되고 유릉과 목릉의 능호를 합쳐 목릉이라 부르게 되었다. 그 후 1632년(인조10)에 선조의 계비 인목왕후가 세상을 떠나자 계비의 능을 왕릉의 동편 언덕에 조성하여 지금의 세 능을 이루게 되었다.

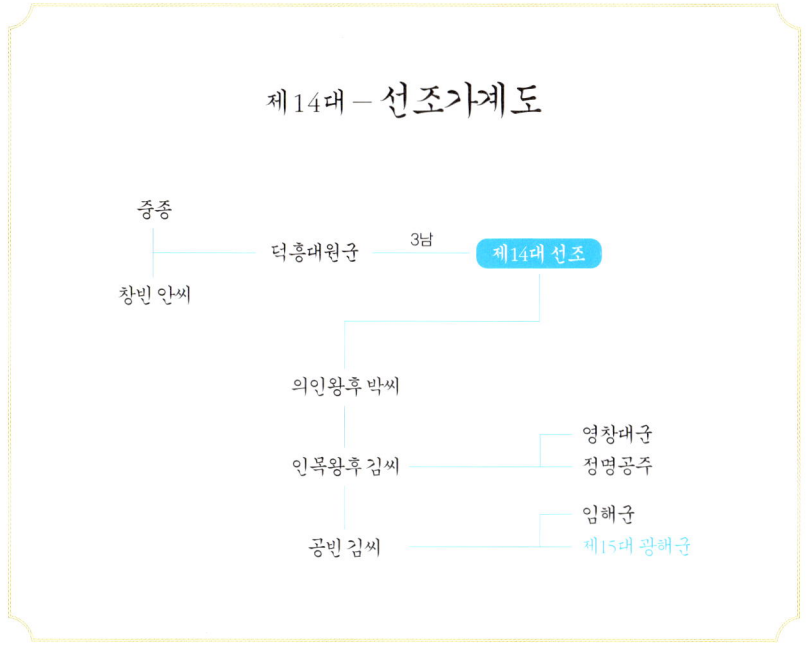

외아들 순회세자가 일찍 죽자 명종은 어쩔 수 없이 자신의 후사를 이을 세자를 조카들 중에 찾습니다. 그는 어느 날 이복형 덕흥군(중종의 7남)의 아들들을 궁궐에 불러들입니다.

명종은 자신의 익선관을 벗어 주며 조카들에게 차례로 써보라고 합니다. 그러다 막내 차례가 되었는데, 갑자기 꿇어앉아 "임금께서 쓰시는 것을 감히 신하된 자가 어찌 쓰겠습니까?"라며 사양을 하는 겁니다. 이에 놀란 명종은 대견해서 "그렇다면 임금과 아버지 중 누가 더 중요한가?"라고 물어보니, "임금과 어버이는 비록 다르지만 충효는 모두 다를 게 없사옵니다." 라며 고개를 숙였다고 합니다. 이때 명종은 이 막내 조카를 후사로 점찍었고 그에게 왕위를 넘깁니다. 그가 조선 제14대 임금 선조입니다.

선조는 조선이 개국되고 첫 후궁 소생의 임금으로 기록됩니다. 여기서 선조의 아버지 덕흥군처럼 자신은 왕이 아니지만 아들이 왕이 되어 신분이 상승되는 경우가 있는데, 이를 대원군이라 부릅니다. 당시 이미 이 세상 사람이 아니었던 덕흥군은 아들(선조)이 왕위에 오름으로써 역시 조선 최초의 대원군 지위를 받아 덕흥대원군이라 불리게 됩니다.

◆ 선조의 능에서 바라본 정자각과 참도

■ 학문을 좋아한 혈혈단신의 임금, 선조

선조의 할아버지는 중종이고 할머니는 중종의 후궁인 창빈 안씨입니다. 후궁의 후손, 그것도 손자이니 주변에 막강한 세력을 가진 사람들이 있을 리가 없죠. 여기서 잠시 명종과 인종 대로 거슬러 올라가볼까요?

임금의 친인척들, 예를 들어 명종의 어머니 문정왕후, 인종의 삼촌 윤임처럼 당대에는 외척들이 막강한 권세를 누리며 조정을 장악하고 있었습니다. 그런데 선조는 그런 친척들이 없었습니다. 그렇다고 할아버지 중종처럼 왕위를 신하들이 앉혀준 것도 아니지요. 그러니 일명 훈구파들은 자연스럽게 세력이 약화되고 주변의 별다른 압력이 없었던 선조는 스스로 신하들을 발탁하게 되는데, 그들이 바로 명종 대에 사화로 쫓겨난 사림파 학자들이었습니다. 물론 여기에는 선조의 개인적인 취향이 많이 작용했습니다. 성종처럼 워낙 학문을 좋아해서 선조실록 초반의 기록을 보면 선조의 그 같은 성향을 잘 알 수 있습니다.

> 신하들이 아뢰길,
> "매우 추운 때와 한더위에는 선대왕들께서도 경연을 정지한 적이 있었습니다. 이제 더위가 한창이고 명종대왕의 제사 또한 곧 있으니 우선 경연을 중지하고서 간혹 청명하고 시원한 날이 있으면 형편을 보아 시행하시는 것이 어떻겠습니까?" 하니, 답하기를,
> "나에게 질병이 없어 별로 조리하거나 보양할 일도 없으니 경연을 전과 같이 하라." 하였다.

■ **사림파의 성장과 붕당**

학문에 대한 선조의 관심은 자연스럽게 사림파의 성장으로 이어졌습니다. 시간이 흐르고 점점 커진 사림파! 학자 출신답게 같은 유교를 공부를 하는 사람들이었지만 학자들마다 사물을 바라보는 시선은 조금씩 달랐습니다. 사물을 보는 관점에 따라 어떤 이들은 물질을 중시하고, 어떤 이들은 정신에 더 많은 가치를 두었습니다. 이황과 이언적 등은 "결국 정신이 중요하다!"라고 주장했던 '주리론학파'였습니다. 그런데 이를 인정할 수 없다며 정반대의 이론을 주장하는 이들도 있었어요. 이이 등은 반대로 "보이지 않는 건 의미가 없다! 물질이 주가 되어야 한다"라고 주장했는데 이들을 '주기론학파'라고 합니다.

사림파가 주가 된 조정은 자연스럽게 주리론파와 주기론파로 나눠지는데, 이때 주리론파들은 도성의 동쪽에, 주기파들은 서쪽에 모여 살아 이들을 다른 말로 동인, 서인으로 구분해 부르기 시작합니다. 이후 자존심 강한 두 집단의 갈등은 점점 심해져 이때부터 실록에서는 '붕당'이란 단어가 나오기 시작합니다.

붕당(朋黨)이란 한자를 보면 친구 '붕'과 무리 '당'을 써서 친구들, 즉 뜻을 같이하는 이들이 무리를 짓는다는 뜻으로 바로 동인과 서인을 지칭합니다. 이후 조선은 300여 년 동안 붕당정치가 이루어집니다. 붕당정치로 신하들이 정쟁만 일삼고 부정부패가 난무해 조선이 결국 망했다는 식의 이야기가 종종 들리는데, 사실 이는 일제시대 때 일본 학자들에 의해 만들어낸 과장된 이야기입니다. 오늘날 민주주의 의회도 한쪽으로 쏠리는 현상을 막고 상호 견제하며 발전해오고 있듯, 조선의 붕당정치는 지금의 의회정치와 비

숫한 제도였습니다. 물론 붕당의 폐해는 분명 있었으나, 그것 때문에 나라가 망했다는 것은 무리가 있습니다.

■ 200여 년간의 평화와 소홀해진 국방

 이처럼 성리학에 관심이 많은 임금 선조는 사림파들을 포진시켰고 사림은 정치적 이념과 이해에 따라 편이 갈려 붕당정치가 실시됩니다. 하지만 뭐든 초창기 때는 많은 시행착오를 겪게 되듯 동인과 서인은 서로 기선을 빼앗기지 않기 위해 치열한 공방을 벌입니다. 그러니 자연스럽게 국방엔 소홀하게 되겠죠. 또한 조선 건국 후 200여 년간 큰 전쟁의 경험이 전무한 상태였기 때문에 임금을 비롯한 모든 신하들이 전쟁에 대해 별 걱정이 없었습니다. 물론 조선이 늘 상국으로 모시는 명나라가 여차하면 도와주겠지 하는 안일함도 있었을 겁니다.

 그러나 정치적 변화기를 겪고 있던 조선과 달리 이웃나라 일본은 전쟁 준비에 모든 국력을 쏟고 있었습니다. 당시 일본은 중국 정벌이란 전쟁 선언을 합니다. 전쟁은 예나 지금이나 국력을 모으는 가장 중요한 명분이 되는 통치 수단이 된다고 합니다. 전운이 감돌자 이를 눈치 챈 조선 조정은 통신사(특사)를 파견해 일본의 정세를 살핍니다. 그런데 같은 날 길을 떠난 두 명의 특사 황윤길(서인)과 김성일(동인)은 전혀 다른 의견을 내놓습니다.

> 통신사 황윤길 등이 일본에서 돌아왔다. 상이 하문하기를, "도요토미는 어떻게 생겼던가?" 하니, 황윤길이 아뢰기를, "눈빛이 반짝반짝하여 담과 지략이 있는 사람인 듯하

였습니다." 하고, 김성일은 아뢰기를, "그의 눈은 쥐와 같으니 족히 두려워할 위인이 못됩니다." 하였는데, 당시 김성일은 황윤길이 그렇게 주장하는 것은 서인들이 세력을 잃었기 때문에 인심을 교란시키는 것이다 하였다.

각기 다른 의견을 내는 이들의 보고에 조정에서는 매일같이 격론이 벌어지고 결국 선조는 전쟁이 발발하지 않는다는 주장을 받아들입니다. 참으로 안타까운 결정이었죠. 당시 걱정이 태산이던 유성룡은 "만일 전쟁이 나면 어떻게 하려고 그러시오?" 하니, 김성일이 말하기를, "나도 어찌 왜적이 나오지 않을 것이라고 단정하겠습니까. 다만 온 나라가 놀라고 의혹될까 두려워 그것을 풀어주려 그런 것입니다." 하였답니다.

▲ 풀을 뜯으려는 듯 앙증스러운 모습의 석양

■ 민족 최대의 비극, 왜란

그러나 그들의 생각과 달리 1592년 4월 13일, 20만이 넘는 일본 병력이 조선을 침략하는 조일전쟁이 터지고 맙니다(일본은 7년간 두 차례의 큰 전쟁을 일으키는데, 1차 조일전쟁은 임진년에 일어났다 해서 임진왜란, 2차는 정유년의 정유재란임). 왜군은 순

▲ 선조와 정비 의인왕후, 계비 인목왕후 등 3기의 능이 모여 있는 목릉의 신도는 정자각에서 3기의 능으로 각각 뻗어 있는 특이한 구조다.

식간에 한반도를 점령하고 수도인 한양 앞까지 진격합니다.

전쟁 준비를 거의 하지 않았던 조선 조정은 급히 공석이었던 세자 책봉을 준비합니다. 당시 선조에게는 의인왕후가 있었지만 자식이 없는 관계로 선조는 후궁인 공빈 김씨 소생의 광해군을 세자로 앉히고 급하게 피난길을 떠나게 되죠(전쟁은 국가 비상사태이기 때문에 혹시 모르는 변을 대비해 반드시 세자를 세워야 함).

이렇게 왕조의 수명이 다해가는 것일까요? 그러나 우리에겐 성웅 이순신과 내 나라를 지키겠다고 일어선 의병들이 있었습니다. 특히 이순신의 23전 23승 무패 신화는 우리가 그를 영웅이라 칭하는 데 주저함이 없게 만듭니다. 이렇게 성웅 이순신과 의병의 활약 그리고 명나라 군대의 파병으로 7년간의 조일전쟁은 세 나라 모두에게 막대한 피해를 남기고 끝이 납니다.

■ 왕비 소생이냐 후궁 소생이냐 갈등하는 선조

전쟁 후 나라가 한창 전쟁 피해 복구에 총력을 기울이고 있을 때 선조의 정비 의인왕후가 자식 없이 승하합니다. 선조는 자신이 후궁 소생이라는 출생 콤플렉스로 평생 동안 마음고생을 한 임금이죠. 그래서 세자만큼은 떳떳하게 정비 소생의 아들을 세우고 싶었지만 갑자기 일어난 전쟁 때문에 어쩔 수 없이 후궁 소생의 광해군을 세운 것을 안타까워하고 있었습니다.

결국 선조는 50세의 늦은 나이에 18세의 어린 중전(인목왕후)을 맞이하게 됩니다. 그런데 당시 세자인 광해군의 나이가 27살이었습니다. 계모가 아들보다 9살이나 어린 것입니다.

그런데 일은 또 터집니다. 어린 중전이 아들(영창대군)을 낳은 겁니다. 선조 입장에서는 평생 바라던 정비 소생의 아들이겠지만, 30살의 나이 든 세자 광해군에게는 큰 정치적 부담이 되겠죠. 선조처럼 자신도 후궁 소생의 세자인데 정비 소생의 아들이 생겼으니 말입니다.

신하들은 선조의 의중을 읽고는 광해군은 전쟁 때문에 어쩔 수 없이 세운 세자이고 이제 전쟁도 끝나고 중전마마 소생의 귀한 아기가 태어나니 당연히 세자 자리는 영창대군에게 돌아가야 한다는 분위기를 조성합니다. 이로써 조정은 광해군을 미는 세력과 영창대군을 옹호하는 세력으로 갈리게 되죠.

선조는 이런 분위기 속에 빠른 결정을 하지 못합니다. 그렇게 결정을 내리지 못한 채 시간이 갈수록 선조의 건강은 점점 더 악화되고, 결국 선조는 나중에서야 결심을 합니다. 그리고 승하 당일 신하들에게 유서 한 장을 남기고 눈을 감습니다.

> 1608년 2월 1일, 유서를 빈청(삼정승의 회의 장소)에 내렸는데, 그 내용은 다음과 같다.
> "세자 광해는 보거라. 영창대군을 비롯해 형제 사랑하기를 내가 있을 때처럼 하고, 혹 형제들을 비방하는 신하들이 있어도 삼가 듣지 말라. 이로써 너에게 부탁하니 모름지기 내 뜻을 몸받아라."

광해군은 아버지 선조의 유지를 받들어 조선 제15대 임금으로 등극합니다. 그런데 과연 광해군은 아버지의 유언대로 형제 사랑하기를 선조가 있을 때처럼 할 수 있었을까요?

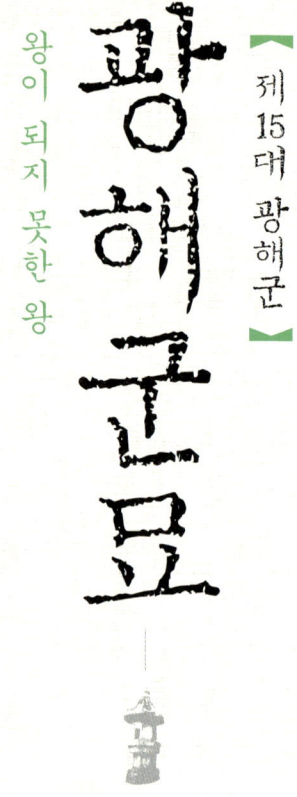

【제15대 광해군】

왕이 되지 못한 왕

광해군묘

○ 경기 남양주시 진건읍 송능리 산59 | 사적 제363호 | 1643년(인조21) 조성

조선 제15대 광해군과 문성군부인 유씨의 무덤으로, 난간석이나 석물 등이 없어 초라한 분위기이다. 인조반정으로 폐위된 광해군은 유배지인 제주도에서 사망한 뒤 그곳에 묻혔다가 1643년 지금의 경기도 남양주시로 이장되었다. 광해군의 부인인 문성군부인 유씨 역시 광해군과 함께 폐위되어 강화로 유배되었다가 사망하여 양주군 적성동에 묻혔는데, 광해군이 사망한 뒤 광해군의 무덤 옆으로 이장되었다.

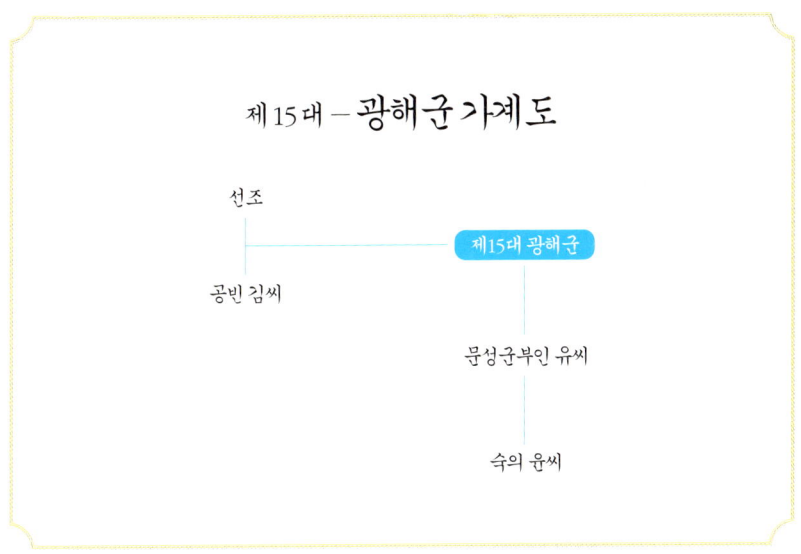

조선 제15대 임금은 광해군입니다. 연산군처럼 역시 묘호가 없습니다. 묘호가 없다는 것은 임금의 자리에 있던 도중 쫓겨났다는 뜻이죠. 하지만 광해군은 연산군과는 조금 다른 관점에서 접근해야 할 듯합니다.

우선 조선 전기인 연산군 시대에는 왕권이 매우 강할 때였습니다. 왕권이 강한 연산군은 자신의 힘만 믿고 말 그대로 광인 짓을 하다가 폐위되었습니다. 하지만 신권이 왕권 이상으로 강했던 조선 중기 광해군은 연산군과 다르게 왕권을 가진 자의 오만함이 아니라, 신하들의 세력 다툼에 의해 희생양으로 폐위된 왕입니다.

▲ 광해군의 묘

■ 광해군의 개혁정치

　광해군은 카리스마 있는 똑똑한 왕자였습니다. 그의 진가는 임진왜란 때 발휘됩니다. 직접 군사를 이끌어 전투에 참여하기도 하고 곳곳을 다니며 군사들을 격려했습니다. 그의 리더십은 명나라도 인정할 정도였는데, 아버지가 벌인 일을 아들이 수습한 모양새가 되고 말았지요.
　우여곡절 끝에 전쟁이 끝나고 광해군은 왕위에 등극합니다. 그에게는 할 일이 너무나 많았습니다. 전쟁으로 황폐해진 국토를 복구해야 함과 동시에 자신과 어린 동생(영창대군) 사이에 갈라진 신하들의 붕당 역시 조절해야 했고, 외교적으로 한창 세력이 커지는 후금(훗날 청나라)을 견제해야 했습니다.

이 중 가장 큰 일은 전후 복구였습니다. 그런데 문제는 복구 비용, 즉 세금이 필요하다는 것이었습니다. 이때 광해군은 세금제도에 많은 문제점이 있다는 것을 발견합니다.

당시 백성들은 세금을 특산품으로 바쳐야 했습니다. 예를 들어, 어떤 지방의 특산품이 꿩고기라면 한창 농사일에 바쁜데도 세금을 내기 위해 백성들은 꿩을 잡으러 다녀야 했던 거죠. 그러니 대신 꿩을 잡아주고 돈을 받는 방납인이 등장합니다. 그들은 꿩 고기를 대신 납품해주고 훨씬 많은 돈을 받으며 이윤을 챙겼습니다. 이를 본 광해군은 특산품 대신 모든 세금을 쌀로 내게 함으로써 백성들의 부담을 줄였고, 나라는 세금으로 거둬들인 쌀을 이용해 필요한 물건을 삽니다. 이것을 '대동법'이라고 합니다. 그러나 당시 토지를 많이 소유하고 있는 양반층과 방납인들의 반대로 대동법은 경기 지역에서만 실시되었습니다. 이는 광해군의 정치적 힘이 약했다는 증거이기도 합니다.

당시 광해군을 지원하는 세력들은 매우 미미했습니다. 아버지 선조가 승하할 때 조정 신하들의 대부분은 꼬마 영창대군을 지지하는 서인세력이었습니다. 그들은 당연히 영창대군으로 세자가 바뀔 것이라 생각했지만 그렇지 못했던 거죠. 이렇게 해서 조정은 영창대군을 지지했던 서인세력과 세자 광해군을 지지했던 소수의 북인세력으로 나뉘게 됩니다. 말 그대로 여소야대의 형국이 된 거죠. 그러니 광해군의 개혁정책은 결코 쉽지 않았습니다.

■ 반복되는 역사! 광해군의 비극

　1613년 4월, 전라도 지방의 서얼(아버지는 양반이고 어머니는 평민) 출신 일당들이 지나가는 행인을 죽이고 돈을 빼앗는 사건이 터집니다. 평범한 살인사건인듯 싶었으나 서얼 출신들은 그 돈으로 자금을 만들어 영창대군을 왕으로 추대하려는 역모사건을 꾸미려 했던 겁니다. 조정은 난리가 났죠.
　단종복위사건을 기억하시나요? 상왕으로 물러난 단종은 가만히 있었으나 그를 추종하는 세력들이 일을 저질러 결국 어린 단종을 죽음에 이르게 했던 바로 그 사건과 너무나 흡사한 일이 벌어지고 맙니다. 당시 많은 신하들은(서인세력) 여전히 후궁 소생의 광해군을 왕으로 인정하지 않고 있었습니다. 그들에겐 선조의 계비(인목왕후) 소생이었던 영창대군이 있기 때문이었죠. 언제든지 기회만 되면 영창대군을 왕위에 올리고 싶은 그들이었습니다.
　그런데 때마침 이 사건이 터지자 북인세력은 이를 계기로 어린 영창대군을 역모에 가담시키며 광해군에게 유배를 보내라고 주장합니다. 하지만 광해군은 절대 그럴 수 없다고 거부합니다. 광해군은 아버지 선조의 유언대로 동생에게 해를 가할 생각이 없었습니다. 하지만 권력의 습성은 결코 이를 용납하지 않았습니다. 영창대군이 존재하는 한, 이 같은 일은 언제든 다시 반복될 수 있었기에, 결국 영창대군은 강화도에서 살해되고 맙니다(지금도 인천시 강화읍에는 '살창' 이라는 마을이 있습니다. 영창대군을 살해했다는 의미의 이름입니다).

> 1614년, 강화 부사 정항이 영창대군을 살해하였다. 정항은 영창대군의 집에 가시로 울타리를 치고 주변에 사람을 엄중히 금하고, 음식물을 넣어주지 않았다. 침상에 불을 때서 눕지 못하게 하였는데, 영창대군이 창살을 부여잡고 서서 밤낮으로 울부짖다가 기

력이 다하여 죽었다.

광해군 세력은 여기에서 멈추지 않고 영창대군의 생모인 인목왕후의 아버지 김제남을 역모사건에 연루시켜 죽이고, 심지어는 인목왕후마저 죄인(김제남)의 딸이란 이유로 궁궐에서 쫓아내 서궁(지금의 덕수궁)에 위폐시킵니다.

■ 수상한 중국대륙 그리고 광해군의 판단

영창대군이 죽은 지 몇 년 후, 이제는 중국이 수상한 조짐을 보였습니다. 명나라 옆에는 오랑캐라 불리는 후금이란 나라가 있었는데 후금이 점점 강해져 이제는 대국 명나라까지 위협을 하게 됩니다. 당황한 명나라는 조선에 파병 요청을 하지요. 하지만 광해군은 이를 쉽게 받아들일 수가 없었습니다. 임진왜란을 직접 경험한 광해군에게 전쟁처럼 잔인하고 무서운 것은 없었으니까요.

이제 겨우 전후 복구가 되고 있는 시점에서 또 전쟁에 참여해야 한다는 것은 너무나 큰 모험이었습니다. 더욱이 광해군이 보았을 때 이제 명나라는 망해가는 나라였고 후금은 성장하는 젊은이의 형상이었습니다. 오히려 대세는 후금이지 명나라가 아닌데 이 와중에 명나라를 도와 후금을 친다는 것은 모험이고 현실성이 없는 일이었습니다. 그래서 광해군은 신하들을 설득시킵니다.

"지금 훈련되지 않은 우리 군졸을 적의 소굴로 몰아넣는 것은 비유컨대 양떼를 가지고 호랑이를 공격하는 것과 같으니, 정벌에는 아무런 도움을 주지 못한 채 우리 입장으로 보면 도리어 큰 피해만 입게 될 것이다. 내 견해는 이러하니 비변사에 이모저모로 상의해 선처토록 하라."

그러나 신하들은 임진왜란 때 도와준 명나라를 배신하면 안 된다며 오직 명나라를 향한 짝사랑만 외치고 있었습니다.

신하들이 아뢰기를,
"중국 조정은 우리나라에 있어 임진왜란 때 구원해 준 망극한 은혜가 있으니 차라리 나라가 망할지언정 보내지 않을 수는 없는 일입니다." 하였다.

심지어 광해군을 지지했던 대북파조차도 파병을 요청합니다. 광해군은 얼마나 답답했을까요? 하지만 국제 정세를 명확히 이해하고 임금을 도와줄 이들은 없었습니다. 결국 광해군은 파병을 결정합니다. 그러나 파병 대장 강홍립에게 이런 얘기를 합니다.

임금이 도원수 강홍립에게 명하였다.
"파병시 중국 장수의 말을 그대로 따르지만 말고 오직 패하지 않을 방도를 강구하는 데에 힘을 쓰라."

여기서 광해군의 어명 중 '패하지 않을 방도를 강구하라'는 말은 무엇을 의미하는 걸까요? 승리는 중요치 않으니 우리 군사들에게 최대한 피해가 가지 않도록 하라는 뜻이겠죠. 즉, 최후의 순간에는 항복을 하라는 말이었습니다.

광해군은 명나라에게 노력하는 시늉을 그리고 후금(훗날 청나라)에게는 자신들의 상황을 이해시키는 중립외교를 시도했습니다. 이는 광해군이 얼마나 정확히 당시의 국제정세를 꿰뚫고 있었는지 잘 말해주는 증거입니다. 그러나 이런 광해군의

▲ 조선군 강홍립은 광해군의 명에 의해 고의적으로 후금에게 항복했다.

의지와 다르게 조정 대신들은 강홍립이 오랑캐에게 항복을 했다는 소리에 그에게 죄를 물어야 한다며 난리를 칩니다. 그러나 광해군은 허락하질 않습니다. 자신의 명에 의해 그렇게 했으니 말이죠.

"장수란 전쟁터에서 군사의 목숨을 책임지는 중요한 신분이며 이는 나라의 존망이 달려 있기 때문에 고금천하의 법 중에 군법만큼 엄한 것은 없습니다. 그런데 강홍립 등은 자신이 총 책임자가 되어 적지에 깊숙이 들어가서는 중국 장수와 함께 힘껏 싸워 목숨을 바치지 않고 도리어 투항을 청하여 적의 뜰에 무릎을 꿇었으니, 신하의 대의가 땅을 쓸듯이 완전히 없어졌습니다. 어찌 통탄스럽지 않습니까? 그런데도 버젓이 장계에 오랑캐와 화친을 맺으라고 청하는 말을 쓰니 청컨대 강홍립, 김경서의 가족을 모조리 잡아서 구금하라고 명하심으로써 군법을 변경할 수 없다는 것을 분명히 보이소서." 하였으나 왕이 윤허하지 않았다.

■ 역사의 물줄기는 또다시 바뀌고…

명나라가 세상의 중심이며 명나라는 조선이 섬겨야 할 어버이 같은 나라

▲ 대동법 시행을 반기는 백성들에 의해 만들어진 대동법 기념비

라 믿었던 거대 야당 서인세력은 더 이상 광해군과 함께할 수가 없다고 판단해 새 임금 후보를 물색합니다. 그리고 광해군의 조카인 능양군(선조의 후궁 인빈 김씨의 소생인 정원군의 아들)을 새로운 왕으로 추대하기로 결정하고 반정 계획을 잡습니다. 반정세력들은 능양군에게 반정 사실을 알리고 바로 광해군이 거처한 창덕궁을 급습합니다. 연산군 대의 중종반정이 그랬던 것처럼 순식간에 궁궐을 포위하고 광해군을 생포하는 데 성공하죠.

순식간에 일어난 반정의 성공으로 능양군은 폐위된 광해군의 옥새를 받으며 왕위에 오르니 그가 제16대 인조입니다. 역사의 흐름이 또 한 번 바뀌는 순간입니다. 그 뒤 광해군은 왕으로 있던 시간보다 폐주로서 더 오랜 시간을 유배지에서 보내다 제주도에서 생을 마감합니다.

그가 떠난 후 서인세력들과 인조는 망해가는 명나라에게 끝까지 충성을 외치다 결국 후금(청나라)을 자극시켜 임진왜란 이후 대 참변인 병자호란을 야기시키고, 급기야 인조는 청나라 태종에게 머리 숙여 항복을 하는 치욕까지 당하게 됩니다.

17세기 급변하는 중국의 정세를 유일하게 꿰뚫어본 임금 광해군은 혼란 속에 오직 조선의 살 길을 모색하고 미래를 준비하려 했던 임금이었습니다. 그러나 역사는 승자의 기록이기에 그를 평가받지 못한 폐주로 기록하고 있습니다.

왕이지만 왕릉에 묻힐 수 없었던 초라한 광해군의 묘를 보세요. 만약 광해군이 계속 집권을 했다면 과연 조선의 역사는 어떻게 되었을까요?

장릉 【제16대 인조】

명분 약한 반정의 주인공

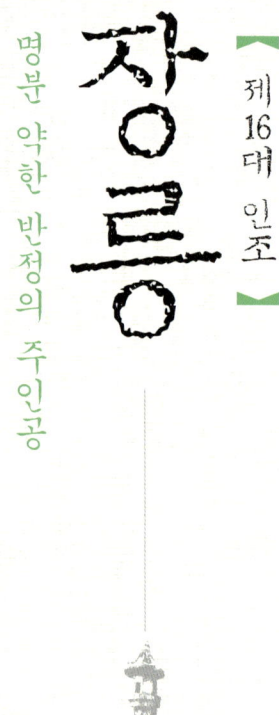

○ 경기도 파주시 탄현면 갈현리 산25-1 | 사적 제203호 | 1731년(영조7) 조성

10만 평 규모의 장릉에 들어서면 수백 년 묵은 참나무와 느티나무들이 남아 있다. 쭉 뻗은 참도를 걸어가며 주위를 둘러보면 감탄사가 절로 나올 만큼 풍광이 웅장하다. 본래 경기도 파주시 운천리에 인렬왕후릉을 먼저 조성하고 인조 승하 후 곁에 인조의 능을 조성했다가 1731년(영조7)에 지금의 위치로 옮겨와 합장릉의 형식으로 다시 조성되었다.

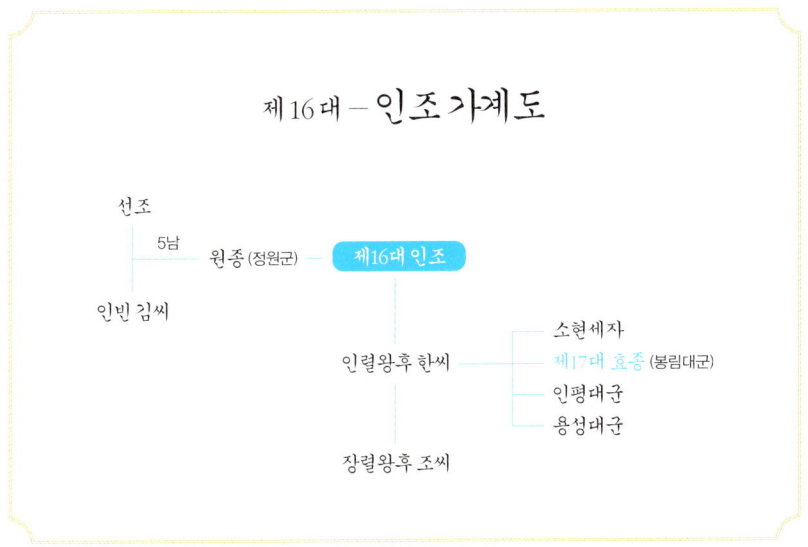

조선 제15대 임금 광해군은 지지 세력의 한계 등 여러 가지 정치적 이유로 왕위의 자리에서 쫓겨났습니다. 그를 쫓아낸 인조반정 세력들은 그 이유 중 하나를 '부모와 같은 중국 조정의 은혜를 저버렸기 때문이다' 라고 합니다. 폐주 광해군은 자신들이 하늘처럼 떠받들던 명나라를 배신하고 감히 오랑캐(후금, 훗날 청나라)와 손을 잡으려 했다는 것입니다.

이제 조선 조정은 진명파라 자부하는, 인조반정을 주도한 서인세력들로 채워지고 인조는 그들에 의해 왕위에 오릅니다. 이를 중종반정과 함께 비교해볼까요?

중종반정은 연산군을 몰아내고 연산군의 배다른 동생이 왕위에 오른 사건입니다. 당시 연산군의 광기에 가까운 폭정으로 나라의 틀이 무너질 처지에 있었기에 어찌 보면 반정은 너무나 자연스러운 과정일 수 있었지요. 하지만 인조반정은 좀 다릅니다. 쫓겨난 광해군의 정치가 백성과 나라 전체를 흔들 만큼 위태롭지 않았습니다. 오히려 대동법처럼 백성들의 지지를 얻는 경우도 많았지요. 그러니 몇 가지 정치적 이유로 왕을 내쫓았던 인조반정의 명분은 중종반정에 비해 약할 수밖에 없었습니다. 실제로 인조실록을 보면 멀쩡한 왕을 쫓아냈다며 반정 이후 전국에서 크고 작은 반란들이 끊임없이 일어납니다.

이와 같이 계속되는 역모 사건은 국방력 약화라는 후유증을 초래합니다. 역모란 결국 군사를 모아 왕과 중앙정부를 공격하는 정치행위입니다. 군권은 국왕에게 있지만 군사를 훈련하는 이들은 지방의 수령들이니 인조와 중앙정부는 혹시 모를 반란을 예방하기 위해 그들을 더욱더 감시하게 됩니다. 심지어 늘 있는 아주 작은 군사훈련 하나도 중앙정부에 보고하게 만들죠. 그러니 훈련이 제대로 되었을까요? 당시 지방 병마사를 맡고 있던 한 장수는 조정에서는 내가 마음대로 훈련시키거나 기르지 못하니 강한 적을 만나면 도리가 없다며 상황을 안타까워했다고 합니다.

■ 정묘호란과 정신 못 차린 조정대신들

그사이 중국 대륙은 주인으로 등장하기 시작한 후금(청나라)이 점차 조선을 압박하기 시작합니다. 그제야 상황을 인지한 조선 조정은 부랴부랴 군사력을 정비하고 전쟁에 대비할 태세를 갖춥니다.

결국 1627년 1월, 후금은 억울하게 쫓겨난 조선의 임금(광해군)을 위하여 보복한다는 구실로 조선을 침공하기에 이릅니다. 물론 당시 그들이 말한 '광해군을 위한 보복'은 명분일 뿐, 실제로는 그들이 필요한 물자를 조선에서 얻고자 함이었습니다.

결국 많은 내란으로 국방력이 약해진 조선은 3만의 후금 군사도 막지 못하고 강화도로 도망가기에 이릅니다. 그해가 1627년 정묘년이기에 이를 '정묘호란'이라 합니다.

■ **병자호란과 삼전도 치욕**

조선은 후금과 형제의 관계를 맺고서야(이를 '형제지맹'이라 함) 후금을 돌려보낼 수 있었습니다. 그런데 정묘호란을 겪고 나서도 조선 조정은 여전히 명나라만을 믿고 안일함으로 시간을 보내다가 또 한 번의 사건을 당하고 맙니다.

그로부터 9년 후인 1636년, 나라 이름을 청나라로 바꾼 후금은 형제의 관계가 아닌 명나라와 동등한 임금과 신하의 관계로 자신들을 대해줄 것을 요구하지만 조선은 이를 거부합니다. 결국 청나라는 12만 대군을 이끌고 조선을 침략합니다. 임진왜란의 후유증이 가라앉을 무렵, 이번엔 청나라가 쳐들어온 것입니다. 결국 서인세력들은 또다시 임금의 피난을 논합니다.

> 1636년 12월 14일, 적병(청나라 군대)이 이미 개성을 지났다고 알려 오자, 마침내 파천(임금의 피난)하는 의논을 정하였다. 도승지 한흥일에게 명하여 종묘의 신주와 빈궁을 받들고 먼저 강화도로 향하게 하였다.

하지만 인조가 그토록 기다렸던 명나라로부터는 어떠한 소식도 듣지 못합니다. 당시 명나라는 이웃나라를 도와줄 만한 처지가 되지 못했습니다. 물론 임진왜란 때 조선을 도와 파병을 해준 사실 역시 조선을 위한 것은 아니었습니다. 그 싸움은 일본이 명나라를 향해 벌인 전쟁이고 조선은 단지 그들이 지나던 길목에 있었던 거죠. 그러니 명나라는 조선을 도왔던 것이 아니라 어차피 그들에게 들이닥칠 왜군과 조선이란 땅에서 미리 싸운 것입니다.

인조는 피난길을 강화도에서 남한산성으로 바꿔 항전했지만 1만 명 조금 넘는 조선군이 10만 대군을 상대할 수는 없었습니다. 마침내 45일 만에 인조는 패배국의 군주로 삼전도(송파)에서 머리를 세 번 조아리고 한 번 할 때마다 땅에 머리를 박는 치욕의 항복의식을 행합니다. 그리고 두 달도 안 되는 짧은 전쟁 중에 수십만의 조선인들은 노예가 되어 청나라로 끌려갔습니다.

■ **아들까지 죽여야 했던 인조**

항복을 했지만 청나라는 인조의 항복을 믿을 수 없었기 때문에 인조의 아들 소현세자와 봉림대군, 인평대군 등을 포로로 데려갑니다. 그곳에서 소현세자와 세자빈 강씨는 새로운 세상을 보게 되죠.

소현세자는 청나라에 유입된 수많은 서양문물들을 보면서 조선이란 나라가 얼마나 작은 나라였으며, 이런 발전된 서양문물을 조선에 전파하겠다는 새로운 조선의 모습을 꿈꾸었습니다. 그런데 둘째 봉림대군은 조선에 치욕을 안겨준 청나라에 대해 더 나쁜 감정을 갖게 됩니다. 그런 세월이 8년, 그 사이 청나라는 결국 조선이 그리도 받들던 명나라를 멸망시키고 중국 대륙의 새로운 주인으로 등극합니다. 그리고 소현세자 일행을 모두 조선으로 돌려보냅니다.

8년 만의 귀국이지만 두 아들을 대하는 인조의 모습은 사뭇 달랐습니다. 서양 서적과 천주교에 심취한 소현세자의 생활은 조금씩 과장되어 인조의 귀에 들어왔고 인조는 급기야 세자 내외를 죽음으로 내몰기에 이릅니다. 그래서 많은 사람들

▲ 인조를 왕위에 올린 서인세력들은 여전히 명나라를 향한 충성을 외쳤다.

은 소현세자의 죽음을 안타까워합니다. 그가 인조 다음으로 왕위에 등극했다면 조선의 근대화가 빨라졌을 텐데 하는 아쉬움을 갖는 것입니다.

신하들이 만들어준 임금의 자리에서 인조는 국제 정세를 읽지 못하고 나라를 또 한 번 도탄에 빠트린 임금이 되었고, 후에는 맏아들을 살해했다는 역사의 의심에서 자유로울 수 없는 임금이었습니다. 인조는 둘째 아들 봉림대군(훗날 효종)에게 보위를 물려주고 4년 후인 1649년 승하 후 이곳 장릉에 묻힙니다.

관련 왕릉을 알아봅시다!

■ **인조의 생부 원종의 장릉**
경기도 김포시 풍무동 | **사적 제202호** | **1627년(인조5) 조성**
장릉은 인조의 아버지로 추존된 원종과 비인 인헌왕후의 능이다. 봉분은 병풍석과 난간석 없이 호석(봉분 주위를 둘러막는 돌)만 두르고 있는데, 이는 대원군의 묘제를 따른 것이다. 원종은 1619년(광해군11) 40세의 나이로 세상을 떠났으며, 그 뒤 아들이 왕위에 오름에 따라 대원군에 봉해져 '흥경원'이라 했으나, 훗날 원종으로 추존하여 능호를 장릉이라 하고 석물을 왕릉 형식으로 다시 조성했다.

■ **인조의 계비 장렬왕후 조씨의 휘릉**
경기도 구리시 인창동 | **사적 제193호** | **1688년(숙종14) 조성**
휘릉은 제16대 임금 인조의 계비 장렬왕후의 능으로, 능침은 곡장으로 둘러싸여 있으나 병풍석은 두르지 않았다.

영릉 〔제17대 효종〕

청나라에 대한 복수를 불사르다

○ 경기도 여주군 능서면 왕대리 산83-1 | 사적 제195호 | 1673년(현종14) 조성

영릉은 조선 제17대 임금 효종과 정비 인선왕후의 쌍릉이다. 왕릉과 왕비릉이 한 언덕에 같이 있는 경우 대개는 봉분을 나란히 두는 형식을 택하는데, 영릉은 특이하게도 왕릉과 왕비릉이 위아래로 조성되어 있다. 이는 풍수지리적인 이유에서 비롯된 것인데, 왕릉과 왕비릉을 좌우로 나란히 놓으면 생기가 왕성한 정혈을 비켜간다 하여 상하로 왕릉과 왕비릉을 조성하였다.

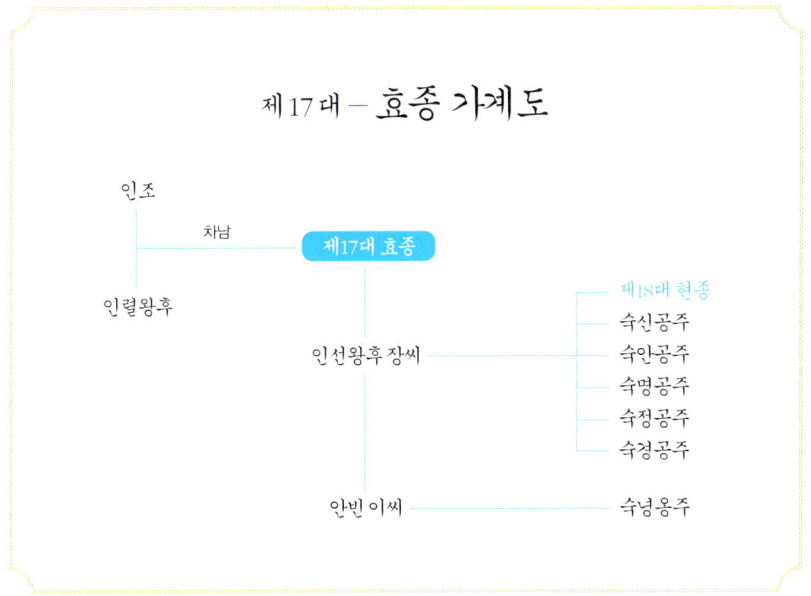

병자호란의 패배로 인조의 아들들인 소현세자와 봉림대군은 포로가 되어 청나라로 끌려갑니다. 둘째인 봉림대군은 8년여 동안 형인 소현세자를 보필하며 청의 모든 정보를 비밀리에 조선 조정에 알리는 역할을 했습니다. 하지만 어느 누구도 그들을 일국의 왕자로 여기는 이들은 없었습니다. 그저 패전국의 포로였을 뿐이었죠.

　포로생활 기간 동안 그들은 청나라 관리들에게 차마 입에 담을 수 없을 만큼 멸시를 받았다고 합니다. 봉림대군은 이에 독의를 품었을 것입니다. 어쩌면 삼전도 치욕을 기억하는 인조와 그 점에서 같은 기분이었을 겁니다. 그래서였는지 인조는 결국 둘째 봉림대군에게 세자 자리를 내주었고 그가 조선 제17대 임금 효종입니다.

↑ 경기도 여주에는 한자가 다른 두 개의 영릉이 있다. 세종대왕의 영릉(英陵)과 효종의 영릉(寧陵)이다.

효종은 청나라의 포로생활을 잊지 않고 있었습니다. 즉위하자마자 그의 머릿속은 온통 청나라에 대한 복수, 즉 북벌로 가득 차 있었습니다.

효종은 먼저 당시 친청파들을 모두 제거하고 송시열 등 자신의 북벌론에 힘을 실어줄 신하들을 대거 등용합니다. 목표는 오직 하나, 청나라 정벌이었죠. 이를 위해 무기를 개발하고 군사들을 훈련시키고 성곽을 정비합니다. 특히 총을 잘 쏘는 포병을 양성하는 데 매우 많은 공을 들였습니다.

■ **친위부대에 외국인을 고용하다**

효종이 한창 북벌의 꿈을 꾸고 있을 때 북쪽이 아닌 남쪽 제주도에서 한 통의 보고문이 도착합니다. 제주도에 이상하게 생긴 사람들이 표류했다는 소식이었습니다. 바로 〈하멜 표류기〉로 유명한 하멜 일행이 배가 난파되어 표류하다 제주도까지 온 겁니다. 당시 상황을 실록은 어떻게 묘사하고 있을까요?

1653년 8월 6일, 제주 목사 이원진이 보고하기를,
"배 한 척이 고을 남쪽에서 깨져 해안에 닿았기에 현감 권극중 등을 시켜 군사를 거느리고 가서 보게 하였더니, 어느 나라 사람인지 모르겠으나 배가 바다 가운데에서 뒤집혀

살아남은 자는 38인이며 말이 통하지 않고 문자도 다릅니다. 배 안에는 약재, 사슴가죽 따위의 물건들이 많이 실려 있었습니다. 파란 눈에 코가 높고 노란 머리에 수염이 짧았는데, 혹 구레나룻은 깎고 콧수염을 남긴 자도 있었습니다. 그 옷은 길어서 넓적다리까지 내려오고 옷자락이 넷으로 갈라졌으며 옷깃 옆과 소매 밑에 다이어 묶는 끈이 있었으며 바지는 주름이 잡혀 치마 같았습니다. 일본어를 아는 자를 시켜 묻기를 '너희는 서양의 크리스챤인가?' 하니, 다들 '야야(耶耶)' 하였고, 우리나라를 가리켜 물으니 '고려(Corea)'라 하고, 중국을 가리켜 물으니 혹 '대명'이라고도 하고 동쪽을 가리켜 물으니 '일본'이라고 하였습니다." 하였다.

당시 조정에서는 이 보고를 받고 박연이란 사람에게 자문을 구합니다. 그는 귀화한 네덜란드인이었습니다. 원래 그의 이름은 벨데브레로, 효종의 아버지인 인조 때 제주도에 표류한 박연(벨데브레)은 조선 여자와 결혼하고 훈련도감에서 총포를 제작하는 일을 했으며 병자호란 때는 직접 출전까지 한 인물이었습니다(이때가 1630년경이니 지금으로부터 약 400여 년 전에 우리나라로 귀화한 외국인이 있었네요). 효종은 박연에게 제주도 서양인들을 보여주고 그들을 자신의 친위부대에 귀속시킵니다.

▲ 하멜 표류기

이에 조정에서 그들을 한성으로 올려보내라고 명하였다. 전에 온 외국인 박연(벨데브레)을 그들과 대면시켰는데 '외국인이 맞다' 하였으므로 드디어 임금을 호위하는 친위병에 편입하였는데, 그 이유는 그 사람들이 화포를 잘 다루기 때문이었다. 그들 중에는 코로 퉁소를 부는 자도 있었고 발을 흔들며 춤추는 자도 있었다.

■ 청나라 정벌이 아닌 러시아 정벌?

이제 화포 제작에 외국 기술자까지 영입한 효종은 더욱더 박차를 가합니다. 그러던 중 청나라 사신이 조선을 방문합니다. 청나라만 보면 속이 불편했지만 효종은 꾹 참고 사신을 맞이합니다. 그런데 사신은 갑자기 나선(러시아)을 정벌할 계획을 가지고 있으니 조선에서 포를 잘 쏘는 병사 100명을 파병해 달라고 요구합니다. 병자호란 패전 이후 청나라가 군대파병을 원하면 조선은 언제든지 응해야 한다고 약속을 했기 때문에 결국 효종은 눈물을 머금고 군대를 파병합니다. 청나라를 정벌하기 위해 밤낮으로 훈련시킨 군사들을 청나라를 위해 파병해야 하니 참 아이러니한 상황입니다.

> 청의 사신이 한성에 들어왔다. 임금이 편전에서 접견할 때 대신들도 역시 입시하였는데, 사신은 "조선에서 총을 잘 쏘는 사람 100명을 선발하여, 청나라의 통솔을 받아 가서 나선을 정벌하되, 3월 초10일에 헤이룽 장성에 도착하시오." 하였다.
> 임금이 "나선은 어떤 나라이오?" 하니, 사신이 아뢰기를,
> "중국 옆에 다른 종자의 사람들이 있는데 이것이 바로 나선(러시아)입니다." 하였다.
> 사신이 물러난 뒤 정태화가 아뢰기를, "우리 군사가 강을 건넌 뒤에 저들이 만일 군량을 지급하지 않는다면 문제가 생길 수 있으므로 군량미를 싸서 보내는 것이 타당하겠습니다." 하니, 상이 이르기를, "그렇다." 하였다.

두 차례에 걸쳐 청나라와 연합군을 편성해 나선 정벌에 나섰던 조선은 러시아를 대파하고, 여기서 자신감이 생긴 효종은 나선정벌을 핑계로 더욱더 군사력을 증대시킵니다. 이 덕분에 효종 대에는 별다른 사건 사고 없이 왕권

과 사회가 모두 안정적으로 유지되었고 이는 당시 세자가 왕위를 이으며 현종 대까지 이어지게 됩니다.

하지만 청나라는 더욱더 강대해집니다. 그러니 효종의 북벌론은 현실성이 떨어지는 계획이었습니다. 게다가 북벌이 비현실적이니 차라리 그 돈으로 백성을 구제하자는 신하들과의 대립은 효종을 더욱 힘들게 했습니다.

효종은 결국 평생의 소원이던 북침을 이루지 못하고 종기로 고생하다 1659년 생을 마감합니다. 승하 당시 사망 원인은 종기를 치료하던 내의원 어의가 침을 잘못 놓아 혈관을 건드려 과다출혈이었다고 합니다.

효종은 아마 승하 직전까지도 북벌 좌절에 대한 안타까움을 되새겼을지도 모르겠습니다. 그런 효종이 영릉에 영면해 있습니다. 영릉에는 세종의 능과 효종의 능이 불과 500여 미터 간격을 두고 함께 있습니다. 하지만 세종대왕의 위대함에 가려져서일까요? 효종의 영릉은 터는 좋으나 찾는 이가 거의 없습니다.

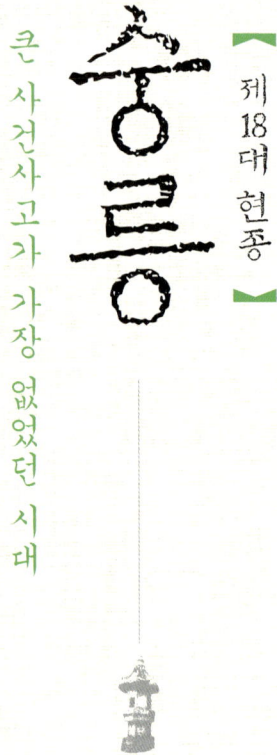

숭릉
제18대 현종

큰 사건사고가 가장 없었던 시대

○ 경기도 구리시 인창동 산11-2 | 사적 제193호 | 1674년(숙종1) 조성

숭릉은 왕과 왕비를 하나의 곡장 안에 모신 쌍릉으로, 왕릉과 왕비릉 모두 병풍석 없이 난간석으로만 연결되어 있다. 현종은 1674년 승하 후 숭릉에 안장되었고, 그로부터 10년이 지난 1684년(숙종10)에 현종의 비 명성왕후 의 능이 조성되었다.

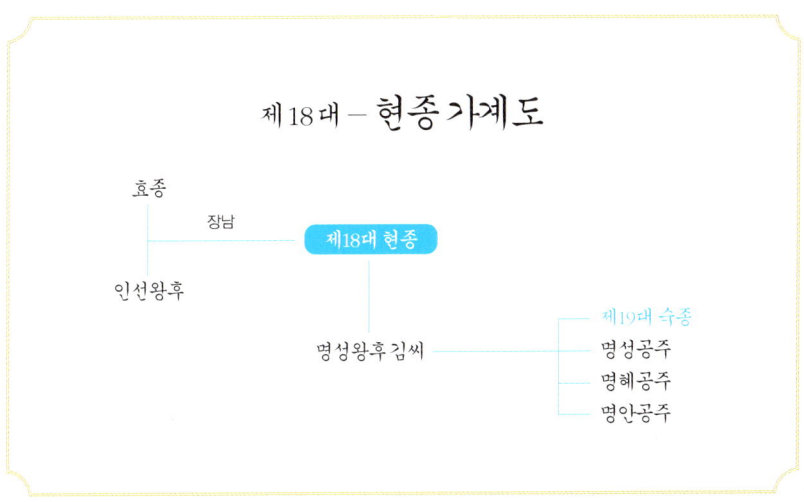

북벌의 꿈만 안고 승하한 효종의 맏아들은 현종으로 조선의 임금 중 유일하게 외국에서 태어난 인물입니다. 아버지 효종(당시 봉림대군)이 포로로 청나라에 잡혀갔을 때 심양에서 태어난 아들이 바로 현종이기 때문이죠.

또 한편으로, 조선의 왕들 중 가장 존재감이 떨어지는 왕이 바로 현종입니다. 딱히 주목할 만한 사건사고들이 없었기 때문입니다. 아버지 효종 대에 워낙 군사력을 깅화시켜 놓기도 했고, 중국이나 일본 쪽에서도 별다른 움직임이 없었던, 말 그대로 조용한 시대였습니다.

이렇게 국제 정세가 고요하니 신하들은 서서히 세력 확충에 관심을 두기 시작합니다. 왜란과 호란으로 잠잠했던 붕당의 조짐이 나타난 겁니다. 여기서 잠깐, 조선 후기의 정치 세력을 한번 정리해 볼까요?

■ 조선 후기의 정치 세력들

조선 초기 태조 대부터 명종 대에 이르기까지 개국공신, 반정공신 등 조정의 주요 세력은 훈구파들이었습니다. 그러다 성종 대에 선비들을 불러 세력의 균형을 만듭니다. 이들을 사림파라 합니다. 그러나 연산군과 중종반정 또 명종 대 문정왕후의 정치적 급변(사화)으로 사림파는 동네북처럼 계속 치이고 쫓겨나는 역사를 반복합니다. 그러나 영원할 것 같은 훈구파의 득세는 문정왕후의 죽음으로 서서히 무대에서 사라지고 동시에 성종만큼 학문을 좋아한 선조는 다시 사림파들을 불러들여 선조 대 조정은 사림파들에 의해 채워집니다.

↑ 현종이 잠들어 있는 숭릉의 전경

사림파, 즉 학자들이 많아지니 서로 잘났다고 여러 학문적 이론을 내놓고 학문의 방향이 비슷한 이들끼리 뭉치기 시작하니 친구끼리 집단을 형성한다는 뜻의 '붕당'이 나타나기 시작하죠. 이때부터 300년 조선왕조의 조정은 사림파들이 이끌어가게 됩니다.

오늘날에도 정치 집단인 정당은 추구하는 이념에 따라 새로운 당이 만들어지기도 하고 없어지기도 하듯, 당시 사림파는 서인과 동인(후에 남인과 북인으로 갈라짐)으로 나뉘게 됩니다.

↓ 숭릉의 정자각은 조선왕릉 중 유일하게 팔작지붕 형태이다.

광해군 대로 들어서면서 세력이 약해진 서인은 인조반정을 계기로 정권을 잡게 됩니다. 중종반정 때 중종이 그랬던 것처럼 세력의 균형을 위해 인조는 남인을 기용합니다. 그 뒤 1700년대 영조 이전까지 조선은 크게 서인과 남인으로 양분됩니다. 이후 영조와 정조 대에 들어서 남인은 없어지고 서인이 소론과 노론으로 나뉩니다.

```
조선 개국공신 ── 훈구파                    ┌─ 남인
침거한 고려 학자들 ── 사림파 ── 동인 ──┤
                              │            └─ 북인
                              └─ 서인 ── 서인 ┬─ 노론
                                               └─ 소론
```

■ 사회적 이슈가 된 예의 방법

현종 대에는 조정이 서인과 동인으로 나뉘어진 상태입니다. 나라가 평온하니 서인과 동인은 무언가 일을 만듭니다.

효종이 승하하자 당시 효종의 새어머니인 인조의 계비 장렬왕후(자의대비)가 어떤 종류의 상복을 입어야 하는가를 화두로 문제가 됩니다. 인조에게는 정비 인렬왕후 사이에 4명의 아들이 있었는데 그중 첫째가 죽은 소현세자고

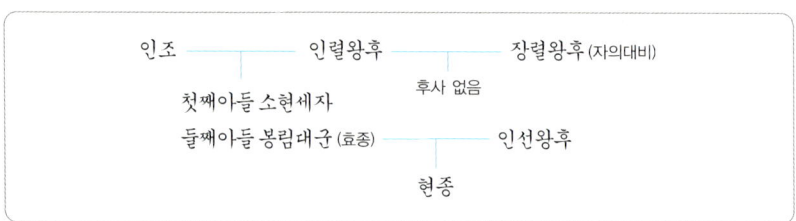

둘째가 효종입니다. 그 후 인렬왕후가 세상을 뜨자 인조는 계비를 맞이하는데 그녀가 장렬왕후(슬하에 자식 없음)가 됩니다.

그리고 예법에 따르면 부모님이 죽으면 맏아들은 삼년상을 치르고 둘째부터는 일년상을 치르게 되어 있습니다. 이에 송시열의 서인은 새어머니 장렬왕후의 둘째 아들 격인 효종이 승하했으므로 예법에 맞게 일년상이 맞다고 주장을 했는데, 남인은 효종이 비록 둘째 아들이긴 하나 왕위를 계승했기 때문에 맏아들로 대우해서 삼년상이 맞다고 맞섭니다.

이런 논쟁에서 아들 현종은 서인의 손을 들어줍니다. 이로써 서인들은 뛸 듯이 기뻐했고 정국을 주도하죠.

15년 후인 1674년엔 효종의 비인 인선왕후가 승하하자 이번에는 시어머니가 되는 장렬왕후의 상복 문제가 화두로 떠오릅니다. 자의대비는 인조의 왕비였는데 증손자 격인 숙종 대까지 사셨으니 장수를 한 인물입니다. 어쨌든 자의대비 입장에서 보면 이번엔 며느리가 죽은 겁니다. 당시 맏며느리는 일년상, 둘째 며느리는 9개월상으로 정해져 있었는데 서인은 당연히 효종이 둘째이기 때문에 효종 비 역시 9개월상이 맞다고 하고, 남인은 왕위를 물려받은 왕의 정비인 왕후이니 당연히 맏며느리로 봐야 한다며 1년을 주장합니다.

그런데 여기서 변수가 생깁니다. 서인 세력의 일부가 송시열에 불만을 품고 남인 편에 선 겁니다. 현종도 이번에는 남인의 손을 들어줍니다. 이를 예법[禮]을 공론화[訟]시켜 논쟁을 일으킨다 해서 '예송논쟁'이라고 부릅니다.

현종은 재위 15년 만인 34세가 되던 해, 외아들(훗날 숙종)을 남기고 승하해 이곳 숭릉에 안장됩니다.

명릉

제19대 숙종

환국을 통해 강해진 왕권의 시대

○ 경기도 고양시 덕양구 용두동 산30-1 | 사적 제198호 | 1701년(숙종27) 조성

명릉은 19대 숙종과 그의 첫 번째 계비인 인현왕후, 두 번째 계비인 인원왕후까지 세 사람을 모신 능이다. 숙종과 인현왕후의 능은 쌍릉으로 나란히 조성되었고, 인원왕후의 능은 다른 언덕에 단릉 형식으로 모셔져 있다. 보통 동원이강릉의 오른쪽 언덕은 왕이 차지하는데, 명릉은 가장 낮은 서열의 인원왕후 능이 가장 높은 자리인 오른쪽 언덕을 차지하고 있다.

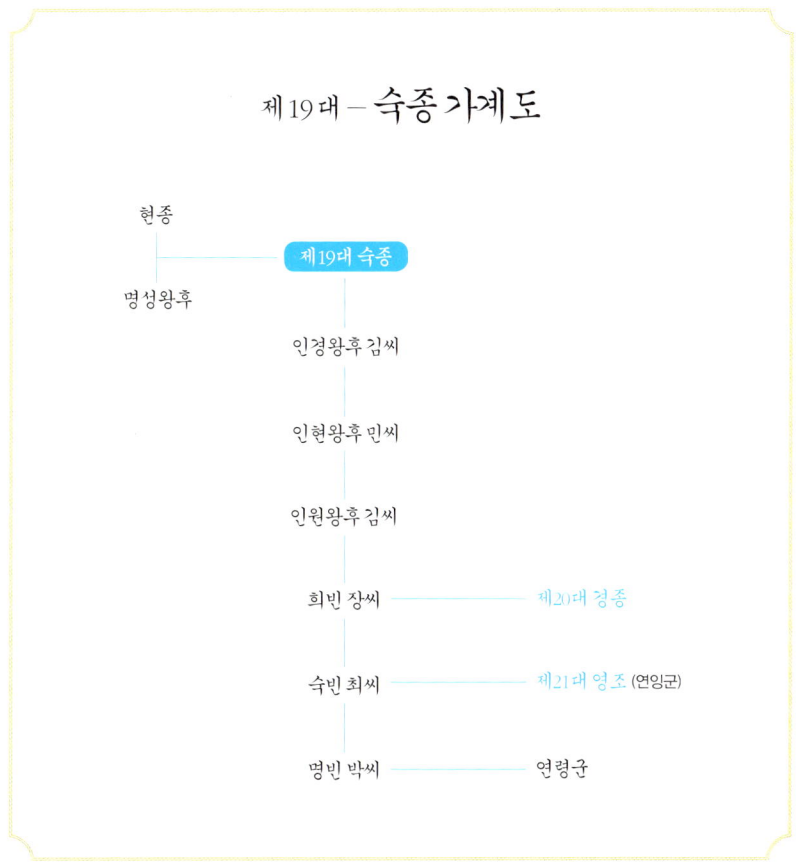

아버지 현종이 34세의 나이로 승하하고 외아들인 세자가 1674년 즉위를 하니 그가 숙종입니다. 숙종이 즉위할 때쯤 예송논쟁으로 티격태격했던 서인과 남인의 상호 비방전은 점점 더 거세지고 있었습니다. 어린 왕 숙종이 즉위할 때는 아직 인선왕후(효종의 정비, 숙종의 할머니)의 국상이 끝나지 않은 상태였는데, 송시열 등의 서인들이 다시 예송논쟁의 문제를 숙종에게 들고 나옵

↑ 숙종이 잠들어 있는 명릉의 석물들

겁니다.

숙종은 이미 아버지 현종이 그렇게 정했는데 왜 자꾸 그것을 언급하냐고 화를 내며 송시열을 유배 보냅니다. 이렇게 서인의 대표였던 송시열이 유배를 가니 자연스럽게 남인의 힘이 커졌고, 남인은 숙종에게 충성을 맹세합니다.

이 과정에서 숙종은 하나의 교훈을 얻습니다. 냉철한 정치판에서는 영원한 친구도, 영원한 적도 없다는 것이었습니다. 그리고 임금의 지지를 받지 못하는 세력은 결국 힘이 없어진다는 것이었습니다.

■ 교훈을 실행에 옮긴 환국의 달인 숙종

송시열이 유배를 간 사이 남인이 주도권을 쥐고 조정을 운영할 때였습니다. 그들은 이제 견제할 세력이 없어지니 그야말로 독재나 다름없는 권력을 휘둘렀습니다. 숙종이 이런 남인들의 모습을 우려하던 시기에 사건이 하나 터집니다.

1680년, 남인의 대표라 할 수 있는 허적이란 신하가 집안 잔치를 하는데 비가 온 겁니다. 이 소식을 들은 숙종은 궁궐에서 쓰는 기름천막(비가 새지 않게 기름을 칠한 천막)을 빌려주라고 어명을 내립니다. 그런데 신하들은 난처해하며, 허적이 이미 빌려갔다고 조심스럽게 아룁니다. 이에 숙종은 크게 화를 내며 병조 인사들을 모두 불러들입니다. 기름천막은 군사물자였기 때문에 임금의 허락 없이는 함부로 쓸 수 없는 물건이었기 때문입니다.

그렇지 않아도 당시 숙종은 남인들의 지나친 권력 행사에 불만을 갖고 있던 차였습니다. 숙종은 나라 물건을 허락도 없이 빌려간 허적과 그것을 빌려준 관계자들을 모두 파직시키고 그 자리를 서인들로 채웁니다.

더욱이 당시에 허적의 아들 허견이 왕실 후손들(복창군, 복선군, 복평군 등)과 결탁해 숙종을 쫓아내려는 역모를 꾸몄다는 상소가 올라왔습니다. 이 사건은 일파만파 커져갔고 숙종은 남인 대표 허적은 물론 관련자들을 모두 유배 보내거나 사사시킵니다. 이렇게 해서 정국은 순식간에 남인에서 서인으로 넘어갑니다. 그해가 경신년이어서 이를 '경신환국'이라 합니다.

숙종은 환국을 통해 강해진 왕권으로 많은 업적을 이룩합니다. 조선후기 하면 영조와 정조 시대만을 생각하지만, 결국 그들의 찬란한 업적은 숙종 대에 바탕을 이루어놓은 것이라고 할 수 있습니다.

■ 장옥정의 등장과 폐비가 된 인현왕후 민씨

숙종 하면 무엇보다도 장희빈 이야기를 빼놓을 수 없습니다. 인현왕후, 장희빈과 숙빈 최씨 이야기입니다.

숙종의 첫 번째 정비는 인경왕후였는데, 불행히도 후사 없이 승하를 합니다. 그리고 1년 후에 서인이 추천한 계비(인현왕후)를 맞이합니다. 그런데 인현왕후 또한 후사가 없었습니다. 인현왕후를 추천한 서인들은 초조해졌겠죠.

이때 한 궁녀(장옥정)가 숙종의 눈에 띕니다. 숙종은 그녀를 바로 후궁으로 삼게 됩니다. 그리고 궁녀 장옥정 뒤에는 남인 세력들이 있었습니다. 그녀의 미모가 얼마나 대단했는지, 실록에도 그녀의 아름다움에 대한 기록이 있답니다.

> 1686년 장씨를 책봉하여 후궁으로 삼았다. 장씨는 나인으로 뽑혀 궁중에 들어왔는데 자못 얼굴이 아름다웠다.

궁녀 장옥정은 아들까지 낳게 됩니다. 숙종의 총애를 한꺼번에 받았는데 아들까지 낳으니 중전의 세력이었던 서인들은 기가 죽고 장옥정의 남인세력들이 득의양양했습니다.

욕심이 많았던 장희빈은 자식 없는 중전을 그대로 놓아두질 않았습니다. 장희빈은 남인들에게 자신을 왕후의 자리에 앉혀주면 많은 득이 있을 것이라며 정치적 거래를 하고 이때부터 남인은 서인과 인현왕후를 쫓아내기 위해 온갖 노력을 합니다.

남인들은 중전이 아직 후사가 없으니 희빈 장씨의 소생을 원자로 삼으라 주청을 올리고, 서인은 중전이 아직 어린데 후궁 소생은 원자가 될 수 없다고 맞섭니다. 하지만 장옥정에게 마음을 빼앗긴 숙종에게 서인의 말이 들어올 리 없었습니다. 숙종은 결국 어명으로 희빈 장씨의 아들을 원자로 책봉하라는 교지를 내리고, 동시에 이를 말리는 서인들의 뒤에 투기를 부리는 중전이 있다고 생각해 중전(인현왕후)을 폐비시킵니다.

> 임금이 명하길,
> "내가 성종대왕께서 투기로 죄를 지은 윤씨를 폐비한 일을 보건대, 오늘날 민씨(인현왕후)는 윤씨보다 더하니 왕비 민씨를 폐하여 서인으로 삼는다." 하였다.

> 임금이 명하길,
> "지금 중궁을 아직 세우지 못하였으므로 중궁을 정하는 것을 하루라도 늦출 수 있겠는

◆ 명릉에는 숙종과 인현왕후의 능이 나란히 쌍릉으로, 인원왕후의 능은 다른 언덕에 단릉으로 조성되어 있다.

가? 희빈 장씨는 좋은 집에 태어나서 머리를 따올릴 때부터 궁중에 들어와서 효와 예를 아는 후궁으로 일국의 국모가 될 만하니 왕비로 삼노라." 하였다.

이 사건으로 남인과 내통하던 장희빈은 그녀가 바라던 대로 국모의 자리에 앉게 됩니다. 반면에 인현왕후의 폐출은 서인에게 큰 정치적 타격을 주었고, 남인은 다시 조정을 잡게 되는 계기가 되었습니다. 그해가 1689년 기사년이기 때문에 이를 '기사환국'이라 말합니다.

그런데 이후에 문제가 발생합니다. 엄밀히 말하자면, 중전(장옥정)은 국모로서의 자질을 갖추지 못했습니다. 욕심이 많고, 성격이 좋지 않았던 장희빈의 본색은 서서히 드러나기 시작합니다. 결국 시간이 지나며 숙종은 서서히 자신이 내쫓은 인현왕후를 그리워하게 됩니다.

■ 숙빈 최씨의 등장과 인현왕후의 환궁

숙종이 인현왕후를 그리워하던 어느 날 밤, 한 무수리가 상을 차려놓고 기도를 하고 있었습니다. 그 광경을 목격한 숙종이 연유를 묻자 무수리는 오늘이 쫓겨난 인현왕후의 생일인지라 식사는 제대로 하고 계시는지 걱정된다며 흐느꼈습니다. 숙종은 그 모습이 너무 아름다워 최씨를 후궁으로 들입니다. 이는 엄청난 반전이었습니다. 궁궐 내 무수리가 하루아침에 후궁 반열에 올랐으니 말이죠.

최씨의 아름다운 마음씨를 보니 숙종은 더욱더 인현왕후가 그리워졌고, 결국 중전 장씨를 폐하고 사가로 쫓겨난 인현왕후에게 다시 입궐하라 명을 내립니다. 인현왕후 입장에서는 드라마에서나 나올 법한 반전이었습니다. 이는 정치적으로도 민감한 부분이었습니다. 남인의 힘을 등에 업은 중전 장씨가 다시 희빈 장씨로 강등되고, 서인세력들의 비호를 받던 인현왕후가 복위되니 이제 조정의 주도권은 다시 서인이 잡게 됩니다.

> 1694년 임금은 장씨의 왕후 옥보를 부수라고 명하였다. 그리고 임금이 왕비 민씨에게 입궐하라는 명을 내렸다.
> 왕비가 교지를 받들자 감히 받들지 못하고 죄를 청하다 겨우 받으니 "오늘 이렇게 성은을 받으니 황공하고 조심스러울 뿐입니다." 하였다.
> 정오에 가마를 타고 의장을 갖추고서 경희궁의 경복당에 들어갔다. 도성 안에서는 위로 사대부부터 아래로 종들까지 남녀노소가 길을 메우고, 시골에서 온 자도 있었다. 혹 기뻐서 뛰기도 하고 느껴서 울기도 하는데, 가는 길에 비키라고 외쳐도 막을 수 없었다. 임금이 먼저 경복당에 이르러 기다리니, 가마가 도착했다. 왕비는 여전히 임금에게 죄를 청하고 있었다. 임금이 말하기를, "이는 다 내가 경솔하였던 허물이다. 지난번 내가 번번이 충언을 살피지 못한 것을 지극히 후회가 되는데 그대에게 어찌 죄가 있겠으며, 또한 어찌하여 반드시 이렇게 겸손하여야 하겠는가?" 하였다.

다시 궁궐로 돌아온 인현왕후는 한때 자신의 몸종이었지만 이제는 어엿한 후궁이 된 최씨를 여전히 아껴주었다고 합니다. 그러던 중 최씨가 아들을 낳았는데, 자식이 없던 인현왕후는 최씨의 아들을 마치 자신의 아들인 양 보살펴주었고, 이 아들이 훗날 조선 제21대 임금 영조입니다.

■ 숙종, 장희빈에게 사약을 내리다

　숙종과 인현왕후 그리고 갓 태어난 왕자(훗날 영조)가 좋은 시간을 보내고 있을 무렵, 궁궐 한쪽 구석에서 칼을 갈고 있는 이가 있었으니 바로 중전에서 쫓겨난 장희빈이었습니다. 그녀는 궁궐 안에 몰래 사당을 만들어 인현왕후를 비방하고, 심지어 그녀가 지내던 중궁전 주변에 쥐 시체 혹은 괴기한 물건들을 숨기기는 등 온갖 해괴한 일을 합니다.

　그러던 차에 인현왕후는 복위된 지 7년 만에 갑자기 세상을 뜨게 됩니다. 서인은 갑자기 위협감을 느끼고 남인은 다시 한 번 정계에 진출할 방도를 모색하게 되죠. 그때 숙빈 최씨(영조의 생모)가 숙종에게 장희빈이 궁궐 안에 무당을 들여 인현왕후를 해한다고 일러바칩니다. 이를 안 숙종은 결국 장희빈에게 자결하라는 명을 내리게 됩니다. 이에 남인세력들은 세자를 위해서라도 희빈 장씨를 사사해서는 안 된다며 그녀의 구명을 위해 노력했으나 숙종은 단호했습니다.

> 대행왕비가 병에 걸린 2년 동안에 희빈 장씨는, '중궁전'이라고 하지도 않고 반드시 '민씨'라고 일컬었으며, 또 말하기를, '민씨는 실로 요사스러운 사람이다.'라고 하였다.
> 이때 주변 사람들은 숙빈 최씨가 평상시에 왕비가 베푼 은혜를 추모하여, 통곡하는 마음을 이기지 못하고 임금(숙종)에게 몰래 고하였다 하였다.
> 1701년, 임금이 말하길 "죄가 이미 밝게 드러났으므로 만약 선처하지 아니 한다면 후일의 염려를 말로 형용하지 어려울 것이니, 실로 국가를 위하고 세자를 위한 데서 나온 것이다. 장씨로 하여금 자진하도록 하라." 하였다.

■ 새로운 중전 인원왕후

성종 대 연산군의 생모 폐비 윤씨를 기억하시나요? 연산군이 어렸을 때 윤씨는 사사되지만 그녀는 왕의 어머니였습니다. 결국 연산군은 폐비 윤씨에게 연루된 수많은 사람들에게 피의 복수를 합니다.

신하들은 두려웠습니다. 200여 년이 지난 숙종 대에 너무나 똑 같은 일이 벌어지고 있으니 말이죠. 더군다나 세자는 이때 이미 알 만큼 아는 나이였고 눈앞에서 어머니가 죽어가는 것을 봅니다. 그 세자가 나중에 왕이 되면 연산군 대의 비극이 다시 오지 않을까 두려웠던 겁니다.

인현왕후가 죽고 나자 국모의 자리가 또 비어졌습니다. 숙종은 인현왕후의 승하 후 다음 해인 1702년 새로이 중전 김씨(인원왕후)를 맞이합니다. 그런데 다행히도 인원왕후와 숙종 사이에는 자식이 없었습니다. 만약 자식이 생겼다면, 그것도 아들이 생겼다면 인종과 명종 대의 역사가 되풀이될 수도 있었을 겁니다.

숙종은 이렇게 철저하게 신하들의 정치적 대결을 이용해 어느 누구에게도 완전한 편을 들어주지 않고 왕권의 힘을 강화시켜 나갔습니다. 심지어 사적인 왕비 책봉에서도 이런 환국정치를 이용했으니 말이죠.

↑ 숙빈 최씨의 묘인 소령원

재위기간 45년 동안 이런 왕권 강화에 힘입어 숙종은 국방, 외교 등 많은 업적을 쌓게 됩니다. 특히 우리가 주목해야 할 숙종의 치세 중 하나가 역사 바로잡기입니다. 숙종은 비운의 왕 노산군을 복위해 단종이라는 묘호를 종묘에 올렸으며, 억울하게 서인으로 강등된 후 시아버지 인조에게 죽음을 당한 소현세자 빈 역시 복위시켜주었습니다.

그는 장희빈이 낳은 세자와 숙빈 최씨가 낳은 연잉군을 남기고, 1720년 이곳 명릉에 영면하게 됩니다.

관련 왕릉을 알아봅시다!

■ 숙종의 정비 인경왕후 김씨의 익릉

경기도 고양시 덕양구 용두동 | 사적 제198호 | 1680년(숙종6) 조성

익릉은 숙종의 정비 인경왕후의 단릉이다. 1680년(숙종6)년 인경왕후가 승하하자 현재의 위치에 능호를 익릉이라 하여 조성하였다.

■ 희빈 장씨 대빈 묘

경기 고양시 덕양구 용두동 | 사적 제198호 | 1701년(숙종27) 조성

대빈 묘는 19대 숙종의 후궁이자 경종의 어머니인 희빈 장씨의 묘이다. 희빈 장씨가 인현왕후를 저주한 죄로 사약을 받고 세상을 떠나자 경기도 광주군 오포면 문형리에 장사를 지냈는데, 1969년 현재의 서오릉 지구로 옮겼다.

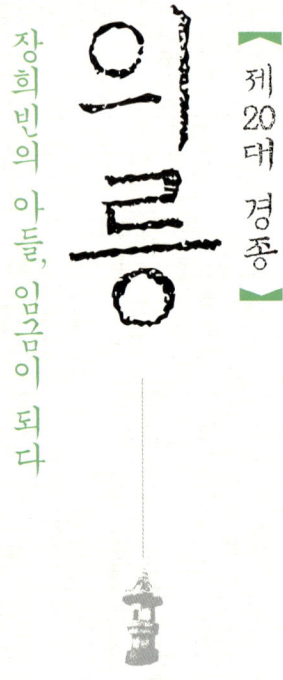

제20대 경종 의릉

장희빈의 아들, 임금이 되다

◉ 서울 성북구 석관동 산1-5번지 | 사적 제204호 | 1724년(영조1) 조성

의릉은 20대 왕 경종과 그의 계비 선의왕후의 능으로, 왕과 왕비의 봉분을 한 언덕에 앞뒤로 나란히 배치하였다. 위쪽에 있는 경종의 능침에만 곡장을 둘렀고, 왕릉과 왕후릉 모두 혼유석을 비롯한 대부분의 석물은 별도로 배치하였는데, 자연의 지형을 훼손하지 않으면서 능원을 조성하려는 우리 민족만의 자연관을 볼 수 있는 형식이다.

1960년대 초 중앙정보부(국가안전기획부)가 의릉 영역에 자리 잡았던 탓에 의릉은 일반인에게는 철저히 봉쇄된 구역이었다. 홍살문과 정자각 사이에 연못을 만들고 돌다리를 놓는 등 훼손이 심해 궁궐의 후원처럼 변모하였는데, 중앙정보부가 옮겨지면서 1996년 5월 1일부터 일반인에게 다시 공개되었다.

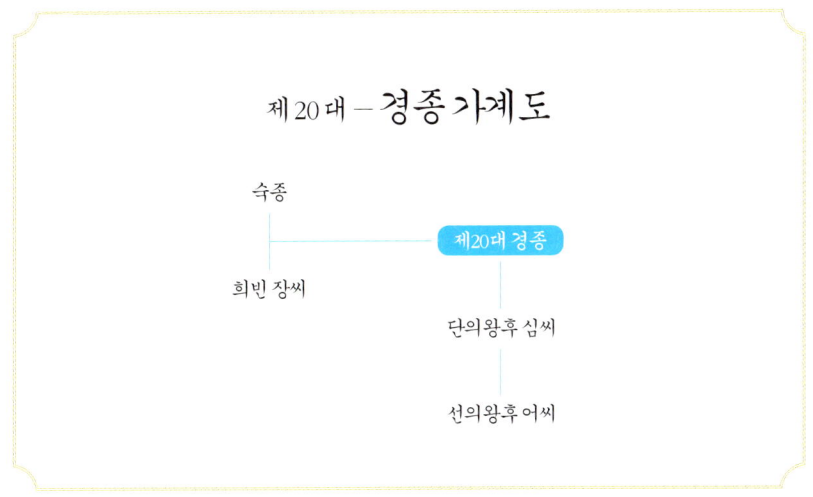

숙종에게는 말년에 한 가지 걱정이 있었습니다. 죽은 장희빈의 아들이자 다음 왕통을 물려받을 예정인 세자가 병약한 것입니다. 숙종 자신은 나이가 들어가는데 세자의 건강이 악화되니 임금의 마음이 편할 리 없었을 것입니다. 그런데 둘째 아들 연잉군은 똑똑하면서도 매우 건강했지요. 숙종은 오히려 세자보다 연잉군을 더 좋아했는지도 모릅니다.

숙종은 1717년 측근을 불러 세자가 병약하니 후사가 없으면 연잉군에게 후사를 잇게 하라고 부탁합니다. 그해에 이예 세자를 대신해 연잉군에게 대리청정을 보게 하라는 일명 세자 대리청정을 명하기도 합니다. 이에 조정은 난리가 났습니다.

■ 사라진 남인, 서인은 다시 소론과 노론으로

당시 조정은 소론과 노론으로 나뉘어져 있었습니다. 원래 남인과 서인이 있는데, 남인은 장희빈 사건으로 거의 사라졌고 서인은 소론과 노론이라는 새로운 세력으로 갈리게 됩니다. 당시 세자를 지지했던 이들은 옛날 남인세력이 주축이 된 소론이었고, 연잉군을 지지했던(정확히 말하면 장희빈과 세자를 싫어했던) 이들은 노론이었습니다. 그런데 숙종이 세자의 건강이 좋지 않다는 이유로 연잉군에게 대리청정을 맡기니 조정이 발칵 뒤집힐 수밖에요.

그 뒤 숙종이 승하하고 세자가 조선 제20대 임금으로 오르니 그가 경종입니다. 그러나 경종은 매우 불우했죠. 어머니인 장희빈의 죽음을 눈앞에서 봐야 했고, 그녀의 죽음을 내심 반겼던 서인의 후예들인 노론이 조정의 모든 정권을 쥐고 있어서 여소야대(왕을 지지하는 작은 소론과 왕을 싫어했던 거대한 노론)의 분위기였습니다. 게다가 경종은 건강이 점점 안 좋아져 정무를 보기 힘들 정도가 되었습니다. 그러니 노론은 후사가 없고 건강도 좋지 않은 경종에게 동생인 연잉군을 세제(다음 왕을 물려받을 형제)에 앉히라는 분위기를 조성합니다. 힘이 없는 소론은 결사반대를 하지만, 결국 경종은 배다른 동생 연잉군을 세제 자리에 앉힙니다.

이후 얼마 되지 않아 노론은 노골적으로 연잉군의 대리청정을 요구합니다. 다시 말해 정권을 내놓으라는 뜻입니다. 이는 젊은 왕 경종에게는 수치 중의 수치였습니다. 이에 소론은 더 이상 참을 수가 없었습니다. 그리고 경종의 약한 마음을 다잡기 위해 계속 상소를 올립니다.

"대리청정의 일은 대(代)마다 항상 있는 것이 아니고 간혹 있으며, 춘추가 많고 병이 중

▲ 1996년부터 일반인에게 개방된 경종의 의릉

제20대 | **경종 의릉** - 장희빈의 아들, 임금이 되다

한 뒤에 진실로 절박하고 부득이한 데서 나온 것입니다. 지금 전하께서는 즉위하신 원년에 바야흐로 한창이시고 또 드러난 병환이 없으십니다. 조정에 있는 신하들이 전하를 복종해 섬긴 세월이 얼마나 됩니까? 그런데 도리어 오늘날 차마 전하를 버리려는 자가 있으니, 저들의 마음이 편한지를 알지 못하겠습니다."

소론은 치밀하게 노론을 공격할 준비를 합니다. 1721년 김일경을 중심으로 경종에게 "전하께서 아직 한창의 나이인데 감히 대리청정을 논하는 것은 역모와 다름이 없으니 이를 주동한 노론의 4인의 주범을 극형으로 다스리게 하옵소서." 라는 주청을 올립니다. 여기서 4명의 주범은 김창집, 이이명 등 노론세력의 핵심들이었습니다.

이 사건으로 노론의 주요 대신들을 비롯해 수많은 노론 신하들은 유배를 떠나야 했고, 소론은 이 기회에 연잉군(훗날 영조) 역시 역모로 제거하려 합니다. 왕세제의 이름이 역모사건에 오르락내리락한 것만으로도 석고대죄를 해야 할 상황인 것입니다.

만약 당시 경종에게 아들이 있었거나 경종이 건강했더라면 연잉군은 가차 없이 죽음을 당했을 겁니다. 그것이 권력이고 정치의 속성이기 때문이죠. 연잉군은 자신을 보호해준 노론 신하들이 모두 유배를 떠난 상황에서 어떠한 정치적 보호막도 없게 되었습니다. 오직 그의 목숨을 보존해줄 인물은 궁궐 내 최고 어른이신 인원왕후(숙종의 계비)뿐이었습니다.

연잉군은 인원왕후에게 달려가 눈물을 흘리며 자신의 결백을 주장합니다. 평소에 연잉군을 아꼈던 그녀는 결국 후사가 없는 경종의 상황을 이해하고 소론을 설득해 연잉군은 목숨을 부지할 수 있었습니다.

■ 경종은 독살 당했을까?

그러나 이러한 정치적 해프닝은 경종의 의문사로 모든 것이 일단락됩니다. 당시 경종이 건강하지 못한 건 사실이었지만 죽을 만큼은 아니었고 또 정치적으로 정적이었던 노론세력이 기회를 노리고 있었기 때문입니다. 그래서 경종이 독살되었다는 소문이 퍼졌습니다.

실록을 보면 약간은 의아한 부분이 분명 있습니다. 경종이 승하할 때쯤 대비와 연잉군이 게장과 생감을 올렸는데 이는 궁합이 잘 맞지 않아 한방에서는 쓰지 않는 재료라 합니다.

1724년 8월 20일, 밤에 임금이 가슴과 배가 조이듯이 아파서 의관을 불러 입진하도록 하였다.

8월 21일, 여러 의원들이 임금에게 어제 게장과 생감을 드셨다고 하시는데 이는 한방에서 매우 꺼려하는 것이라 하여, 두시탕 등을 올리도록 청하였다.

8월 22일, 임금의 복통과 설사가 더욱 심하여 약방에서 입진하고 황금탕을 지어 올렸다.

8월 23일, 임금의 설사 징후가 그치지 않아 혼미하고 피곤함이 특별히 심하니, 약방에서 입진하여 탕약을 정지하고 잇따라 인삼과 좁쌀로 끓인 죽을 올렸다.

8월 24일, 임금의 음성이 점점 미약하여졌다.
"환후의 증세가 아침에 비교해 더욱 위급합니다."

세제(연잉군)가 울면서 말하기를, "인삼과 부자를 급히 쓰도록 하라." 하였고, 이광좌가 이를 올려 임금이 두 번 복용하였다. 이공윤이 이광좌에게 이르기를, "인삼과 부자를 많이 쓰지 말라. 내가 처방한 약을 진어하고 다시 삼다를 올리게 되면 기를 능히 움직여 돌리지 못할 것이다." 하니, 세제가 말하기를,

"사람이란 본시 자기의 의견을 세울 곳이 있긴 하나, 지금이 어떤 때인데 꼭 자기의 의견을 세우려고 인삼 약재를 쓰지 못하도록 하는가?" 하였다. 조금 지나자 임금의 눈이 다소 안정되고 콧등이 다시 따뜻하여졌다. 세제가 또 말하기를, "내가 의약의 이치를 알지 못하나, 그래도 인삼과 부자가 양기를 능히 회복시키는 것만은 안다." 하였다.

8월 25일, 임금이 환취정에서 승하하였다.

▲ 경종이 37세의 나이로 승하한 창경궁 환취정(동궐도)

위의 기록은 경종의 승하 5일 전 주요 기록입니다. 경종이 어떤 이유로 승하했는지 정확히 알 수는 없지만 당시 조정의 분위기는 경종을 싫어하는 노론이 주도하고 있었고, 승하 전 연잉군(영조)이 직접 처방을 했다는 점 등에서 독살설이 나온 듯합니다.

젊은 임금 경종의 승하로 왕세제 연잉군은 조선 제21대 임금으로 즉위하고 연잉군을 지지하던 노론 세력은 다시 정권을 잡게 됩니다. 반대로 경종의 보호세력이었던 소론은 주인을 잃고 다시 전락합니다.

▲ 후사 없이 승하한 경종의 왕통을 이은 연잉군(영조)

관련 왕릉을 알아봅시다!

■ **경종의 정비 단의왕후 심씨의 혜릉**
경기도 구리시 인창동 산10-2 | **사적 제193호** | **1718년(숙종44) 조성**

경종의 정비 단의왕후의 혜릉은 동구릉 서측 능선 숭릉과 경릉 사이에 조성된 단릉이다. 경종과 계비 선의왕후는 서울 성북구 석관동의 의릉에 같이 모셔져 있으나, 일찍 승하한 단의왕후의 능인 혜릉은 이곳에 홀로 조성되었다. 6·25로 인해 홍살문과 정자각이 불타서 주춧돌만 남은 상태였으나, 1995년 새로 복원하여 왕릉의 면모를 다시 갖추게 되었다.

원릉

【 제21대 영조 】

비극이 많았던 애민 군주

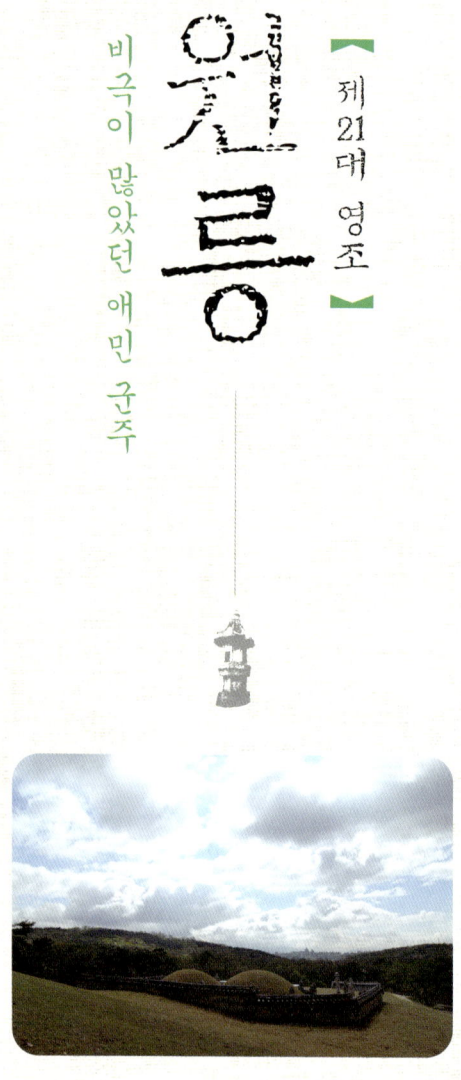

◉ 경기도 구리시 인창동 산8-2 │ 사적 제193호 │ 1776년(정조1) 조성

원릉은 제21대 영조와 계비 정순왕후의 능이다. 영조는 무려 52년에 이르는 긴 재위 기간 동안 여덟 차례에 걸쳐 산릉원을 조성하거나 천장하는 등 산릉제도에 관심이 많았다. 정비 정성왕후가 잠든 서오릉의 홍릉을 자신의 자리로 정해 쌍릉으로 하기를 원했으나, 손자인 정조가 건원릉 서쪽 두 번째 산줄기에 그를 안장하고 원릉이라 했다. 원래 이곳은 효종 능인 영릉이 있던 곳인데, 석물에 틈이나 빗물이 스며들 염려가 있다고 하여 이장하기로 하고 봉분을 열었으나 깨끗하여 영릉도감의 책임자까지 파직되었던 사건이 일어났던 곳이다.

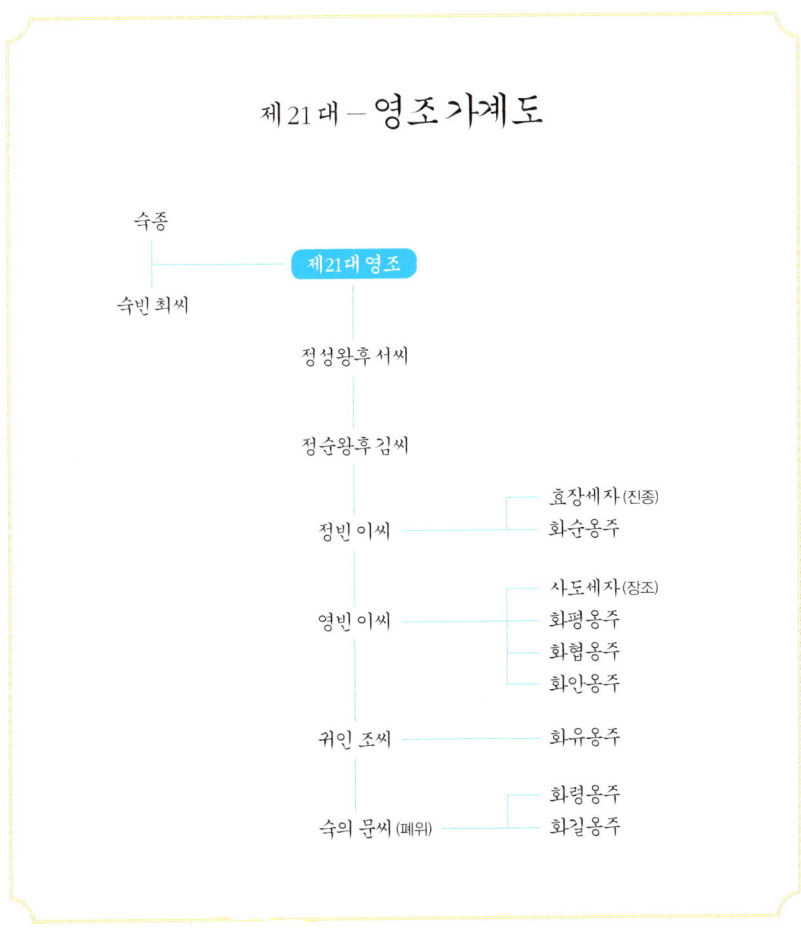

조선의 임금 중 가장 천한 신분의 왕, 가장 오래 산 왕, 가장 백성을 사랑했던 왕, 아들을 죽인 왕이란 설명이 붙은 영조는 이복형인 경종의 승하로 조선 제21대 임금으로 즉위합니다.

　노론과 소론의 정쟁 불꽃이 활활 타는 한가운데서 결국 살아남아 임금의 자리에 오른 영조는 먼저 주변 정리를 시작합니다. 영조가 왕이 되면서 집권 세력이 된 노론은 이제 복수의 칼을 뽑죠. 불과 몇 년 전에 소론이 노론의 주요 세력을 유배 보내고 많은 사람들을 처단한 사건 기억나시죠? 노론은 그 사건을 주동한 소론 인사들을 제거합니다.

그런데 사건의 끝은 여기가 아니었습니다. 이때 쫓겨난 소론은 소현세자(인조의 맏아들)의 증손자인 밀풍군이란 인물을 왕으로 추대하고 군사를 일으켜 영조와 노론세력을 제거하려는 계획을 꾸밉니다. 그러나 얼마 지나지 않아 탄로가 나죠. 그러자 이인좌 등의 역모 세력들은 반란군을 조직해 청주성을 함락시키고 억울하게 승하한 경종대왕의 복수를 한다며 한성의 궁궐로 진격했습니다. 하지만 중간에서 관군에 대패하면서 말 그대로 해프닝으로 끝나고 말았습니다. 감히 반란을 일으키다니, 노론의 입장에서 보자면 그들은 대역죄인이었습니다.

그런데 영조의 생각은 달랐습니다. 어려서부터 당쟁이라면 지긋지긋할 정도로 좋지 않은 추억이 있기 때문입니다. 그래서 왕이 된 후 영조는 비록 자신을 옹호해준 노론과 자신을 적대시하는 소론을 당파에 관계없이 골고루 등용시키겠다고 결심합니다. 이것이 바로 영조의 탕평책입니다. 탕평책은 그렇게 서서히 안정을 잡아갑니다.

■ 탕평을 깨는 소리

그러나 그 안정을 깨는 사건이 터집니다. 나주에 유배되어 있던 소론계 인물들이 노론세력에 불만을 품고 반란을 일으키려 했던 것입니다. 나주벽서사건). 영조에게는 충격이 아닐 수 없었습니다. 그들은 경종이 여전히 영조에 의해 독살당한 것으로 믿었고, 노론과 소론을 고루 등용시켰던 영조를 아직도 임금으로 인정하지 않고 있었던 것입니다.

이 사건으로 노론은 소론의 뿌리를 완전히 제거할 생각이었습니다. 당시 영조는 이미 나이가 많아 세자가 대신 업무를 보고 있었습니다. 노론은 세자에게 계속해서 소론세력들을 처벌하라 요구하지만 세자는 그들의 요구를 들어주지 않았지요. 사도세자 입장에서는 아버지 영조의 탕평책을 계속 계승해야 한다고 생각했고, 또 어려서부터 소론 인사들과 매우 각별한 사이이기도 했기 때문입니다.

■ 영조와 사도세자의 비극

노론은 왕세자와 더 이상 같은 길을 갈 수 없다고 판단하고 이때부터 세자를 철저히 고립시킵니다. 여기서 잠깐 사도세자와 아버지 영조의 관계를 보겠습니다.

영조는 죽음의 위협 속에서 극적으로 왕이 된 인물입니다. 자수성가 스타일이고 성격이 매우 급했으며 다혈질의 성격이었던 영조와 달리 사도세자는 느긋한 성격의 소유자였습니다. 또한 영조는 세자의 교과서를 직접 집필할 만큼 학문에도 뛰어났죠. 영조는 틈만 나면 세자의 학문을 확인하고 조금만 못하면 엄하게 꾸짖었습니다. 세자는 이런 아버지를 조금씩 두려워했고 급기야 아버지 앞에서 고개도 못 드는 경우가 많았다고 합니다. 결국 사도세자는 이 같은 스트레스로 인해 밤마다 내시나 상궁을 때리는 정신병을 않았다고 합니다. 당시 두 부자간의 관계는 실록에 잘 나와 있습니다.

> 처음에 효장세자(영조의 맏아들)가 이미 죽었는데, 임금에게는 오랫동안 후사가 없다가, 세자가 탄생하였다. 세자는 어릴 적 무척 똑똑해 임금이 매우 사랑하였는데, 10여 세 이후에는 점차 학문에 태만하게 되었고, 대리청정을 한 후부터 질병이 생겨 천성을 잃었다. 이후부터 병의 증세가 더욱 심해져서 병이 발작할 때에는 내시나 상궁을 죽이고, 죽인 후에는 후회하곤 하였다. 임금이 엄한 하교로 절실하게 책망하니, 세자가 의구심에서 질병이 더하게 되었다. 임금이 경희궁으로 이어했으나 세자는 그대로 창경궁에 있어 둘 사이가 서로 막히게 되고, 문안인사도 드리지 않았다.

이런 사실을 안 노론은 세자가 정신병에 걸렸다느니 군사를 모집해 역모를 계획한다느니 하면서 영조와 사도세자 사이를 이간질하기 시작합니다. 영조는 이런 세자에게 왕위를 넘겨 줄 수가 없었습니다. 왕도국가에서 왕이 능력이 없으면 얼마나 무서운 결과를 초래하는지 연산군 대의 경우를 봐도 잘 알 수 있습니다.

다행히 세손(사도세자의 아들 이산, 훗날 정조)이 똑똑하니 영조는 결단을 내립니다. 1762년 영조는 궁궐의 모든 문을 잠근 뒤 신하들의 출입을 막고 칼을 빼듭니다. 그리고 아들 사도세자를 서인으로 삼고 자결하라는 명을 내리죠. 영조실록은 당시의 상황을 매우 자세히 묘사하고 있습니다.

> 1762년, 임금이 창덕궁에 나아가 세자를 폐하여 서인을 삼고, 뒤주 안에다 엄히 가두었다. 세자가 뜰 가운데 엎드려 절을 하자, 임금이 갑자기 손뼉을 치면서 하교하기를, "정성왕후(영조의 정비)께서 꿈에 나와 나에게 이르기를, '변란이 눈앞에 다가왔다'고

하였다." 하고, 이어서 명하길 궁궐의 모든 문을 닫고 궁의 담 쪽을 향하여 찰을 뽑아 들게 하였다.

임금이 세자에게 명하여 땅에 엎드려 관(冠)을 벗게 하고, 맨발로 머리를 땅에 조아리게 하고, 이어서 차마 들을 수 없는 전교를 내려 자결할 것을 재촉하니, 세손(훗날 정조)이 황급히 들어왔다. 임금이 빈궁(사도세자의 빈)과 세손을 좌의정 집으로 보내라고 명하였다.

결국 사도세자는 뒤주에 갇힌 채 8일 만에 고통 속에서 죽게 되고, 훗날 영조는 자신의 결정을 후회하며 아들 무덤 앞에서 사도(思悼)라는 호를 직접 지어줍니다.

▲ 원릉의 망주석에 새겨진 세호작은 호랑이

■ 영조와 세손 이산

아들을 죽게 한 죄책감 때문일까요? 영조는 서둘러 사도세자의 아들 세손 이산을 동궁의 자리에 올리려 합니다. 하지만 노론 신하들은 목숨을 걸고 반대를 하지요. 반대의 이유는 간단했습니다. 사도세자가 죄인으로 죽었는데 그 죄인의 아들이 어찌 왕이 될 수 있느냐는 것이었습니다. 영조는 할 말이 없었습니다. 스스로가 아들을 죄인으로 만들고 죽게 한 장본이니 말이죠.

이에 영조는 세손 이산을 어릴 적 요절한 맏아들 효장세자의 양자로 입적시켜 동궁의 자리를 내리게 됩니다. 이제 세손은 사도세자의 아들이 아닌 효장세자의 아들이 되니 죄인의 아들이 아니게 된 거죠. 하지만 노론 입장에서는 절대 인정할 수 없는 현실이었습니다. 자신들이 죽인 사도세자의 아들이 왕이 된다면 그들의 목숨 역시 부지할 수 없다고 생각했기 때문이었죠.

> 1775년 11월 20일, 임금이 집경당에 나아가 대신을 불러 보고 진강(왕 앞에서 학문을 강의하는 일)하도록 명하였다. 임금이 이르기를,
> "요즘 몸과 마음이 더욱 피곤하니 비록 한 가지의 일을 하더라도 쉽지가 않다. 내 국사를 생각하느라고 밤에 잠을 이루지 못한 지가 오래 되었다. 어린 세손(훗날 정조)이 노론을 알겠는가? 소론을 알겠는가? 국사를 알겠는가? 병조판서를 누가 할 만한가를 알겠으며, 이조판서를 누가 할 만한가를 알겠는가? 나는 어린 세손으로 하여금 그것들을 알게 하고 싶으며, 나는 그것을 보고 싶다. 이제 세손에게 대리청정을 시키려 한다. 경의 생각은 어떠한가?" 하니, 홍인한이 말하길,
> "동궁께서는 노론과 소론을 알 필요가 없으며, 이조판서와 병조판서를 알 필요가 없습니다. 조정의 일에 이르러서는 더욱이 알 필요가 없습니다."
>
> 1775년 11월 30일, 임금이 승지 이명빈을 앞으로 나오라고 명하여 전교를 쓰게 하며 이르기를, "급하지 않은 공사는 동궁(훗날 정조)이 결재할 것이고 급한 일은 내가 세손(훗날 정조)과 더불어 상의하여 처리하겠다." 하였다. 이때 홍인한이 승지의 앞을 가로막고 앉아서 승지가 글을 쓰지 못하게 할 뿐 아니라 또한 임금의 하교가 무엇인지도 들을 수 없게 하였다.

노론은 세손(훗날 정조)을 절대 인정할 수가 없었나 봅니다. 죄인이 된 아들과 신하들의 반대로 손자에게 왕위조차 쉽게 줄 수 없는 영조는 얼마나 괴로

웠을까요. 그리고 얼마나 걱정이 되었을까요? 어린 세손이 왕이 된 후 저들 노론들과 함께 과연 정치를 펼칠 수 있을까 하는 어린 손자에 대한 걱정과 아들 사도세자에 대한 죄책감을 안고 영조는 승하하게 됩니다.

▲ 뒤주에 갇혀 죽은 사도세자, 아버지가 아들을 죽이는 비극이 벌어지고 만다.

50년 넘게 왕위에 있으면서 국방, 경제, 복지 등 수많은 업적을 남긴 왕이 바로 영조입니다. 특히 왕이 되기 전에 사저에서 10년 넘게 생활하면서 서민들의 생활을 너무 잘 알았던 영조는 평생 검약정신을 바탕으로 백성을 생각했던 애민군주로 우리에게 기억됩니다.

▲ 영조는 훗날 아들 사도세자에게 아버지로서 용서를 빌었다.

관련 왕릉을 알아봅시다!

■ 영조의 정비 정성왕후 서씨의 홍릉

경기도 고양시 덕양구 용두동 | **사적 제198호** | **1757년**(영조33) **조성**

홍릉은 21대 임금 영조의 정비 정성왕후의 능이다. 영조는 왕후의 묘자를 정하면서 장차 함께 묻히고자 왕비 능의 자리를 비워두고 쌍릉 형식으로 조성하였다. 그러나 영조의 능은 성순왕후와 함께 동구릉에 자리 잡게 되었고, 이곳은 현재 빈 터로 석물만 쌍릉 양식으로 남아 있다.

■ 영조의 큰아들 추존왕 진종(효장세자)의 영릉

경기도 파주시 조리면 봉일천리 | **사적 제205호** | **1729년**(영조5) **조성**

영릉은 영조의 큰 아들 효장세자(진종)와 비 효순왕후의 능이다. 진종은 세자의 신분으로 어린 나이에 요절하였다가 훗날 진종으로 추존되었기 때문에, 능 또한 세자묘의 예를 따라 조성되었다가 훗날 왕릉의 형식을 갖추게 되었다.

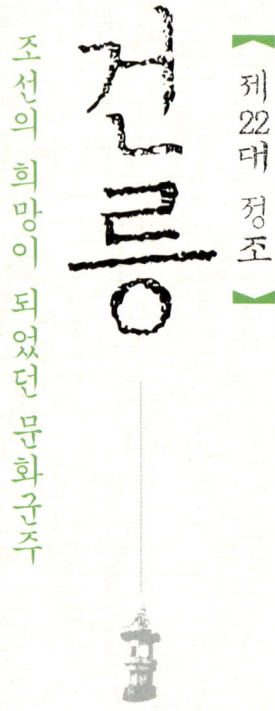

건릉

【제22대 정조】

조선의 희망이 되었던 문화군주

◎ 경기도 화성시 안녕동 산1-1 | 사적 제206호 | 1800년(순조1) 조성

건릉은 정조와 효의왕후의 합장릉이다. 합장릉이지만 융릉과 같이 혼유석이 하나이다. 19세기 왕릉 석물 제도의 새로운 모범을 보여주고 있는 융릉과 건릉은 정조 대의 융성하던 기운과 양식을 그대로 반영한 것이다. 1800년 49세로 승하한 정조는 그의 유언대로 아버지의 능인 현륭원(훗날 융릉) 동쪽 두 번째 언덕에 안장되었다. 이후 효의왕후가 승하하여 건릉 부근에 안장하려고 하였으나, 건릉이 풍수지리상 좋지 않아 1821년(순조21) 정조의 능을 현 위치인 현륭원 서쪽 언덕으로 이장하고 효의왕후와 합장해서 오늘날의 건릉이 되었다.

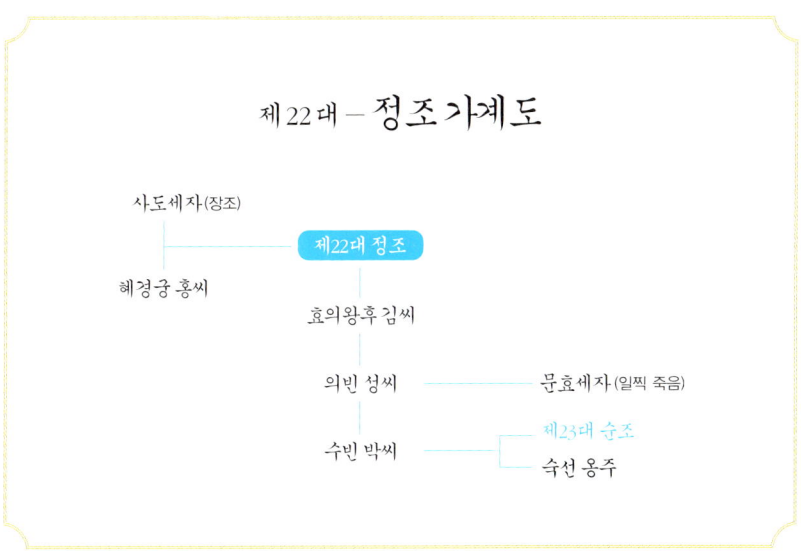

손자에게 대리청정을 맡긴다는 영조의 왕명마저 거부할 만큼 노론은 손자 이산(정조)이 거북했나 봅니다. 그러나 그들의 반대에도 불구하고 사도세자의 아들이자 영조의 손자인 이산은 조선 제22대 임금으로 등극합니다.

너무나 유명한 이야기이지만 정조는 아버지 사도세자가 죽은 이후 아버지 이야기를 거의 하지 않았지요. 너무나 보고 싶고 그리웠던 아버지를 언급하지 않은 이유는 그 자체가 할아버지 영조에게 부담이기 때문이었습니다. 영조는 사도세자를 죽게 한 장본인이니까요.

그런데 이런 정조가 등극과 함께 첫마디를 합니다.

"나는 사도세자의 아들이다!"

이 사도세자의 이름을 부르기 위해 정조는 14년이란 세월을 참고 기다렸던 것입니다. 이 말을 들은 노론 신하들은 어찌할 바를 몰랐습니다. 자신들 때문에 죽음에 이른 사도세자의 아들 정조 스스로가 자신이 사도세자의 아들이라는 말로 전쟁 선포를 한 것이나 다름없기 때문입니다.

이 말을 들은 노론은 불안해질 수밖에 없었을 것입니다. 이렇게 시국이 어수선해지면서 조정은 사도세자와 정조의 입장을 이해하는 노론시파와 강경파인 노론벽파로 갈리게 됩니다. 노론시파에는 소론 등 사도세자가 억울하게 죽었다고 믿는 이들도 포함되어 있었습니다. 하지만 주요 세력들은 여전히 정조를 인정하지 않는 노론벽파들이었습니다. 정조는 그들과 대항하며 조용히 그리고 천천히 자신이 꿈꾸는 조선을 만들어갑니다.

■ 문화의 대중화를 선도하다

정조가 왕으로 즉위하면서 가장 먼저 시행한 것이 규장각 건립입니다. 이 규장각을 통해 정조는 할아버지 영조 때 시행되었던 많은 제도를 정리하는 등 조선 역사상 유례없이 많은 책을 편찬하게 됩니다. 〈국조오례의〉, 〈국조보감〉, 〈오륜행실〉 등이 모두 이때 편찬되었다고 하네요.

그런데 정말 중요한 것은 이러한 흐름이 양반뿐 아니라 평민들에게까지 급속도록 번져 정조 대에는 양반은 물론이고 중인, 서얼, 평민층까지 사회 모든 계층에서 글, 그림, 음악 등 문화를 공유하게 됩니다. 즉 대중화가 이루어진 겁니다. 그래서 역사는 정조에게 문화군주, 정조 대를 문예부흥기라 부르는 것이지요.

조선은 통치의 원활함을 위해 신분질서를 매우 엄격하게 했습니다. 중앙으로 나갈 수 있는 과거시험 역시 철저히 양반들의 자제들만 응시할 수 있었죠. 만약 서얼들(양반 아버지와 평민 어머니 사이의 자식)이 과거를 통해 벼슬을 얻어 권력을 잡으면 신분제가 깨질 수 있기 때문에 서얼들의 중앙 진출은 국법으로 엄격히 했습니다. 그런데 정조는 양반뿐 아니라 당시 정계에 진출길이 막혀 있던 서얼 출신까지도 등용합니다. 조선후기 최고의 학자로 통했던 박제가 역시 서얼 출신으로 정조에 의해 발탁된 인물입니다. 이런 서얼 출신들의 정계 진출은 왕이 주인인 봉건주의 조선에서 근대국가 조선으로의 변화를 상징하기도 합니다.

이처럼 정조 대에 사회 전반적으로 퍼진 문화의 대중화는 백성들의 수준을 한 단계 높였습니다. 또한 명분이나 신분보다는 백성들이 잘 먹고 잘 사는, 즉 실리가 더 중요하다고 판단해 정조 자신의 측근들(정약용 등의 실학파)과 함께 농업뿐만 아니라 상공업의 대중화에도 앞장섭니다.

물론 정조의 상공업 증진 정책에는 걸림돌이 있었습니다. 당시 한성은 조선 개국 이후 300여 년 동안 뿌리 깊게 내려온 기득권층인 양반들로 가득 차 있었습니다. 그래서 정조는 아예 자신이 꿈꾸는 세상을 새로운 곳에서 건설하려 합니다. 그곳이 지금의 수원이죠.

정조의 명을 받은 정약용 등 실학자들은 최첨단 기계들을 만들어 수원화성을 건설합니다. 그리고 화성이 완성될 때쯤 아버지 사도세자의 무덤을 그곳으로 이장하게 됩니다(현 수원의 융릉).

■ 적마저 자신의 사람으로 만든 정치의 달인

정조의 개혁은 결코 쉽지 않았습니다. 당시 조정은 아버지 사도세자를 여전히 죄인으로 취급했던 노론벽파들이 장악하고 있었으니까요. 그리고 노론벽파의 중심에는 심환지가 있었습니다.

정조와 심환지는 오늘날로 비유하면 대통령과 야당 대표라고 할 수 있는 정적이었습니다. 겉으로 보면 노론벽파는 시시콜콜 정조의 일에 간섭을 하죠. 하지만 정조는 집요하게 그들과 소통하면서 그들을 자신의 편으로 만들어 국정을 조율합니다. 그 증거가 노론벽파의 대표였던 심환지와 주고받은 비밀편지입니다. 이를 통해 정조는 자신이 포기할 것은 포기하고 또 요구할 것은 요구하면서 자신의 개혁을 추진해 나갔던 거지요.

정조는 때로는 국왕으로서 신하를 꾸짖기도 하고, 때로는 인생의 후배로서 선배 심환지를 존경하고 보살핍니다. 할아버지 영조가 평생을 노력했던 세력의 균등(탕평책)을 정조는 자신만의 방법으로 다잡아간 것입니다.

1799년 3월 7일, 편전에서는 임금이 신하들과 주요 문제의 처리를 두고 설전을 벌이고 있었습니다. 정치의 달인다운 정조의 면모가 다음 실록에서 보여집니다.

우의정 심환지가 강력하게 아뢰었다.
"신들은 죽으면 죽었지 감히 그 명을 받들지 못하겠습니다."
상이 이르기를,
"경의 말은 너무 지나치다."
"신이 정성이 부족하여 성상의 마음을 돌리지 못하였으니 무슨 면목으로 정승의 자리를 차지하고 앉아있을 수 있겠습니까." 하고, 대전 밖 섬돌 아래 엎드려 관을 벗었다.
상이 이르기를,
"우상의 행동은 너무나도 지나친 것이다. 관을 벗지 말고 즉시 안으로 들어오라." 하였는데, 심환지가 명에 따르지 않았다. 이에 상이 화를 내며 하교하였다.
"지금 우의정의 행동에 실망이 크다. 우의정 심환지를 파직하라!"

임금은 얼마든지 신하를 파직할 수 있습니다. 그런데 놀라운 점은 이 파직 사건 하루 전날 정조가 심환지에게 몰래 보낸 편지 내용입니다.

"내일 내가 이 문제를 신하들에게 얘기할 것이고 분명 많은 이들이 반대를 할 것이다. 이에 경은 그들보다 더 강력히 반대를 하고 즉시 편전 밖 뜰로 내려가 관을 벗고 징계를 청하라. 그러면 나는 일의 형세를 보아 경을 파직할 것이다. 하지만 그 뒤에 다시 임명할 방법도 이미 생각해 놓은 것이 있다."

정조는 반대할 신하들의 대표인 심환지를 파직함으로써 논쟁을 사전에 무마시켜 자신의 뜻대로 일을 처리하고 훗날 약속한 대로 심환지는 다시 조정으로 돌아옵니다.

▲ 심환지는 정조의 명대로 회의 도중 건물 밖으로 나가 관을 벗었다. 심환지조차 자기편으로 만들었던 정치의 달인 정조

또 한 가지 예가 있습니다. 정조에게는 죄인의 신분으로 억울한 죽음을 맞이한 아버지 사도세자의 복위가 무엇보다도 큰일이었습니다. 아들로서 아버지에게 해야 할 가장 큰 효도가 바로 이 일이었던 거죠. 하지만 쉽지 않은 일이었습니다. 조정의 노론벽파들이 동의를 해주지 않을 것이니 말이죠.(아무리 임금이지만 신하들의 동의 없이 어떤 일

▲ 정조와 심환지는 정치적 맞수이자 동지였다.

을 단독으로 행하는 것은 쉽지 않았습니다). 이에 정조는 간접적으로 사도세자의 신분 격상을 추진합니다.

사도세자에게는 절시(절친한 신하) 임위가 있었는데 임위는 사도세자가 죽자 자결을 합니다. 정조는 이 임위의 직급을 높이고 그를 충신의 반열에 올리려 합니다. 하지만 노론벽파의 반대는 불을 보듯 뻔했습니다. 이에 정조는 당대표 심환지에게 비밀편지를 보냅니다. 그러면서 설득을 하죠. 심환지에게는 절대 쉽게 받아들일 수 없는 일이었습니다. 그러나 정조는 집요하게 그와 소통을 하고 결국 그를 설득합니다. 그리고 편지를 보냅니다.

> 임위는 나에게 매우 중요한 인물이다. 나의 마음을 이해해주고 어려운 결정을 내려준 경에게 감사한다. 내일 이와 관계된 상소에 '임위의 훌륭한 충성과 절개가 어두운 하늘의 별과 같다. 천년 뒤에도 뜻있는 선비들로 하여금 눈물을 흘릴 것이다' 라는 문구를 덧붙이는 게 좋겠다.

정조는 상소문의 내용까지 적어주는 치밀함을 보입니다. 자, 여기 당시 정조실록을 한번 보겠습니다.

> 1798년 11월 1일, 우의정 심환지가 아뢰기를,
> "임위의 뛰어나고도 특출난 충성과 절개는 혼탁한 세상을 비추는 해와 별이라고 할 만한 바, 천년의 세월이 지난 뒤에도 뜻있는 선비들은 그를 위하여 눈물을 흘릴 것입니다. 그런 의로운 선비에게 보답하는 도리에 있어서 당연히 관직을 추증하고, 이어 시호를 내려주는 은전을 베풀어야 하겠습니다." 하니, 임금이 그대로 따랐다. 이에 임위에게는 '좌찬성'이란 벼슬을 내리고, '충렬'이라고 시호를 내렸다.

■ 조선의 희망이 지다

　정조는 밤낮으로 정사를 돌보며 노력하는 임금이었습니다. 그러니 건강이 좋을 리가 없었지요. 1799년 들어 그의 건강은 급속도록 나빠집니다.

　승하 5개월 전 심환지에게 보낸 편지에는 "내가 회복하는 것은 짧은 시일 안에 기약하기 어려우니 매우 괴롭다", 승하 20여 일 전에는 "나는 날마다 얼음물 몇 사발을 마시는데 그러고 나면 폐의 열과 답답한 속이 다소 상쾌해지는 느낌이 든다"라고 적혀 있습니다. 이미 정조의 건강은 스스로 인정할 만큼 악화되고 있었습니다. 그렇게 죽음의 공포가 서서히 몰려오고 있었습니다.

　어느 날 정조는 아직 10살짜리 외아들 세자를 봅니다. 정조가 뒤주 속에서 죽어가는 아버지의 절규를 들을 때가 11살 때이고 그 뒤에도 자객들의 공격을 받는 등 불우한 세손 시절을 보냈습니다. 그런 그에게 10살짜리 세자는 너무나 위태로워 보였겠죠. 그래서 그는 세자의 외할아버지이자 자신의 사돈인 김조순이란 신하를 부릅니다. 그리고 훗날 세자(순조)의 안위를 지켜달라고 부탁합니다. 하지만 정조는 몰랐겠지요. 그 한마디가 얼마나 큰 비극을 초래하게 되는지 말입니다.

　1800년 6월, 정조는 한 편의 드라마 속 주인공 같은 삶을 마감합니다.

　정조의 건릉은 아버지 사도세자와 어머니 혜경궁 홍씨의 융릉 그리고 그가 꿈꿨던 새로운 조선의 중심 화성 가까이에 위치합니다. 생전에 아버지에게 하지 못했던 효도를 죽어서라도 하기 위해서겠죠.

　건릉 정자각에서 봉분을 바라보고 있으면 정치가 정조가 꿈꾸던 세상의 모습이 떠오릅니다. 정치9단 정조에게 의리는 임금과 신하가 함께하는 것이고 신하들이 할 수 없는 것을 임금이 억지로 시킬 수 없는 것이었습니다. 생

▲ 정조 개혁의 상징인 수원 화성. 정조는 이곳 화성에서 새로운 조선을 꿈꾸었다.

각이 달라도 그들을 인정하고 회유하는 노력, 그것이 바로 정조가 꿈꾸었던 탕평의 정치였습니다. 그리고 그런 그들의 노력은 백성을 위한 정치였습니다. 그가 승하하기 전에 심환지에게 남겼다는 한 줄의 메시지는 경외감마저 들게 합니다.

"백성이 마음에 걸리고 조정이 염려돼 밤마다 침상을 맴도느라 날마다 늙고 지쳐가니 그 괴로움을 어찌 말할 수 있겠는가…"

관련 왕릉을 알아봅시다!

- **정조의 생부 추존왕 장조(사도세자)의 융릉**

경기도 화성시 안녕동 산1-1 | 사적 제206호 | 1789년(정조 13) 조성

융릉은 훗날 장조로 추존된 장헌세자(사도세자)와 헌경황후로 추존된 그의 비 혜경궁 홍씨의 합장릉이다. 아버지 영조의 명으로 뒤주에 갇혀 숨진 사도세자는 현재의 동대문구 휘경동인 양주 배봉산 아래 언덕에 안장되었으며, 아들을 죽인 것을 후회한 영조는 세자의 죽음을 애도한다는 뜻에서 '사도'라는 시호를 내리고, 묘호를 수은묘라고 하였다. 이후 정조가 즉위하여, 아버지에게 '장헌'이라는 시호를 올렸고, 수은묘를 원으로 격상시켜 '영우원'으로 부르게 되었다. 1789년(정조13년)에 무덤을 현재의 위치로 옮겨 현륭원이라 하였으며, 혜경궁 홍씨가 승하하자 지금의 현륭원에 합장하였다. 이후 고종이 장헌세자를 왕으로 추존하여 능호를 '융릉'이라고 정하였다.

↑ 문화 군주의 대명사로 불리는 정조의 건릉 전경

인릉 【제23대 순조】

망국의 기운이 감돌다

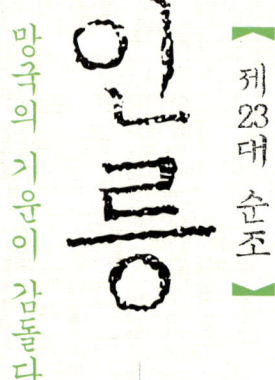

○ 서울 서초구 내곡동 산13-1 | 사적 제194호 | 1856년(철종7) 조성

인릉은 조선 23대 순조와 순원왕후의 합장릉으로, 겉으로 보아서는 혼유석을 하나만 설치하여 단릉과 같은 형식이다. 순조는 1834년 승하 후 파주 교하에 안장되었으나, 풍수지리상 불길론이 대두되어 1856년(철종7)에 현재의 위치인 서초구 내곡동 헌릉 서쪽 언덕으로 이장되었다.

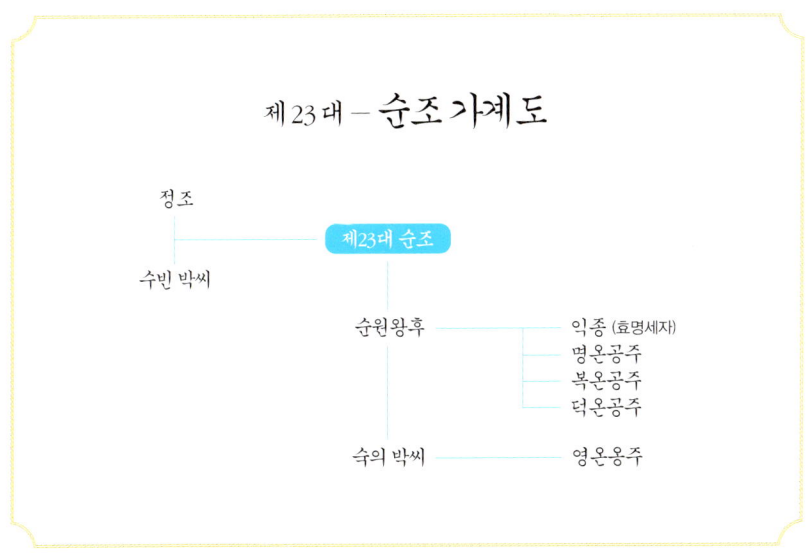

정조의 등장이 역사의 물줄기를 바꾸었듯 정조의 승하 역시 마찬가지였습니다. 정조의 승하로 10살짜리 세자가 조선 제23대 임금으로 등극합니다. 자연스럽게 정치적 혼란기가 찾아온 것이지요. 더군다나 새로운 왕은 아직 어렸습니다. 처음에는 순조의 증조할머니인 정순왕후(영조의 계비)가 수렴청정을 히지만 곧 승하하게 됩니다. 이런 상황에서 전혀 새로운 인물이 등장을 합니다. 바로 순조의 외할아버지 김조순이었습니다.

정조가 승하하기 얼마 전 사돈을 불러 세자의 안위를 부탁했던 인물이 바로 김조순입니다. 김조순은 승하한 정조의 유언을 강조하며 외손자 순조 대신 국정을 좌지우지하는 권력을 움켜잡게 됩니다. 처음에 그는 임금의 할아버지로서 당시 집권층이었던 노론벽파를 견제하는 세력으로 집안사람들(안동 김씨)을 모두 궁궐로 불러들입니다. 이후 시간이 지나면서 견제 세력이었

▲ 순조 인릉의 전경

던 안동 김씨 세력은 노론벽파를 물리치고 조정을 완전히 장악해 버립니다.

■ **부정부패와 민란의 시작**

우리는 이들을 임금의 외가친척들이라 해서 외척세력이라 부르고 이들이 하는 이런 식의 정치를 '세도정치'라고 합니다. 이제 조선의 조정에는 노론,

소론, 남인, 북인 같은 세력들이 사라져버리고, 임금보다 더 힘 있는 임금의 외가 친척들인 안동 김씨로 채워지게 됩니다.

안동 김씨 세력의 권력은 자연스럽게 부정부패를 동원했습니다. 온갖 뇌물을 가져다 바치고 장사로 돈을 번 중인들은 엄청난 돈을 내고 벼슬을 사기도 했습니다. 이런 중인들이 양반이 되니 신분질서는 무너지고, 그렇게 벼슬을 산 사람들은 당연히 또 자신의 권력을 이용해 부정적으로 돈을 버는 악순환이 계속될 수밖에 없었습니다. 그리고 이런 모든 행동은 고스란히 백성들의 고통으로 나타나기 시작합니다.

세금을 거두어가고 이런저런 이유로 노역까지 하게 된 백성들은 더 이상 참을 수가 없었습니다. 그렇게 일어난 민란(백성들이 일으키는 난)이 '홍경래의 난' 입니다.

■ 순조의 희망, 맏아들 효명세자

이런 정국의 혼란은 순조를 무기력하게 만들었습니다. 그런데 그런 순조에게 희망이 생깁니다. 그건 바로 맏아들 효명세자였습니다. 효명세자는 순조 자신보다 오히려 아버지 정조를 더 빼닮았습니다. 어려서부터 할아버지 정조의 업적을 공부했던 효명세자는 순조에게 이 혼란을 돌파할 수 있는 희망이 된 것입니다.

순조는 38세의 나이에 19살 세자에게 대리청정을 명하게 되고 정권을 받은 효명세자는 외척세력에 대항해 개혁을 단행합니다. 직접 과거시험을 주관해 인재를 뽑는가 하면 사헌부(감찰기관)에 자신의 측근을 배치해 부정부패를 고발하게 하고, 연루된 외척들을 정계에서 쫓아냅니다. 또한 동시에 실학을 발전시켜 서양문물을 받아들일 준비를 했죠.

하지만 효명세자는 어느 날 갑작스런 의문의 죽음을 당합니다. 실록에는 병으로 죽었다고 기록되어 있지만, 그가 요절할 때 외척세력과 반 외척세력의 대립이 극대화되었다는 점을 고려하면 분명 의문의 죽음이 될 수 있을 겁니다. 그나마 다행인 것은 그에게 세손(훗날 헌종)이 있었다는 것입니다.

■ 죽어서도 외척세력에 시달린 순조

아들의 갑작스런 죽음으로 희망을 잃은 순조는 국정을 거의 방치하게 되고 이에 외척세력들은 더 활개를 피게 됩니다. 순조는 효명세자의 맏아들인 세손(훗날 헌종)을 왕세손에 책봉하고, 1834년 세상과 이별한 뒤 파주의 장릉 서쪽 언덕에 묻힙니다.

당시 순조의 능은 안동 김씨들에 의해 정해졌습니다. 그런데 그로부터 22년 후인 1857년 안동 김씨와 쌍벽을 이루었던 풍양 조씨가 순조의 인릉이 터가 좋지 않다며 그곳을 능으로 쓴 안동 김씨를 비방했고 멀쩡한 능을 지금의 헌릉(태종의 능) 옆으로 옮기니, 그곳이 바로 지금의 인릉 자리입니다.

그런데 인릉은 땅속에 바위가 많은 곳입니다. 땅속에 바위가 많다는 것은 습하다는 것을 의미합니다. 차가운 성질의 바위에는 항상 물기가 있었지요. 그래서 원래 세종대왕의 능이 이곳에 있다가 여주로 옮겨졌고, 인조의 계비 장렬왕후의 능인 휘릉 역시 고양시로 옮겨진 경력이 있는 곳입니다. 즉 왕릉 자리로는 적합하지 않은 곳입니다. 그렇게 순조는 살아서도 죽어서도 외척

▲ 조선시대 왕릉 주변은 절대 침범할 수 없는 신성한 영역이었다. 그러나 인릉 앞에 국정원 건물이 들어와 500년 그린벨트 영역이 깨지고 말았다.

세력들의 영향을 받은 왕이 되어버렸습니다.

순조가 승하하고 그의 어린 손자가 왕위에 오르니 그가 조선 제24대 임금 헌종입니다.

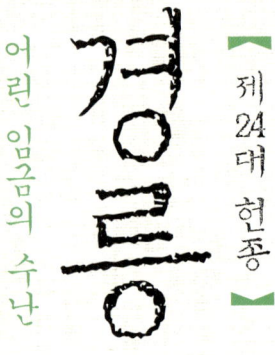

경릉 【제24대 헌종】
어린 임금의 수난

○ 경기도 구리시 인창동 산9-2 | 사적 제193호 | 1849년(철종1) 조성

경릉은 세 개의 봉분이 나란히 있는, 조선왕릉 중 유일한 삼연릉이다. 1843년(헌종9) 16세로 승하한 효현왕후 김씨의 능을 이 자리에 조성하였고, 그로부터 6년 후 헌종이, 헌종의 계비 효정왕후도 승하 후 이곳에 영면하였다. 건원릉 서쪽에 위치한 이곳은 헌종의 국상 이후 왕릉 택지를 위하여 13곳이나 되는 길지를 돌아다닌 끝에 찾아낸 명당이라 전해진다.

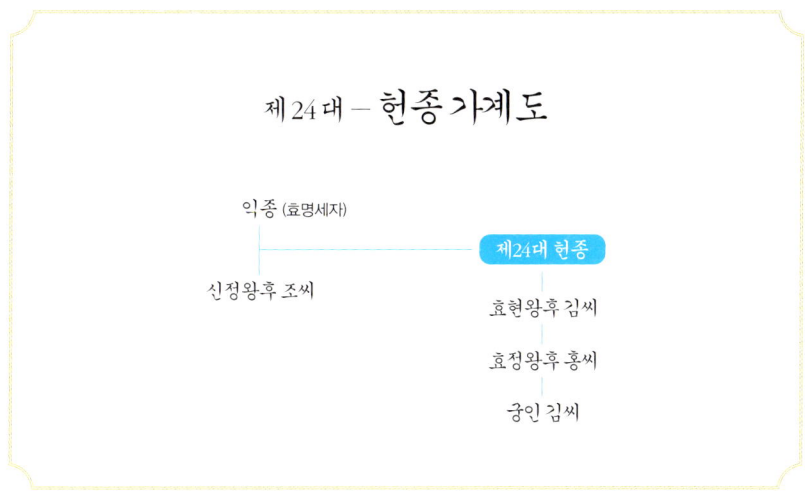

임금이 어린 나이이니, 이번에는 어머니 신정왕후 조씨가 수렴청정을 합니다. 이제 조정에는 안동 김씨 이외에 풍양 조씨까지 가세를 합니다.

어린 왕은 외척들의 싸움에 늘 기가 죽어 별다른 일을 하지 못합니다. 뇌물을 탐내는 지방관리들 때문에 더 이상 세금을 낼 수 없었던 백성들은 노비로 전락하는 악순환이 반복되죠. 더욱이 엎친 데 덮친 격으로 가뭄 등의 자연재해도 계속 생겨나 나라 전체가 파탄 지경에 이르게 됩니다.

■ **서양 선교사들의 등장과 박해**

당시가 1840년대입니다. 지금으로부터 불과 170년 전이네요. 당시 세계에는 산업혁명이 일어나고 있었습니다. 자본주의가 생겨나고, 수공업으로 물

♠ 현종과 정비 효현왕후, 계비 효정왕후가 모셔진 경릉은 유일하게 삼연릉으로 조성된 왕릉이다.

건을 만드는 게 아니라 공장이라는 곳에서 대량생산체제를 구축하게 된 것입니다.

산업혁명으로 물건이 많아지니 물건을 팔 곳이 필요하고, 또 새로운 물건을 만들기 위해 원자재가 많이 필요하게 되죠. 이런 상황에서 영국, 프랑스 등은 자국의 이익을 위해 식민지를 찾아 세계 지도를 뒤지기 시작하죠. 바로 이때가 순조와 헌종의 시대입니다.

▲ 영국인들이 본 조선의 풍경

미국의 역사는 신 개척지 미국 대륙을 발견한 뒤 영국의 종교인들이 들어가 많은 수난을 당하며 시작되었습니다. 이는 오늘날 아프리카 등에 많은 선교사들이 봉사를 하며 종교와 문화를 전파하는 것과 같다고 할 수 있습니다.

▲ 우리나라 최초의 신부 김대건

헌종 시대에 서양세력들과의 만남은 종교인들과의 만남이었습니다. 이때 서양의 많은 천주교 선교사들이 종교 활동을 목적으로 우리나라에 들어오게 됩니다. 그러나 이런 서양 종교의 등장은 기득권층에게 큰 부담이었겠죠. 그래서 외척세력들은 서양 선교사들과 이를 믿는 조선 백성들을 처참히 살해해 버립니다. 대표적인 박해가 신유년의 '신유박해'이고, 우리가 잘 아는 우리나라 최초의 천주교 신부 김대건 역시 헌종 대에 목이 잘리는 효수를 당합니다.

> 임금이 희정당에 나아가 대신 인견한 자리에서 사학 죄인 김대건을 효수하라고 명하였다. 김대건은 용인 사람으로서 나이 15세에 달아나 중국의 광동에 들어가서 천주교를 배우고, 1843년 현석문 등과 결탁하여 몰래 돌아와 한성 안에서 교주가 되었다.

■ 헌종의 승하 그리고 왕실 후손 찾기 소동

나라의 운명과 후손들의 수는 비례하는 걸까요? 조선 후기 왕들은 자식복이 유난히도 없었습니다. 80세를 넘기며 장수를 한 영조도 불과 2명의 아들뿐이었으니 말이죠.

자식조차 없는 어린 왕 헌종은 이렇게 밖으로는 서양세력들의 등장, 안으로는 외척세력들 틈 사이에서 고생을 하다 별다른 치적을 세우지 못한 채 1849년 이곳 경릉에 안치되었습니다.

그런데 그의 죽음은 또 다른 문제를 낳았습니다. 앞에서 언급했듯 조선후기 왕실은 손이 귀해져 딱히 다음 왕위를 이을 인물이 없었던 겁니다. 게다가 그 남아 있는 왕실 후손들도 역모 등 정치적 소용돌이에 휘말려 죽거나 혹은 유배를 떠나 후손 찾기가 더욱더 힘들어진 거죠.

당시 왕실의 최고 어른은 순조의 며느리이며 일찍 요절한 효명세자의 부인 그리고 승하한 헌종의 어머니 신정대비 조씨였습니다. 그녀는 왕통을 이을 왕실 후손들을 찾기 시작합니다. 그렇게 족보를 뒤지고 뒤져 영조의 아들인 사도세자의 자식들을 찾아내죠.

사도세자는 정조 이외에도 후궁 사이에 두 아들(은신군, 은언군)이 더 있었는데 그들의 후손들은 역모에 휘말려 죽거나 자신들이 왕실의 후손이란 사실도 모른 채 시골에서 농사를 짓고 사는 형편이었습니다. 결국 신정왕후는 사도세자의 증손자인 이원범이란 청년을 자신의 양자로 입적해 왕위에 앉힐 생각을 합니다. 스스로는 왕실 후손인지도 모르고 강화도에서 농사꾼으로 살고 있던 청년은 그렇게 하루아침에 일국의 국왕이 되니 그가 바로 조선 제25대 임금 철종입니다.

1849년 대왕대비(헌종의 어머니 신정대비)가 소리 내어 울며 말하기를,

"하늘이 어찌하여 차마 이렇게 하는가? 하늘이 어찌하여 차마 이렇게 하는가?" 하매,

조인영이 울부짖고 흐느끼면서 말하기를,

"5백 년 종사가 어찌 오늘에 갑자기 이렇게 될 줄 알았겠습니까?"

정원용이 말하길,

"종사의 대계가 급합니다. 바라오건대, 너그러이 억누르고 분명하게 하교하여 신들이 상세히 듣게 하소서."

대왕대비가 하교하기를,

"종사의 부탁이 시급한데 영조의 핏줄은 금상(헌종)과 강화에 사는 이원범뿐이므로, 그에게 왕통을 잇게 한다. 받들어 맞이하기 전에 병조에서 장교들을 거느리고 먼저 강화도로 가서 호위하라." 하였다.

관련 왕릉을 알아 봅시다!

■ **헌종의 생부 추존왕 익종**(효명세자)**의 수릉**
경기도 구리시 인창동 산7-2 | 사적 제193호 | 1890년(고종27) **조성**

수릉은 하나의 봉분에 혼유석 역시 하나만 마련되어 있어 단릉처럼 보이지만, 익종과 신정왕후 조씨의 합장릉이다. 효명세자가 승하하자 성북구 석관동 의릉 왼쪽에 세자의 무덤 형식인 원(園)으로 능을 조성하고 연경묘라고 하였는데, 그 후 효명세자의 아들 헌종이 즉위하자 그를 익종으로 추존하고 능의 이름을 수릉이라 하였다.

예릉

제 25대 철종

농사꾼에서 임금이 되다

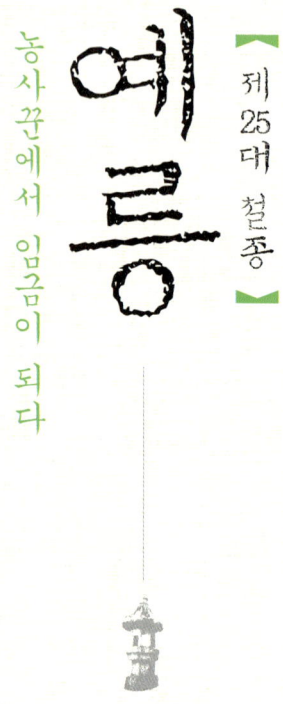

○ 경기도 고양시 덕양구 원당동 산38-4 | 사적 제200호 | 1863년(철종14) 조성

예릉은 조선 25대 임금 철종과 비 철인왕후의 능이다. 철종은 재위 14년 6개월 만인 1863년에 33세의 나이로 승하하였다. 고종은 철종의 능을 거창하고 웅장하게 꾸며 세도정치를 타파하고 왕권을 강화하고자 하였는데, 그래서인지 예릉의 석물과 건축물들은 웅장한 규모로 조성되었다.

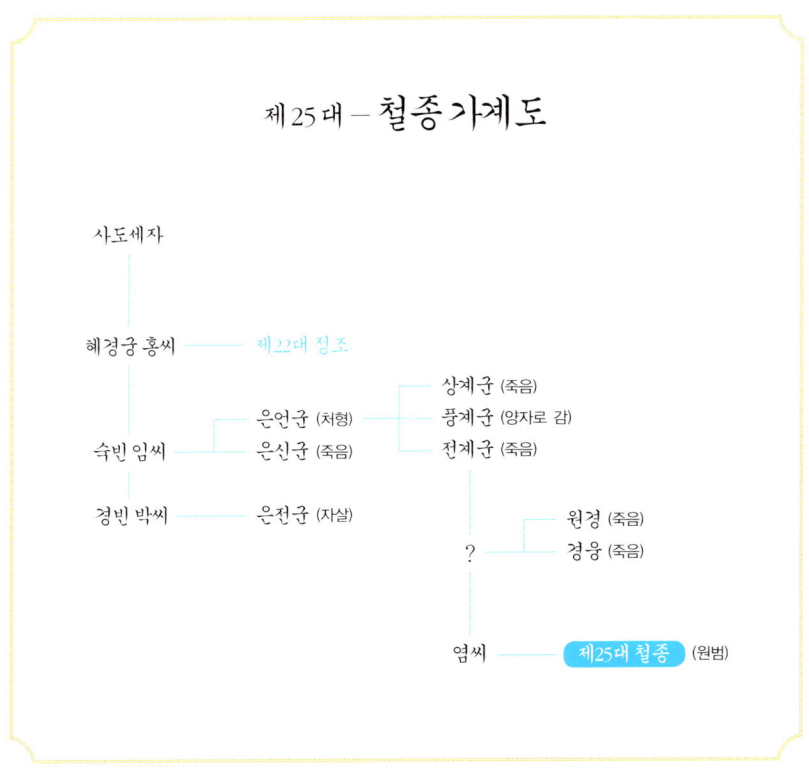

이원복이란 청년은 얼마나 황당했을까요? 한창 농사를 짓고 있는데 갑자기 궁궐에서 사람들이 나와 절을 하고 가마에 오르라고 했으니 말이죠.

왕은 세자시절부터 철저히 국왕수업을 받으며 교육되어집니다. 그런데 세자수업은커녕 글자도 모르는 무식한 왕실 후손이 왕이 되니, 철종은 즉위 당일부터 생전 해보지 않은 공부를 하게 됩니다. 철종도 철종이지만 그걸 바라보고 있는 대왕대비 조씨의 속도 편치만은 않았을 겁니다.

대왕대비가 임금에게 하교하기를,

"이렇게 망극한 일을 당한 속에서도 5백 년 종사를 부탁할 사람을 얻게 되어 다행스럽소. 주상은 영조대왕의 혈손으로서 지난날 어려움도 많았고 오랫동안 시골에서 살아왔으나, 옛날의 제왕 중에도 민간에서 생장한 이가 있었으므로 백성들의 괴로움을 빠짐없이 알아서 정사를 하면서 훌륭한 임금이 되었으니, 지금 주상도 백성들의 일을 익히 알고 있을 것이오. 백성을 사랑하는 '애민' 두 글자를 잊지 마오. 사람이 배우지 아니하면 옛일에 어둡고 옛일에 어두우면 나라를 다스릴 수 없는 것이니, 아무리 힘들어도 공부를 게을리 하면 안 되니 늘 노력하고 또 노력하는 임금이 되어야 하오. 임금이 비록 극히 존귀한 존재지만 본래부터 조정 신하들을 가벼이 여기는 법은 없으니, 대신들을 예로써 대하고 이 모든 말을 정성을 기울여 잘 듣고 마음속에 새겨두기 바라오." 하였다.

➔ 자신이 사도세자의 후손이라는 사실도 모른 채 강화도에서 농부로 살던 이원범(철종)의 생가

■ 민족 종교 동학의 태동

태어나 임금이 되기까지 부단히 수업을 받는 이들도 왕이 되어 신하들과 힘겨루기를 하며 정치를 하는데, 천자문부터 배우는 임금이 과연 임금 노릇을 제대로 할 수 있었을까요? 그렇게 허수아비 왕을 앉혀놓고 외척세력들은 왕위에 군림하며 말 그대로 독재를 합니다.

독재는 부정부패를 낳고 부정부패로 고통받는 이들은 결국 백성들이었겠죠. 세금 폭탄을 맞는 백성들은 하루하루를 힘들게 연명해 갑니다. 힘들면 약해지고 약해지면 불안해집니다. 그러다보면 사람들은 종교를 찾습니다. 그런데 기존의 종교는 이미 부패 또는 쇠퇴하여 백성들에게는 그리 와닿지 못했고, 새로 서양에서 전파된 천주교 역시 여러 가지 문화적 차이로 백성들은 쉽게 접할 수가 없었습니다.

→ 동학의 창시자 최제우

이때 최제우는 "사람이 곧 하늘이기 때문에 우리가 하늘을 우러러 보듯 모든 사람들은 멸시와 차별을 받으면 안 되고 존중받아야 한다(인내천사상)"며 하늘의 마음이 곧 백성의 마음이라는 것을 주창합니다. 그리고 이름 역시 서학(천주교)에 대항한다 해서 '동학'이라 짓습니다. 이 동학은 백성들에게 급속도록 퍼져 큰 세력으로 성장하고 훗날 일제시대 독립운동으로 승화되기도 하지요.

■ 후사 없이 승하한 철없던 철종

이런 사회적 분위기에 철종 역시 나름 백성을 위한 정책을 펼칩니다. 자신 스스로가 백성으로 살았기 때문에 어느 누구보다 백성을 위해 노력했겠죠. 하지만 허수아비 임금의 능력은 그 뜻을 받쳐주지 못했습니다. 결국 자신의 처지를 깨달은 철종은 모든 걸 포기하고 술과 여자에 빠져 지내다 시름시름 후사도 없이 1863년 33세의 젊은 나이로 승하합니다.

철종도 철종이지만 이를 바라보는 대왕대비 조씨는 한숨을 내쉽니다. 그녀는 이대로 종묘사직을 접을 수는 없는 일이니 또 왕실의 후손을 찾아야 했습니다.

그때 조대비의 눈에 들어온 이가 있었으니 그가 바로 흥선군이었습니다. 흥선군의 할아버지가 바로 사도세자의 아들 은신군이었습니다. 하지만 흥선군은 은신군의 직계 손자가 아닙니다. 흥선군의 아버지인 남연군은 원래 16대 임금 인조의 6대손이라고 합니다. 6대손이면 왕실가족이라 보기엔 무리가 있습니다. 더욱이 남연군은 아들 없이 사망한 은신군의 양자로 입적된 겁니다.

이유가 어찌되었든 남연군에게는 분명 왕실의 피가 흐르고 있었고, 조대비는 흥선군을 궁궐로 불러 그의 둘째 아들 이명복에게 차기 왕위를 물려준다고 약속합니다. 어릴 적부터 외척세력을 매우 증오했던 흥선군에게 뜻하지도 않은 기회가 찾아온 겁니다.

> 1863년 12월 8일, 대왕대비가 이르기를,
> "죽지 못해 사는 이 몸이 차마 망극하고 차마 감당할 수 없는 일을 당하고 나니 그저 원통한 생각뿐이다. 지금 나라의 형세의 안위가 시각을 다투기 때문에 여러 대신들을 청해 종묘사직의 큰 계책을 의논하여 정하려는 것이다." 하니, 정원용이 아뢰기를,
> "빨리 대왕대비의 분명한 명을 내려 주시옵소서" 하니, 대왕대비가 이르기를,
> "흥선군의 둘째 아들 이명복으로 효명세자(순조의 맏아들이자 대왕대비의 죽은 남편)의 대통을 잇게 할 작정이다."
> 이에 대왕대비는 영의정 김좌근 등을 흥선군의 사저로 보내 맞이해 오게 하였다.

이렇게 대왕대비 조씨는 또 한 명의 왕을 임명하게 되니 그가 조선 제26대 고종입니다.

▲ 농사꾼이었던 철종은 이곳 인정전에서 조선 제25대 임금으로 등극했다.

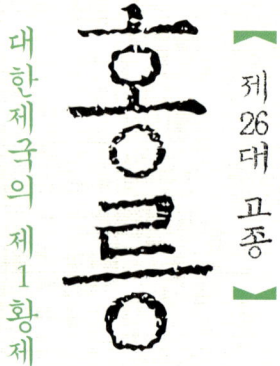

홍릉

【 제26대 고종 】

대한제국의 제1황제

○ 경기도 남양주시 금곡동 141-1 | 사적 제207호 | 1919년 조성

홍릉은 조선시대 말기에 조성된 능역으로, 고종이 대한제국을 선포하고 황제의 자리에 올랐기 때문에 황제릉의 양식을 따라 명나라 태조의 효릉을 본떠 만들었다. 명성황후가 시해당한 뒤 동구릉에 숙릉을 조성하다 국장이 중단된 후 그해 1897년 11월 청량리 천장산 아래 새 장지를 정하고 국장을 치르며 홍릉이란 능호가 시작되었다. 이후 1919년 고종이 승하하자 현재의 위치에 조성하면서 명성황후의 능도 옮겨와 합장하였다.

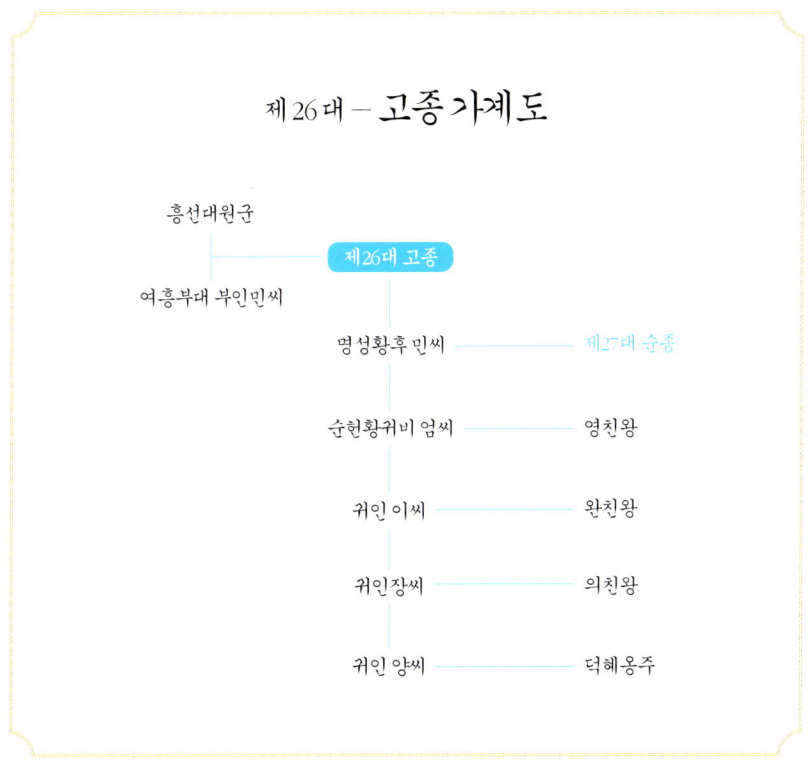

 대왕대비 조씨와 아버지 흥선대원군의 힘으로 고종은 조선 제26대 임금으로 등극합니다. 당시 고종의 나이가 10세였는데, 왕이 어리니 대왕대비가 수렴청정을 하지요. 하지만 대왕대비 뒤에는 흥선대원군이 있었습니다(대원군은 아들이 왕이 된 왕실 어른에게 붙이는 칭호임).

 얼마 후 대왕대비는 흥선군에게 모든 정권을 일임합니다. 그는 주저 없이 개혁을 단행합니다. 당시 외척세력들은 각 지방의 서원에서 공부를 하고 비변사의 추천을 통해 정계에 진출했습니다. 비변사는 원래 군사와 관련된 기

♠ 고종의 홍릉. 전통적인 조선왕릉 형식이 아닌 중국의 황제릉 양식을 따라 조성되었다. 원래 능침 앞쪽으로 배열될 석물들이 정자각 역할의 침전 앞쪽에 배치되어 있고 석물의 형상 역시 중국풍이 역력하다.

관이었는데 임진왜란 이후 조선후기에는 행정과 국방, 인사권까지 그 기능과 힘이 비대해진 국가최고기관으로 변질되어 안동 김씨 세력의 본거지였습니다. 흥선대원군은 이 서원을 거의 없애고, 비변사를 아예 없애버립니다. 안동 김씨와의 전쟁을 선포한 거죠.

이후 직접 과거를 시행해 인재를 뽑고 백성을 쥐어짜던 각종 세금제도 등을 모두 개혁합니다. 무엇보다 이런 그의 행동은 외척세력에 타격을 주었고 이는 왕권 강화와 안정으로 이어지게 됩니다.

시간이 지나 나이가 든 고종은 직접 정치를 시작합니다. 그러나 지난 100년 동안 외척세력에 의해 망가진 백성들은 여전히 고통 속에 살고 있었죠. 결국 백성들이 지방관리들의 횡포에 도저히 못 살겠다며 난을 일으킵니다.

■ 일본의 야욕, 조선의 치욕

백성들은 동학을 중심으로 난을 일으켰습니다. 그들은 정부군과 대항해 싸우며 백성이 편한 세상을 요구합니다. 그런데 여기서 문제가 발생하죠. 중앙정부가 이를 두려워해 청나라에게 파병을 요청한 겁니다. 자국 백성들을 다스리지 못해 외국에 군대를 요청하는 굴욕적인 정부였습니다.

청나라 군대가 한반도에 들어오니 이번엔 일본이 가만히 있지 않았습니다. 그렇지 않아도 호시탐탐 조선을 노리던 일본은 어느 날 청나라 군대가 들어오는 것을 보고 일본 군대를 인천에 상륙시킵니다. 명분은 조선 내 일본인들의 안전을 위해 군대를 파견했다는 것이었습니다.

결국 청나라와 일본을 위한 싸움임을 자각한 동학농민군은 조정의 군대와

화해를 합니다. 하지만 일본의 입장에서는 그대로 물러설 수 없었습니다. 그들은 조선 내에 있는 청나라 군대에 선전포고도 없이 포격을 가합니다. 이렇게 해서 청일전쟁이 일어납니다. 조선에서 일어난 전쟁이지요.

일본은 청일전쟁에서 승리를 합니다. 이제 조선에서 무서울 것이 없는 일본은 조선 정부를 압박하게 됩니다. 그러자 조선 정부는 러시아에 손을 내밉니다. 러시아 입장에도 일본의 기세가 달갑지 않았기에 독일, 프랑스와 연합해 일본에 압박을 가하고 일본은 어쩔 수 없이 한반도에서 한 발 물러서게 됩니다. 이 사건을 '삼국간섭'이라 합니다.

다 잡은 토끼(조선)를 놓쳤으니 일본은 얼마나 억울했을까요? 그런데 조선의 임금 뒤에는 외교의 달인 명성황후가 있었습니다. 일본은 이대로 조선을 방치하면 영원히 점령할 수 없다고 판단해 무리수를 둡니다. 바로 조선의 왕비 명성황후를 시해하는 것이었습니다.

1895년 깡패로 가장한 일본의 정치인들은 명성황후가 있는 경복궁으로 진입해 일국의 국모를 잔인하게 살해하고 그 시신을 불태우는 만행을 저지릅니다. 이 사건 이후 본색을 드러낸 일본은 경복궁을 포위하고 고종을 더욱 위협합니다. 이에 고종은 경복궁을 몰래 빠져나와 러시아 대사관으로 야반도주를 하기도 합니다. 이를 '아관파천'이라 합니다.

대사관에서는 그 나라의 법이 적용됩니다. 따라서 일본 군대는 더 이상 러시아 대사관으로 들어올 수가 없었습니다. 고종은 일본으로부터 피난을 갔지만 러시아는 왕실을 보호해 준다는 대가로 조선에 많은 경제적 이권을 약탈해 갑니다. 정말 냉엄한 현실이 아닐 수 없습니다.

고종은 외교가 영원한 적도 영원한 동지도 없는, 자국의 이익에 따라 얼마든지 바뀔 수 있다는 교훈을 깨닫고 우리도 다른 나라처럼 근대화된 국가를 만들어야겠다는 다짐을 하게 됩니다.

■ 근대국가 대한제국의 건립

　1897년, 500년 조선왕조를 마감하고 고종은 새로운 근대국가 대한제국을 건립하면서 황제의 자리에 오릅니다. 이때부터 고종황제는 전반적으로 사회를 개혁하는 등 근대국가로서의 기틀을 다잡습니다. 하지만 근대화는 단순히 통치자의 열정으로 단시간에 되는 것이 아닙니다. 조선은 지난 100년 동안의 암울한 역사로 그 공백이 너무 컸습니다. 다른 나라들이 근대화로의 준비를 하고 있을 때 조선은 스스로 문을 닫고 있었으니 당연한 결과일지도 모릅니다.

　고종의 이러한 노력에도 불구하고 일본은 한 발 더 앞서 조선을 고립시킵니다. 그들은 러시아와 전쟁을 벌여 승리함으로써 마침내 대한제국에 대해 우위를 차지하고 또 미국과 동맹을 맺어 미국이 필리핀을 접수하는 것을 용인하고, 대신 일본이 대한제국을 침략하는 행위를 미국은 눈감아 줍니다(가스라 태프트조약). 이후 을사년인 1905년 일본은 친일파 관료들과 짜고 대한제국의 외교권을 불법으로 강탈해가는데, 이를 일본이 억지로 만든 조약이라 해서 '을사늑약'이라고 부릅니다. 이는 여러 증거자료를 통해 일본 역시도 인정한 사실이지요.

　이때 고종황제에게 희소식이 들립니다. 당시 네덜란드 헤이그에서 국제평화회의가 열린다는 소식이었습니다. 고종황제는 전 세계 대표들이 모이는 이 행사에 일제가 불법으로 대한제국의 외교권을 강탈했다는 사실을 알

▲ 홍살문에서 바라본 홍릉의 전경

리려 했고 비밀리에 특사를 파견하니 그들이 바로 헤이그 특사 이휘종, 이준, 이상설이었습니다. 그러나 그 사실을 안 이토 히로부미는 고종을 경운궁에 강제로 가두고 황제의 자리 역시 빼앗아 황태자에게 줍니다. 대한제국 최초의 이 황제 양위식은 주는 황제도, 받는 황태자도 없이 일본과 친일파 관료들이 짜고 처리한 어처구니없는 일이었습니다.

■ 고종의 의문의 죽음

일본은 조선황실의 대를 끊기 위해 온갖 횡포를 저질렀습니다. 이를 위해 고종황제의 아들 중 한 명인 영친왕을 11살의 어린 나이에 유학이란 명분으로 일본에 끌고 가 일본인으로 교육시키고 일본 여자(마사코, 한국 이름은 이방자)

와 강제 결혼을 시킵니다. 그들은 한국의 왕자와 일본의 왕실 여인이 결혼을 한다는 것이 얼마나 우호적인지를 대대적으로 선전했고, 1919년 파리에서 국제회의가 열린다는 사실을 안 일본은 영친왕 이은과 마사코의 신혼여행지를 프랑스 파리로 정해 한일 우호의 모습을 보여줄 생각이었습니다. 하지만 고종황제는 일제의 만행을 전 세계에 알릴 수 있는 절호의 기회라고 생각해 밀사 파견을 준비합니다. 그러나 이 역시도 일제에게 발각이 되고, 얼마 지나지 않아 고종황제는 갑자기 의문의 승하를 하게 됩니다.

1919년 고종황제의 갑작스런 승하와 독살설은 모든 백성들을 하나로 뭉치게 만드는 동기가 되었고, 3월 1일 독립운동을 촉발시키는 계기가 되었습니다. 이 3·1운동을 통해 희망을 본 지도자들은 중국의 상해로 건너가 대한민국 임시정부를 수립하여 본격적인 독립운동을 펼치게 됩니다.

▲ 고종은 조선왕조가 아닌 근대국가를 건립하고 초대 황제가 되었다.

▲ 헤이그 특사 파견은 국제 정세의 냉엄함을 다시 한 번 일깨워준 사건이었다.

▲ 고종황제는 많은 의문을 안고 1919년 승하했다.

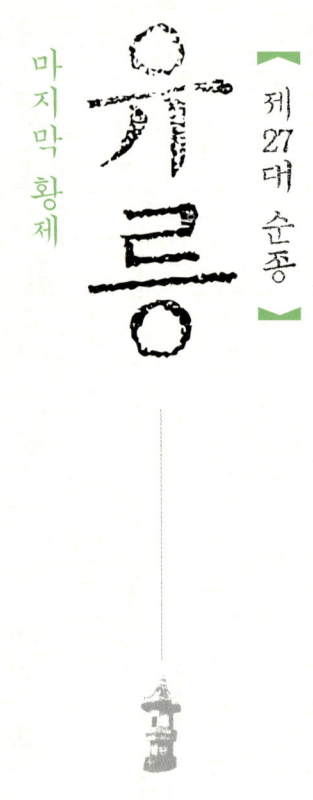

유릉

【 제27대 순종 】

마지막 황제

○ 경기도 남양주시 금곡동 141-1 | 사적 제207호 | 1926년 조성

유릉은 조선왕릉 중 한 능침에 세 명을 합장한 유일한 동봉삼실형이다. 겉으로 보기엔 봉분이 하나여서 단릉처럼 보이지만, 그 아래 순종과 두 왕비가 잠들어 있다. 홍릉과 같은 황제릉 양식으로 조성하여 정자각 대신 침전이 자리하고, 기린, 낙타, 코끼리 등 이전에 볼 수 없었던 다양한 형태의 석물들이 있다.

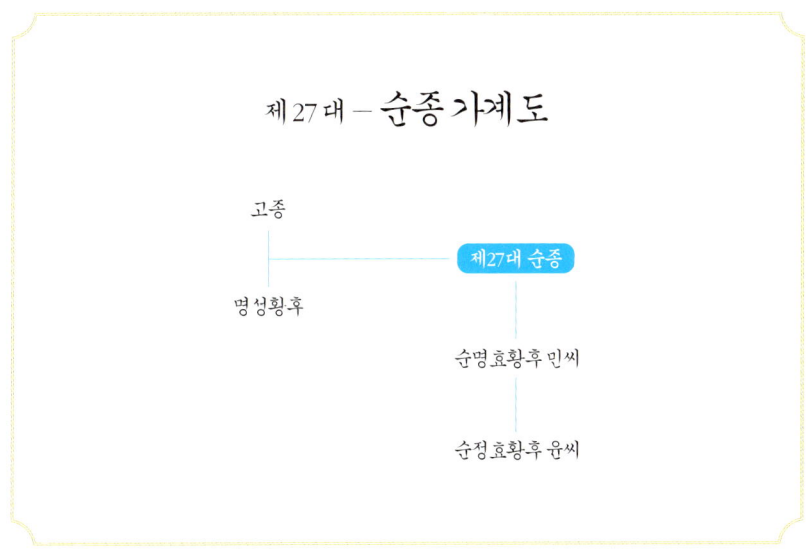

헤이그 특사 사건으로 화가 난 일본은 강제로 고종의 황제 자리를 빼앗아 황태자에게 넘기게 됩니다. 치욕의 황제 자리에 앉은 순종이지만 그에게는 어떠한 힘도 주어지지 않았습니다.

1905년, 일본은 불법으로 한 나라의 주권을 행할 수 있는 외교권을 빼앗아 갑니다. 또 1907년에는 대한제국의 모든 행정 권한을 빼앗아 갑니다. 1909년에는 법을 만드는 권리와 집행하는 권리인 입법권과 사법권마저 모두 빼앗아 갑니다.

군 통치권을 제외한 입법, 사법, 행정의 모든 권리를 강탈한 일본의 이토 히로부미는 러시아에 대한제국 통치에 관한 양해서를 받으러 가게 되는데, 이때 중국의 하얼빈 역에서 안중근 의사에게 저격을 당하게 되죠. 이 사건은 일본에 큰 충격이었고, 일본은 다음 해인 1910년 서둘러 한일병합조약을 체

↑ 순종의 유릉은 순종황제, 원후 순명황후 그리고 계후 순정황후가 함께 안장된 능이다. 일제에 의해 조성된 유릉은 능의 에너지가 모여 있다는 사초지가 푹 패여 있다.

결하면서 조선왕조 506년, 대한제국 13년은 역사 속으로 영원히 사라지게 됩니다.

  대한제국이 멸망한 후 순종은 더 이상 황제가 아니었습니다. 나라가 없는 황제는 있을 수 없는 존재였죠. 일본은 황제의 자리를 없애고 태조 이성계부터 시작된 이씨 가문의 조선왕실 후손이란 뜻으로 이씨 왕, 즉 '이왕'이라 부르기 시작합니다. 그 후 이왕 순종은 16년을 창덕궁에서 살다 1926년 나라를 빼앗긴 치욕의 왕이라는 불명예를 안고 후사 없이 이곳 유릉에 안장됩니다.

■ 꼭 알아야 할 역사의 진실, 한일병합조약

그런데 1910년 '한일병합조약'은 과연 얼마나 합법적이었을까요? 많은 사람들이 일본이 강제로 병합한 것이라는 사실은 알지만, 병합 자체가 불법이란 사실은 잘 모릅니다.

1910년 일제가 친일각료들과 짜고 만든 한일병합조약은 명백한 불법입니다. 그 가장 큰 이유는 대한제국 최고 통치권자인 순종황제가 동의하지 않았기 때문입니다. 그것은 그의 유서에도 잘 나와 있습니다.

지난날 병합의 인준은 일본국이 제멋대로 만들어 선포한 것이다.

1910년 당시의 상황을 정리해 보자면 이렇습니다.

- 8월 16일 : 일제가 이완용 등을 불러 병합조약의 구체안을 몰래 논의
- 8월 18일 : 이완용은 대한제국의 모든 각료들(친일파)의 합의를 이끌어냄
- 8월 22일 : 한성 거리에 일본 헌병을 배치하여 삼엄한 경계를 한 뒤 순종황제 앞에서 형식적으로 회의를 열어 한일병합이라는 안건을 결의, 이완용과 일본총독 데라우치의 이름으로 한일병합조약에 조인을 완료
- 1주일간 조약 사실을 비밀에 붙임(발표 후 일어날 수 있는 항의집회를 사전에 방지하기 위해 1주일간 각종 단체를 감시하고 사회지도층을 가택 연금시키는 등 철저히 봉쇄함)
- 8월 29일 : 공식 발표

▲ 대한제국의 마지막 황제인 순종

▲ 순종황제 국장 기간에 창덕궁 돈화문 밖에서 오열하고 있는 학생들

▲ 순종황제의 국장행렬

■ 한일병합조약이 불법인 이유

나라와 나라 간의 조약은 국제법을 따라야 합니다. 그 국제법에는 조약에 서명하는 당사자(순종황제) 또는 황제의 대리인(이완용 등)이 조약을 체결하는 능력이나 권한을 가져야 합니다. 또한 각국의 대표자(순종황제와 일왕)들 간에 이견이 없어야 합니다.

이처럼 두 나라가 한 나라로 합쳐지는 정식 조약에 양국을 대표하는 최고통치자의 이름이 들어가는 것은 상식입니다. 그런데 당시 조약서에는 순종황제의 서명이 빠져 있습니다.

얼마 전 발표된 자료에 따르면, 1910년 8월 29일 일본 측에서 발표한 조약서에는 분명 일왕인 '무쓰히토'라는 본명과 일본의 국새(천황어새)가 찍혀 있었으나, 순종황제가 같은 날 반포한 조서 원본에는 국새가 찍히지 않았고 순종의 이름도 없는 것이 확인되었습니다. 이는 분명 순종황제가 동의하지 않았다는 뜻입니다. 따라서 한일병합은 법적으로 성립되지 않는 것입니다.

또한 황제 대리로 이완용 등의 친일파 각료들이 나섰지만 당시 대한제국의 내각은 모두 일본인들에 의해 임명된 친일파들로 조직되었기 때문에 진정한 대한제국의 의사를 표시할 만한 능력이 없었습니다. 따라서 당사자인 대한제국 각료들(친일파)은 조약체결 능력이 없는 것이므로 조약은 무효가 됩니다.

따라서 1910년 '한일병합조약'이 무효라면 조약체결 후 36년간 일본은 한국을 강제로 무단 점령한 것이라 보아야 합니다. 더욱이 우리의 문화유산을 파괴하고 강제 노역이나 전쟁 징용 등 일본은 우리에게 씻을 수 없는 상처를 남겼습니다.

2차세계대전 이후 독일의 총리는 폴란드에서 독일인들에 의해 희생당한 수많은 이들의 추모비 앞에서 무릎을 꿇고 용서를 빌었습니다. 또한 히틀러를 비롯해 전쟁을 일으킨 이들을 모두 처형시키는 등 진실로 용서를 구하고 있습니다. 하지만 일본과 우리는 어떨까요? 참 많은 것을 생각하게 만듭니다.

유릉을 보면서 생각해야 할 것은 '역사는 반복된다'는 점입니다. 일제 36년의 치욕과 그 책임을 유릉의 주인공 순종황제에게 떠넘기면 되는 걸까요? 아닙니다. 치욕의 역사도 분명한 역사입니다. 지금의 우리에게 중요한 건 치욕의 역사를 살펴 그 치욕을 반복하지 않는 것입니다. 그것이 조선의 마지막 왕릉, 유릉이 우리에게 주는 역사적 교훈이 아닐까 생각합니다.

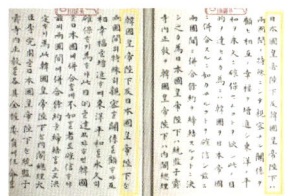
▲ 서울대 규장각에 보관된 한일병합조약 문서. 왼쪽이 우리 측 문서이고 오른쪽이 일본 측 문서이다. 첫머리의 '한국황제폐하'와 '일본황제폐하' 순서만 바뀌고 각각 한글과 일본어로 다를 뿐 필적이 거의 흡사해 동일 인물에 의해 작성된 것임을 보여주고 있다.

▲ 일본 데라우치 총독과 이완용은 순종황제의 재가도 없이 불법으로 조약을 강행했다.

▲ 1910년 8월 29일. 519년 조선왕조(대한제국기 포함) 영욕의 역사는 종말을 고했다.

| 나오는 말 |

 자, 이렇게 해서 소인 쏭내관과 독자 여러분들의 조선왕릉 기행을 끝마쳤습니다. 그렇다면 이제 직접 왕릉을 답사해 볼 차례겠지요? 그래서 마지막으로 소인 쏭내관이 왕릉을 답사할 때 꼭 생각해야 할 세 가지를 나오는 글로 마무리하려 합니다.

 첫째, 왕릉에 잠들어 있는 우리의 역사를 느껴야 합니다.
 1392년 조선왕조의 개국이라는 원대한 태조 이성계의 꿈은 그가 영면해 있는 건원릉에 그대로 남아 있지요. 519년 후인 1910년 일본에게 주권을 빼앗겨 나라를 잃은 치욕과 설움은 마지막 임금 순종황제의 유릉에 고스란히 묻혀 있습니다.
 이렇듯 조선왕릉은 500년 영욕의 역사를 모두 품고 오늘도 묵묵히 그 자리를 지키고 있습니다. 즉, 진정한 왕릉 답사는 왕릉이 품고 있는 역사의 희로애락을 살펴보고 느끼는 것입니다.
 둘째, 왕릉마다 각기 다른 시대의 차이를 살펴보는 것입니다.
 조선왕릉은 어느 한순간에 조성된 곳이 아닙니다. 500여 년의 긴 시간 동안 한 기 한 기 조성될 때마다 왕릉은 그 시대를 반영하며 조금씩 차이를 보입니다. 바로 이 관점에서 왕릉 별로 숨겨진 미묘한 차이를 느껴볼 수 있습니다.

마지막으로 가장 중요한 점은 바로 답사의 자세입니다.

매년 200만 명 이상의 관람객들이 조선왕릉을 찾는다고 합니다. 그러나 불행히도 이들 중 왕릉의 진정한 가치와 역사의 희로애락을 느끼며 왕릉을 살펴보는 이는 그리 많지 않습니다. 그저 산책 삼아, 나들이 장소 정도로만 여기고 있지요.

불과 100여 년 전만 해도 왕릉은 감히 쳐다볼 수 없는 신성한 공간이었습니다. 우리 조상들이 경건한 마음으로 왕릉을 참배했듯 우리 역시 그 마음만은 잊지 않아야 할 것입니다.

부록 | 조선왕릉 위치도

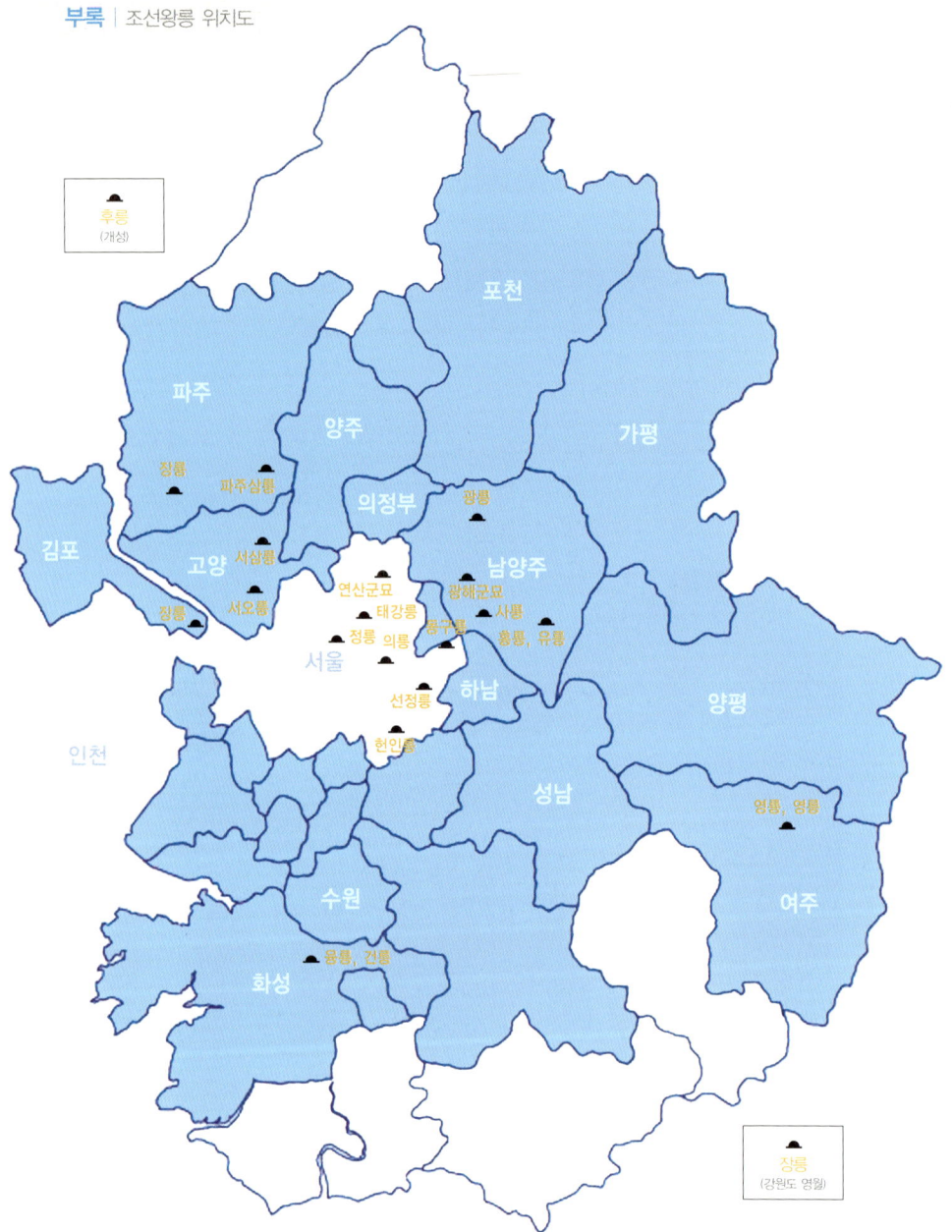

건릉 제22대 정조, 효의왕후 김씨
광릉 제7대 세조, 정희왕후 윤씨
광해군묘 제15대 광해군, 문성군부인 유씨
사릉 단종의 비 정순왕후 송씨

| 동구릉 |

건원릉 제1대 태조
경릉 제24대 헌종, 효현왕후 김씨,
　　　 계비 효정왕후 홍씨
목릉 제14대 선조, 의인왕후 박씨,
　　　 계비 인목왕후 김씨
수릉 익종, 신정왕후 조씨
숭릉 제18대 현종, 명성왕후 김씨
원릉 제21대 영조, 계비 정순왕후
현릉 제5대 문종, 현덕왕후 권씨
혜릉 경종의 비 단의왕후 심씨
휘릉 인조의 계비 장렬왕후 조씨

| 서오릉 |

경릉 덕종 및 소혜왕후 한씨
창릉 제8대 예종, 계비 안순왕후 한씨
명릉 제19대 숙종, 계비 인현왕후 민씨,
　　　 인원왕후 김씨
익릉 숙종의 비 인경왕후 김씨
홍릉 영조의 비 정성왕후 서씨

| 서삼릉 |

효릉 제12대 인종, 인성왕후 박씨
예릉 제25대 철종, 철인왕후 김씨
희릉 중종의 계비 장경왕후 윤씨

| 선정릉 |

선릉 제9대 성종, 계비 정현왕후 윤씨
정릉 제11대 중종

연산군묘 제10대 연산군, 폐비 신씨
영릉(寧陵) 제17대 효종, 인선왕후 장씨
영릉(英陵) 제4대 세종, 소헌왕후 심씨
온릉 중종의 비 단경왕후 신씨
유릉 제27대 순종, 순명황후 민씨,
　　　 순정황후 윤씨
융릉 장조, 혜경궁 홍씨
의릉 제20대 경종, 계비 선의왕후 어씨
장릉(章陵) 원종, 인헌왕후 구씨
장릉(長陵) 제16대 인조, 인렬왕후 한씨
장릉(莊陵) 제6대 단종
정릉 태조의 계비 신덕왕후 강씨

| 태강릉 |

태릉 중종의 계비 문정왕후 윤씨
강릉 제13대 명종, 인순왕후 심씨

홍릉 제26대 고종, 명성황후 민씨

| 파주 삼릉 |

공릉 예종의 비 장순왕후 한씨
순릉 성종의 비 공혜왕후 한씨
영릉(永陵) 진종, 효순왕후 조씨

| 헌인릉 |

헌릉 제3대 태종, 원경왕후 민씨
인릉 제23대 순조, 순원왕후 김씨

후릉 제2대 정종, 정안왕후 김씨

쏭내관의 재미있는 왕릉기행
ⓒ 송용진

초판 1쇄 발행 2011년 6월 10일
초판 11쇄 발행 2016년 10월 20일

지은이 송용진
발행인 윤을식

북디자인 김승일

펴낸곳 도서출판 지식프레임
출판등록 2008년 1월 4일 제 2016-000017호
주소 서울시 서초구 효령로26길 9-12, B1
전화 (02)521-3172 | **팩스** (02)6007-1835

이메일 editor@jisikframe.com
홈페이지 http://www.jisikframe.com
블로그 http://blog.naver.com/jisikframe

ISBN 978-89-94655-13-0 03910

- 이 책 내용의 전부 또는 일부를 재사용하려면 반드시 저작권자와 지식프레임 양측의 서면에 의한 동의를 받아야 합니다.
- 파손된 책은 구입하신 서점에서 교환해 드리며, 책 값은 뒤표지에 있습니다.